SPHINX

Laura Archera Huxley

GlücklichSein ist keine Kunst

Anleitungen zum Leben und Lieben

SPHINX

Aus dem Amerikanischen von Wolfgang Eisermann
Bearbeitet von Franchita Cattani

CIP-Titelaufnahme der Deutschen Bibliothek
Huxley, Laura Archera:
GlücklichSein ist keine Kunst : Anleitung zum Leben und Lieben /
Laura Archera Huxley. [Aus d. Amerikan. von Wolfgang Eisermann.
Bearb. von Franchita Cattani]. – Basel : Sphinx, 1989
Einheitssacht.: You are not the target <dt.>
ISBN 3-85914-186-4
NE: Cattani, Franchita [Bearb.]

Originaltitel: You are not the target
Erschienen bei Farrar, Straus and Giroux, New York

Gestaltung: Charles Huguenin
Umschlagillustration: Paul Degen
Satz: Uhl + Massopust, Aalen
Druck: Sauerländer, Aarau
Bindung: Kora, Illertissen
Printed in Switzerland
ISBN 3-85914-186-4
Bestellnummer 1500186

INHALT

VORWORT VON ALDOUS HUXLEY

Der Mensch ist eine wandelbare Amphibie – er lebt gleichzeitig in einem halben Dutzend Universen, die sich gründlich voneinander unterscheiden: in dem molekularen und ethischen, dem physiologischen und symbolischen, in dem der privaten, subjektiven Erfahrung und in dem öffentlichen der Sprache und Kultur, der sozialen Organisation und der Wissenschaften. Weil er sprechen und denken und das angesammelte Wissen von einer Generation an die nächste weitergeben kann, ist er unvergleichlich klüger als das klügste aller Tiere. Doch weil er häufig genug Dummheiten macht, unlogisch denkt und Pseudowissen wie eine tiefe Wahrheit mit Ehrfurcht betrachtet, kann er auch weitaus dümmer, unglücklicher, grausamer und raubgieriger sein als die primitivste, der Sprache und des Denkens nicht mächtige aller Bestien. Mit Vernunft nicht begabte Tiere sind kaum brutal; aber die Menschen, Männer und Frauen, können oft zu Teufeln und Irren werden. Andererseits, nur die Menschen können vollkommen menschlich sein – und gelegentlich sogar etwas mehr als das, nämlich Heilige, Helden und Genies.

Absichtliche und totale Bösartigkeit ist selten. Die meisten von uns wollen das Beste und möchten sich im großen und ganzen anständig benehmen. Doch leider sind es gerade die guten Absichten, die unangemessen umgesetzt werden, mit denen die Hölle buchstäblich gepflastert ist. Wir sind mit Sprache begabt – große Worte sind uns nicht fremd; nichts ist daher leichter für uns, als erhabene Ideale zu formulieren. Die

Schwierigkeiten stellen sich erst ein, wenn wir versuchen, die Ideale in die Praxis umzusetzen. Welcher Mittel müssen wir uns bedienen, wenn wir unsere noblen Ziele erreichen wollen? Wie wollen wir eigentlich diese hochgesteckten Ziele erreichen? Was müssen wandelbare Amphibien tun, um das Beste für sich und andere wandelbare Amphibien aus all den merkwürdig zusammengewürfelten Welten zu machen?

Dieses sind die Fragen, auf die Antworten zu finden ich mich während der letzten zwei oder drei Jahre bemüht habe: Antworten, die plausibel genug wären, um in dem utopischen und dennoch realisierbaren Phantasiegebilde von einer (leider nur hypothetischen) Gesellschaft wirksam zu werden, die die Menschen dazu anspornte, alle ihre latenten positiven Kräfte zu realisieren.[1] Solch ein Buch erfordert umfangreiche vorbereitende Forschungen, oder – wenn das ein zu feierlicher Begriff sein sollte – sagen wir lieber, ausgiebige Lektüre und ein Herumstochern in allen möglichen Geistesprodukten. Griechische Geschichte, polynesische Anthropologie, Übersetzungen buddhistischer Texte aus dem Sanskrit und aus dem Chinesischen, wissenschaftliche Abhandlungen über Pharmakologie, Physiologie, Psychologie und Erziehungswissenschaft, zugleich Romane, Gedichte, kritische Essays, Reisebeschreibungen, politische Kommentare sowie Unterhaltungen mit allen möglichen Leuten, von Philosophen bis zu Schauspielerinnen, von Patienten in geschlossenen Anstalten bis zu Tycoons in Rolls-Royce-Karossen: das alles wurde in den Schütt-Trichter geworfen und zu Wasser auf meiner utopischen Mühle. Mit einem Wort, *je prends mon bien où je le trouve,* ich nehme mein Material, wo ich es finde – und manchmal kommt es vor, daß ich in meiner unmittelbaren Umgebung fündig werde. Ich habe zum Beispiel herausgefunden, daß einige der klarsten und praktischsten Antworten auf meine Fragen von meiner Frau kamen, wie sie sie in den *Anleitungen zum Leben und Lieben* niedergeschrieben hat, und zwar zum Nutzen aller, die sie um psychologischen Rat und Beistand angingen. Einige ihrer Anleitungen (beispielsweise die über die Umwandlung von Energie) haben ihren Weg nahezu unverändert in mein Phantasiegebilde gefunden. Andere habe ich den Anforderungen meiner imaginären Gesellschaft angepaßt, entsprechend den veränderten kulturellen Bedingungen. Ich bin glücklich, daß ich der Autorin des vorliegenden Buches neben allem anderen, was ich ihr verdanke, auch in literarischer Hinsicht einiges schuldig bin.

Noch etwas. Obgleich ich den Ausdruck «literarisch» benutzte, ist das Material, das ich mir auslieh, viel mehr als bloß literarisch. Die Rezepte sind praktisch anwendbar. Ich habe einige an mir selbst ausprobiert und habe sie erstaunlich wirksam gefunden. Kein Wunder, bei der Beschäftigung mit den Anleitungen war ich ja gezwungen, das zu praktizieren, was ich als Theoretiker immer nur gepredigt hatte – die große Wahrheit nämlich (die den Eingeweihten völlig einsichtig ist, aber von jenen so hartnäckig ignoriert wird, die es doch eigentlich besser wissen müßten), daß die Lebensprobleme der wandelbaren Amphibie vielschichtig sind und ihre Lösung nur vielschichtig angesteuert werden kann.

Der Schriftsteller meint oft, mit den wenigen Universen auskommen zu können, zu denen er als wandelbare Amphibie zufällig Zutritt hat. Hierin sind die Schizophrenen ganz konsequent, sie haben der Versuchung vollständig nachgegeben, sie leben in einer eigenartigen Schattenwelt, in einer Art hausgemachter Vorhölle. Als ich im Frühjahr 1960 an der Menninger Foundation Vorlesungen hielt, hatte ich Gelegenheit, eine Gruppe von hochgradig Schizophrenen kennenzulernen, die alle paar Tage eine Stunde Musik-Therapie bekamen. Einige Male gelang es mir, alle Mitglieder dieser Gruppe dazu zu bringen, eine der Anleitungen, nämlich *Deine Lieblingsblume*[2] zu praktizieren, die nur leicht abgewandelt worden war, um den besonderen Umständen entgegenzukommen. Das Ergebnis war überraschend. Mit nur einer Ausnahme kamen alle Bewohner der Schattenwelt zumindest augenblicksweise in die menschliche Realität des Hier und Jetzt zurück. Wenige Minuten zuvor noch war jede Kommunikation unmöglich gewesen; nun aber konnten wir uns miteinander unterhalten. Man stellte Fragen, und persönliche Andekdoten wurden zum besten gegeben. Man nahm auch Stellung, ganz spontan, und oft trafen die überaus vernünftigen Kommentare den Nagel auf den Kopf. Die Tatsache, daß derart extrem kranke Menschen auf eine der Anleitungen reagierten, wenn auch nur für ein oder zwei Stunden, gilt mir als bemerkenswerter Beweis für den essentiellen Wert dessen, was man vielleicht «anleitungsorientierte» Methode nennen könnte. Wenn hochgradig Schizophrene schon soviel davon hatten, wieviel mehr können wir selbst davon profitieren?

Was kann die «anleitungsorientierte» Methode für die neurotisch Belasteten, für die Problembeladenen tun, und auch für die Gesunden, die gern noch gesünder sein möchten und sich zum Ziel gesetzt haben, immer mehr von ihrem Potential an Liebe, Intelligenz und Kreativität zu aktivieren? Es gibt nur eine Möglichkeit, das herauszufinden.

[1] Unter dem Titel *Eiland* erschienen.

[2] Diese Anleitung ist nur auf der Kassette, die zum Buch erscheint, erhältlich.

ERSTER TEIL

I
LIEBE
NICHT-LIEBE

Früher oder später machen die Glücklicheren unter uns drei bestürzende Entdeckungen:

Erstens, jeder von uns hat mehr oder weniger die Macht, andere Menschen aufzuheitern oder aber zu deprimieren.
Zweitens, den lieben Nächsten aufzuheitern, ist weitaus lohnender, als ihn zu deprimieren.
Drittens, wenn man seinen Mitmenschen dazu bringt, sich besser zu fühlen, geht es einem selbst auch sehr viel besser.

Die Mitmenschen aufzuheitern, dazu gibt es ebensoviele Möglichkeiten, wie es Menschen auf der Erde gibt. Ich will von meinen Anleitungen zur Lebenshilfe nur einige besonders wirkungsvolle präsentieren.

Wahrscheinlich wird jeder meiner Leser der einen oder anderen dieser Anleitungen den Vorzug geben wollen, vielleicht sogar dazu angeregt werden, sich eigene auszudenken. Dieses Buch hat ja nichts anderes im Sinn, als den Leser zu mobilisieren, von seinem eigenen kreativen Potential Gebrauch zu machen, je nach seinem persönlichen Geschmack, ohne Rücksicht auf Autoritäten aller Art, Dogmen, Beruhigungsmittel, Kreditkarten oder auch Seelenfrieden per Post. Unser kreatives Potential ist sehr vielseitig, aber am wichtigsten ist doch, daß wir nicht vergessen, unsere Möglichkeiten hier und jetzt, in jedem Augenblick, voll einzusetzen.

Jahrhundertelang hat man uns die all-umfassende Liebe als Allheilmittel empfohlen; sicher zu Recht, aber leider ohne rechten Erfolg. In der Theorie weiß ein jeder von uns, daß eine all-umfassende Liebe die Lösung aller Probleme bedeuten könnte. In der Praxis aber verhalten wir uns fast immer so, als ob diese Wahrheit gar nicht existierte.

Immer wenn in uns das Maß an Nicht-Liebe die Liebe überwiegt, befindet sich unser Organismus im Zwiespalt. Nicht-Liebe kann die mannigfaltigsten Ursachen haben: Mal ist es der falsche Ton in einer Stimme, die wir vor einem Augenblick gehört haben, dann wieder ein Ernährungsmangel, der vor Jahren eingesetzt hat. Vielleicht rührt sie aus der sexuellen Beziehung zu einem Partner her, dessen chemisch-biologische Natur sich mit der unseren nicht verträgt; es mag aber auch sein, daß man zwar auf der chemischen Ebene miteinander übereinstimmt, doch im Denken und Gefühl völlig auseinanderstrebt.

Nicht-Liebe – was für tausend Ursachen kann die nicht haben! Ein Aktiensturz an der Börse; ein langerwarteter Brief, der nicht eintreffen will; Müdigkeit, Erschöpfung nach einem weiteren alltäglichen Routinetag. Selbst das strahlende Lächeln, mit dem ein Geschäftsmann wichtige Kunden oder eine Gastgeberin unerwünschte Gäste empfangen muß – das alles sind winzige Anzeichen. Sowohl ein spürbar schmerzhafter Verlust als auch irgendein verborgenes endokrines Reagieren auf klimatisch-atmosphärische Veränderungen kann den Pegelstand zwischen Liebe und Nicht-Liebe in uns ändern. Meist geht es um ein Zuviel oder aber um ein Zuwenig. Nicht-Liebe kann die Auswirkung eines fanatischen Glaubens sein oder aber eines nagenden Zweifels sowohl an der Gottheit, der Kirche, der Partei oder der Ideologie, für die wir uns nun einmal entschieden haben oder deren Wahl man uns irgendwie eingetrichtert hat, ein Geräusch, eine Farbe, ein Geruch oder irgendeine Form – Nicht-Liebe reicht von einem Extrem zum andern, vom schmerzhaft eingewachsenen Zehennagel bis zur Explosion der Atombombe.

Gleich, was auch die Anlässe sein mögen, Nicht-Liebe neigt immer dazu, wiederum Nicht-Liebe zu zeugen, und es bedarf der Kraft der Liebe, um sie wieder in Liebe zu verwandeln. Zum bloßen, nackten Leben braucht der Mensch Nahrung, Wasser und Luft, welches aber sind die Voraussetzungen für ein eigentlich *glückliches* Leben? Die Antwort ist immer wieder:

Ich will geliebt werden,
ich will lieben,
ich will geliebt werden,
ich will lieben.

In tausenderlei Gestalt, hinter zahllosen Masken meldet sich unaufhörlich der Hunger nach Liebe, stärker noch als der nach Nahrung. Das geht durch alle Klassen und Rassen, findet in jedem Klima statt, unter allen Völkern. Überall meldet sich dieser Hunger nach Liebe, ob unter dem steinernen Gesicht des Zuchtmeisters oder der Hysterie des Eiferers, dem schmierigen Gebaren des Machtmenschen.

Man werfe nur einen Blick auf die daraus entstehenden Krankheiten, seien sie nun körperlicher oder seelischer Natur; auch Straftaten finden oft ihre Ursache im Hunger nach Liebe, manchmal sogar der Tod. Ganze Generationen von Familien vererben diesen Mangel weiter, bis endlich ein Rebell den Ausbruch wagt. Solltest du einer solchen Familie angehören: Sei *du* der Rebell, durchbrich *du* die Kette.

Neuerdings hat die Wissenschaft den Wert der Liebe nachgewiesen; man hat Ermittlungen angestellt, was Zuneigung im frühesten Lebensalter bedeuten kann. Zu diesem Zweck trennte man die Neugeborenen aus einer Affenfamilie von ihren Müttern und gab ihnen mechanische Gebilde als Ersatzmütter. Eins dieser Gebilde war aus Draht gefertigt und stellte die einzige verfügbare Milchquelle dar: Wenn die Affenjungen auf eine bestimmte Stelle drücken, konnten sie soviel Milch bekommen, wie sie wollten. Die andere Ersatz-«Mutter» lieferte keinerlei Nahrung, bestand aber aus weichem, warmem und kuscheligem Material. Die Affenjungen verzichteten fast vollständig auf Nahrung, nahmen nur das absolut lebensnotwendige Minimum zu sich und verbrachten im übrigen die Zeit damit, sich an jene Mutterimitation zu schmiegen, deren Weichheit eine gewisse Ähnlichkeit mit einer lebendigen Mutter hatte. Die Wissenschaftler schlossen daraus, daß es für die Affenkinder wichtiger als alles andere war, sich ihrer Mutter nahe zu fühlen. Also Liebe – auf der physiologischen Stufe. Solange wir atmen und solange unser Blut pulsiert, hat Liebe einen physiologischen Aspekt. Und auch die spirituelle Liebe zu Gott kann ja nur durch unseren Körper ihren Ausdruck finden.

In seinem Labor im *Veterans' Administration Hospital* (Perryville, Maryland) hat Dr. W. H. Gantt an Versuchen mit Hunden diesen physiologischen Aspekt in seinem Einfluß auf die Herzfunktion demonstriert. «Bei einigen Hunden, die im Labor ohne ausreichenden Kontakt zu Artgenossen oder Menschen aufgewachsen sind, traten Störungen auf.» Der Kontakt mit einem Menschen kann bei diesen Tieren eine therapeutische Wirkung haben. Als ein kranker Pudel in den Versuchsraum gebracht wurde, erhöhte sich die Anzahl seiner Pulsschläge auf 160 pro Minute. Beim Herantreten von Dr. Gantt jedoch verringerten sich die Pulsschläge auf 60, knapp unter der Grenze des Normalen, und als der Arzt den Hund streichelte, sank die Anzahl auf 20. «Nicht einmal Morphium erzielt eine derart starke Wirkung», meinte Dr. Gantt zu diesem Phänomen.

Selbst ein rein mechanischer Liebesersatz kann Erfolg haben. Neugeborene, die man in einer keimfreien Krankenstation untergebracht hatte, wo keinerlei natürliche Liebesquelle vorhanden war, wurden ruhiger und zufrieden, aßen besser und schliefen auch fester, als in dem Raum ein künstlicher Herzton ertönte, der dem der Mutter ähnelte. Man muß sich die kleinen Wesen vorstellen, draußen in dieser kalten, antiseptischen Welt, sich nach der animalischen Wärme der menschlichen Haut sehnend, nach menschlicher Milch, nach dem Geruch und der Stimme eines Menschen! Statt dessen müssen sie sich mit Heizdecken, mit keimfreier Milch und einem künstlichen Herzschlag zufriedengeben! Und dennoch, schon in jenen ersten selbständigen Regungen eines

Lebens, zweifellos sogar schon vorher, singt der Chor der Neugeborenen und Ungeborenen in nimmer endendem Unisono:

Ich will geliebt werden,
ich will lieben,
ich will geliebt werden,
ich will lieben.

Je eindringlicher dieser Gesang, desto katastrophaler die Folgen, falls man ihn ersticken will. Oft sind wir es selbst, die wir durch unsere Konventionen und Tabus den Schrei nach Liebe kaschieren und abwürgen. *Liebe oder geh unter,* so formulierte es Dr. Smiley Blanton, und er hat damit in vier Wörtchen die Geschichte des Menschen – Vergangenheit und Zukunft – umrissen.

Wie aber kann man einer Welt helfen, die verzweifelt um Liebe ringt und vom Virus der Nicht-Liebe befallen ist? Von allen Seiten werden die umständlichsten Rettungsvorschläge angeboten, von Soziologen, Erziehern, Theologen, Ärzten und Künstlern – aber das Problem geht uns alle an, nicht nur ein paar Spezialisten. Die Moralisten haben hohe Ideale und kategorische Imperative geliefert, aber wer will das schon begreifen oder gar ausführen! Alle, alle wollen wir gut und glücklich sein, auch die anderen Menschen gut und glücklich machen, nur – wie denn? Wie?

Die Anleitungen in diesem Buch wollen zweierlei erreichen, einmal die Hindernisse aus dem Weg räumen, dann aber jene Eigenschaften in uns selbst fördern, die uns dem Ziel näherbringen. Deshalb liegen ihnen zwei Prinzipien zugrunde: *Umwandlung von Energie* und *Realisierung unseres kreativen Potentials.* Doch weder Rezepte, Medikamente noch Gebete können uns irgend nützen, solange wir uns nicht zu dem wichtigsten Schritt entschlossen haben, nämlich in uns selbst eine Veränderung zu bewirken. Nicht Vater und Mutter, Ehefrau oder Ehemann, auch nicht unsere Kinder sollten wir in erster Linie zu ändern suchen, sondern uns selbst! Erst wenn wir uns selbst grundlegend geändert haben, können wir auch eine Veränderung in anderen Menschen bewirken. Denn wenn wir selbst uns ändern, ändert sich auch unsere Umgebung. Alle unsere Lebensumstände ändern sich aufs Wunderbarste! Aber der Anstoß zu dieser Veränderung muß aus unserem Inneren kommen. Wenn du dich dazu entschließen kannst, lies weiter!

2
DIE UMWANDLUNG VON ENERGIE

Energie ist ewige Freude
William Blake

Wir leben, weil gewisse Moleküle die Fähigkeit besitzen, Sonnenenergie in das Rohmaterial des Lebens umzuwandeln. Wenn man auf einen Knopf drückt und das Licht angeht, so liegt es in den meisten Fällen daran, daß die Energie eines Wasserfalls oder der Kernspaltung in elektrischen Strom umgewandelt wurde. Ein Auto bewegt sich, weil Energie, die beim Verbrennen von Treibstoff entsteht, aus Hitze in mechanische Aktion umgewandelt wird.

Überall im belebten wie auch im unbelebten Universum ist das Prinzip der Energieumwandlung wirksam.

Der Mensch jedoch ist der erstaunlichste Umwandler innerhalb des bekannten Universums.

Wir sind physische Umwandler. Auf der physischen Ebene wandeln wir Luft, Wasser und Nahrung in Blut, Knochen, Muskeln, Eingeweide und Nerven um. Will man sich die Arbeit vorstellen, die unser Körper bewältigt, wenn wir beispielsweise unser Frühstück verdauen, muß man sich eine Mammutfabrik vor Augen führen, in welcher Hunderte von erfahrenen Technikern die kompliziertesten Maschinen bedienen. Und selbst dann noch könnten wir die Verdauungs- und Assimilationsvorgänge in unserem Körper kaum nachahmen – unsere derzeitige Technologie reicht dazu nicht aus.

Wir sind intellektuelle Umwandler. Alles, was wir hören und sehen, was wir erlernen und erfahren, prägt unseren Intellekt und unsere Persönlichkeit. Wir wandeln alles unserem Wesen und unseren Bedürfnissen entsprechend in Ideen und Handlungen um.

Wir sind emotionelle Umwandler. Nur selten gestatten wir uns ein Gefühl im Rohzustand, was besonders für jene Gefühle gilt, die wir verachten. Gefühle, über die uns unsere Erziehung sagt, daß sie schlecht seien, wie zum Beispiel Neid oder Haß, werden in rechtschaffene Entrüstung oder moralische Mißbilligung umgewandelt.

Aus Furcht wird unbewußt Schüchternheit oder Entrüstung, aus ungerechter Behandlung entsteht oft ein Gefühl der Rache oder ein Minderwertigkeitsgefühl. Unerwiderte Liebe oder frustrierte Sexualität verwandeln sich häufig in Prüderie, Reizbarkeit oder sogar Grausamkeit. Ein Schuldgefühl wird oft in Vorsicht oder aber Aggressivität umgewandelt. Jeder einzelne bildet sich seine Gefühlswelt, entsprechend seiner biochemischen, physiologischen und psychologischen Grundlage sowie als Antwort auf alle Umwelt- und Kulturzwänge.

Was dann folgt, ist die zutiefst unbewußte Transformation von Gefühlen in physische Zusammenhänge. Wir wollen uns diesen Mechanismus einmal ansehen.

Gefühlsregungen haben die Kraft, die chemische Zusammensetzung des Körpers, die Blutzirkulation und Produktion von Hormonen zu ändern. Was geschieht zum Beispiel, wenn ein Mensch wütend wird? Sein Nervensystem stimuliert die Nebennieren; Adrenalin wird ins Blut ausgeschüttet und reizt das Zentralnervensystem, wodurch sich unser Mensch nur noch wütender gebärdet. Gleichzeitig bewirkt das Adrenalin im Blut, daß das Herz noch schneller schlägt, auch daß bestimmte Blutgefäße sich verengen, was wiederum zur Folge hat, daß der Blutdruck schlagartig ansteigt und ernsthafte Komplikationen eintreten können.

Nur eine einzige Gefühlsregung hat diese Kettenreaktion ausgelöst.

Andererseits kann etwa ein Tumor in einer der Nebennieren sein Opfer in den Zustand permanenter Reizbarkeit versetzen. Diese Reizbarkeit wird durch die verärgerte Reaktion der Umwelt nur noch verstärkt, hierdurch werden aber die Nebennieren aufs neue zu erhöhtem Adrenalinausstoß angeregt. Der Überschuß an Adrenalin bewirkt ein zusätzliches Ansteigen des Blutdrucks und wieder mögliche ernsthafte Konsequenzen.

In derartigen, glücklicherweise nicht sehr häufigen Fällen ist also eine physische Störung der Auslöser für die Kettenreaktion.

Aus diesen Beispielen ersehen wir, wie das endokrine System, das Gehirn und der übrige Körper als Ganzes miteinander in Wechselbeziehung stehen. Diese kann sich bösartig auswirken wie in den oben erwähnten Fällen. Aber wenn der Organismus funktioniert, mag sich die Wechselbeziehung auch positiv bewähren. Solange Adrenalin im normalen Maß abgegeben wird, bleibt der Mensch munter und bei guter Laune; umgekehrt, solange er munter und gut gelaunt ist, erfolgt auch nur der normale Ausstoß an Adrenalin.

Da die Gefühle unsere ganze Persönlichkeit so entscheidend bestimmen, versuchen wir stets, fast immer unbewußt, sie so zu manipulieren, daß wir stolz auf sie sein können, zumindest keinen Grund haben, uns ihrer zu schämen. Aber warum sollten wir uns damit zufriedengeben, dies unbewußt zu tun? Wäre es nicht viel besser, diese Energie im vollen Licht des Bewußtseins, zugleich konstruktiv und befreiend, umzuwandeln? Die meisten von uns nutzen ihre Fähigkeit zur Umwandlung dieser Energie in unangemessener und manchmal in selbstzerstörerischer Weise.

Das muß nicht sein; warum wollen wir diese Kräfte nicht der Liebe und der Intelligenz widmen? Und wer wollte diesem Vorschlag nicht spontan zustimmen? Aber allgemeine Zustimmung reicht da nicht aus.

Wir müssen dieses Prinzip in die Tat umsetzen, es an uns selbst anwenden und zwar in jedem Augenblick unseres Lebens.

Die Energie, die unseren Gefühlen zugrundeliegt, ist eine neutrale Kraft.

Die Energie zu dummen und unvernünftigen Handlungen, die uns die Macht verleiht, andere zu verletzen und uns selbst zu zerstören, ist dieselbe, welche in Liebe und Intelligenz fließt und uns die Kraft gibt, uns selbst zu helfen und anderen etwas zuliebe zu tun.

Diese Energie wahrzunehmen, sich ihrer bewußt zu werden, das ist es, was uns befähigt, sie nach unserem besten physischen, intellektuellen und ethischen Wissen zu lenken.

Unsere Gefühle und Instinkte sind viel älter als unsere Vernunft, Dr. A. T. W. Simeons Buch *Man's Presumptuous Brain* wirft ein Licht auf diese Zusammenhänge. Das Großhirn – Sitz des Erinnerungsvermögens, der Assoziationsfähigkeit, der Wahrnehmung und des rationalen Denkens – hat sich erst viel später entwickelt als das Stammhirn, das unter dem Großhirn liegt und der Sitz unserer Instinkte ist. Die primitiven Instinkte sind so alt wie das Leben selbst; von ihnen rühren die starken und energiegeladenen Emotionen her. Werden diese Energien nicht richtig genutzt, so verwandeln sie sich in körperliche oder seelische Krankheit.

Die primitiven Völker wissen sehr genau um diesen Sachverhalt und handeln dementsprechend: Zorn und auch der Impuls zur Aggression, ausgelöst durch Ärger und Frustration, werden ungestüm abreagiert: Man schreit, man tanzt, man stampft auf die Erde oder haut einen Baum um.

Auch wir Kulturmenschen sind natürlich nicht frei von Ärger und Frustration, doch unsere Gesellschaft scheut die offene Zurschaustellung der Gefühle. Was würde wohl geschehen, wenn bei einem Vereinstreffen oder bei einer Konferenz jemand plötzlich stampfend und mit Geschrei einen wilden Tanz aufführte? Die Wissenschaft sagt uns aber, daß wir nach wie vor instinktbesessene Wesen sind wie vor der Entwicklung unserer Zivilisation.

Häufig genug werden, wie gesagt, diese energiegeladenen, aus den Instinkten herrührenden Emotionen in ihrer Primitivität nicht erkannt und auch nicht zum Guten kanalisiert, müssen sich also ihre eigenen Ausdrucksformen suchen. Das schlägt sich dann in Gereiztheit nieder, führt zu Magenverstimmungen und Verdauungsschwierigkeiten, zu Erschöpfungen und verhohlener Feindseligkeit.

Falsch eingesetzt, wird sich die Energie in unserem körperlichen und seelischen Haushalt immer einen negativen Ausweg suchen und zwar dort, wo sie auf den geringsten Widerstand stösst.

Die Ärzte sind in der Lage, uns die körperlichen Auswirkungen zu erklären. Wir selbst brauchen das nur zur Kenntnis zu nehmen, aber wir müssen wissen, was wir dagegen unternehmen können.

Wir müssen einen Weg finden, die Energie negativer Emotionen den Erfordernissen eines zivilisierten Lebens entsprechend umzuwandeln, so daß sie harmlos wird – oder – viel besser – sich positiv auswirken kann.

Versuchen wir also, aus unfreiwilligen Energieopfern zu *Experten der willentlichen Energieumwandlung* zu werden.

Wie alles, ist auch das erlernbar und erfordert Übung.

Die Grundanleitung für diese Übung heißt *Die Kunst, Energie umzuwandeln.* Die anderen Anleitungen wie *Es geht gar nicht um dich* oder *Der Punchingball, Sei ein Tier* oder *Blubbere Dich frei* wie auch die übrigen ergeben sich ganz folgerichtig aus dieser Grundregel. Und beginne nur mit der Anleitung deiner Wahl! Du brauchst dich keineswegs an die Grundanleitung zu halten, wähle nur diejenige aus, die dir spontan entspricht!

Du wirst sehr bald an dir selber feststellen, daß die schöpferische wie auch die zerstörerische Energie ein und derselben Quelle entspringen und daß sie sich lenken lassen. Natürlich erreichst du einen Erfolg nicht durch flüchtiges Lesen dieser Rezepte, du mußt sie schon an deiner eigenen Person praktizieren. Gelingt dir das, dann wirst du dein Inneres wie auch dein Äußeres in bemerkenswertem Ausmaß umgestalten können. Man muß sich dieser Energie nur intelligent bedienen, und sogleich wird man die positiven Auswirkungen spüren. Ein solches In-der-Hand-Haben wird sich im Laufe des Alltags immer wieder zu unserem Vorteil auswirken.

Dazu allerdings bedarf es einer Voraussetzung: Wir müssen uns vor allem in Erinnerung rufen, daß wir zu jeder Zeit, in allen Augenblicken unseres Lebens nur ein Glied in einer Kette von unzähligen, ineinander verschlungenen Begebenheiten sind. Jeder von uns ist das Produkt vieler solcher Ketten: der Evolution, der Rassen, der Genetik, der Umwelt überhaupt – und anderer mehr. Die immense Vielzahl von Ereignissen, für die wir einmal Ursache und dann wiederum Wirkung sind, übersteigt jede menschliche Vorstellungskraft.

Stellen wir uns dieses Kettengewerbe einmal als ein Gebilde von abermillionen Leitungsdrähten vor, die sich in Raum und Zeit bewegen und an einem einzigen Punkt zusammenlaufen: Dieser Punkt sind wir selbst – bist du persönlich – hier und jetzt.

Greifen wir aus diesem Gewebe nur eine einzige der Ketten heraus: die psychologische. Wir erkennen ihren Zusammenhang mit den übrigen Strängen, vor allem mit denen der Familie, Kultur, Erziehung und Nahrung. Wenn wir aber auf diese psychologische Kette Einfluß nehmen können, dann haben wir einen großen Teil der Problematik unseres Lebens bereits bewältigt.

Um hier anzusetzen, müssen wir uns folgender Tatsachen bewußt werden. Wir sind zwar Glieder dieser bewußten Kette, aber uns ist die Macht gegeben, an der Kette irgendwie eine Änderung vorzunehmen und somit auch an den Ketten derjenigen, deren Leben sich mit dem unseren berührt.

Sobald wir uns dieser Tatsachen bewußt werden, sind wir in der Lage, hier und jetzt zu handeln.

Als Beispiel möchte ich einmal einen Ausschnitt aus einer solchen Verkettung darstellen, wobei es sich um eine Kette von, sagen wir, sieben Gliedern handeln soll, in der ich selbst als Glied Nummer sieben fungiere.

Ort der Handlung: Der Vorort einer großen Stadt.

Zeit: Frühmorgens.

1. Vor einem Einfamilienhaus steht eine Fuchsie in voller Blüte; ein junger Mann kommt auf dem Motorrad durch die Straße gebraust und wirft zusammengefaltete Zeitungen vor die Haustüren. Einer der Würfe geht weit daneben und trifft mit verheerender Wirkung die Fuchsie. Zerschmettert kippt das Bäumchen um, die Blüten schleifen im Sand. Niemand hat den Vorfall bemerkt, nicht einmal der junge Mann, der schon längst woanders ist.

Damit haben wir das erste Glied der Kette: ein unbeabsichtigter Schaden, ohne einen eigentlich Schuldigen, im Grunde bedeutungslos. So zumindest sollte es betrachtet werden, aber sehen wir uns an, was daraus wird.

2. Minuten verstreichen; dann tritt Herr X., der Hausbesitzer, vor die Tür, um seine Zeitung aufzuheben.

Was für eine Art Mensch ist er?

Wie wird er sich verhalten, wenn er merkt, was mit seiner schönen Fuchsie geschehen ist, auf die er so stolz war?

Was wird er dabei empfinden?

Herr X. bückt sich wie gewohnt nach seiner Zeitung und sieht den Schaden. Ach, sein Stolz, seine ganze Freude, das Produkt monatelanger sorgsamer Pflege – dahin! Das hat dieser Bengel mit Absicht getan, denkt Herr X. Wutschnaubend schlägt er die Tür hinter sich zu, und als er dem fragenden Blick seiner Frau begegnet, bricht ein Schwall von Haß gegen die ganze Bande der jungen Bengels aus ihm hervor – besonders gegen den Jungen von: – gegenüber! Herr X. ist fest davon überzeugt, daß nur dieser seine Fuchsie, und zwar absichtlich, verwüstet hat. «Woher weißt du das denn?» will seine Frau wissen. «Wer denn sonst hätte so was tun können?» behauptet Herr X., und dann meint er anschließend, auch der Vater dieses Jungen, der Herr Y., mache einem immer nur Ärger. Der Junge wäre genau wie sein Vater, wer *sonst* hätte so was wohl anstellen können! In dieser üblen Stimmung macht sich Herr X. auf, um seinen Laden zu öffnen, der in der Nachbarschaft liegt.

3. Das Unglück will es, daß Herr Y., der Vater des verdächtigten Jungen, ausgerechnet zu diesem Zeitpunkt den Laden aufsucht, um sich eine Zigarre zu kaufen. Herr X. erwähnt die Fuchsie mit keiner Silbe, er erkundigt sich auch nicht nach dem Nachbarjungen. Denn wenn er gefragt hätte, wäre ihm geantwortet worden, daß dieser Junge schon seit zwei Tagen mit den Pfadfindern unterwegs sei. Statt dessen schweigt sich Herr X. aus und zeigt nur sein Geschäftslächeln, insgeheim gratuliert er sich sogar zu seiner Selbstbeherrschung. Aber sein Ärger, der nicht zum Ausdruck kommen durfte, sucht sich dennoch einen Ausweg. Herr X., sonst ein ehrlicher und solider Mann, gibt seinem Kunden *unbewußt* zu wenig Wechselgeld heraus.

4. Herr Y., wieder zu Hause angelangt, merkt beim Öffnen seiner Geldbörse – denn er will seiner Frau etwas Geld geben –, daß man ihm zu wenig herausgegeben hat. Eigentlich müßte er nun zurückgehen und Herrn X. auf seinen Irrtum aufmerksam machen; bei diesem Gedanken wird er ärgerlich und gereizt. Er verschafft seinem Unmut Luft, indem er seiner Frau unnötige Ausgaben vorwirft.

5. Nun muß Frau Y. ihre Einkäufe erledigen; im Laufe dieser Einkäufe betritt sie ein Geschäft um einen Büstenhalter zu kaufen.

6. In der Umkleidekabine ist sie mit ihrer Figur und dem Büstenhalter, den sie anprobiert, gar nicht zufrieden. Ihr Verdruß hat seinen Grund teils in den Klagen ihres Mannes über Herrn X., dann auch wieder in seiner Ungerechtigkeit ihr selbst gegenüber, und schließlich in der Beklemmung, die sie immer bei allen Geldausgabe empfindet – das alles summiert sich zu einem Zustand der Erbitterung, und gedankenlos macht sie ihrem eigenen Ärger gegen die Verkäuferin Luft, welcher es nicht gelingt, ihr einen geeigneten BH zu verkaufen.

7. Diese Verkäuferin bin ich.

Hier also trifft die negative Kettenreaktion meine eigene Person. Es begann mit dem munteren Jüngling, der sich sein Taschengeld durch Austragen von Morgenzeitungen verdient. Ein Glied fügte sich ans andere, und nun spüre ich, wie die starke negative Energie des angesammelten Ärgers sich gegen meine Person richtet. Ob nun meine Kundin mit ihrer Figur, mit dem BH oder sonst irgend etwas unzufrieden war, jedenfalls trifft mich ihre schlechte Laune in diesem Augenblick mit voller Wucht. Und was kann ich dagegen tun?

Ich sehe vier Möglichkeiten.

Erstens könnte ich so tun, als wäre mir die ganze Angelegenheit schnuppe. Reagiere ich so, dann verändert sich in meinem Körper der Muskeltonus, finden gewisse chemische Veränderungen statt, völlig unbewußt, ich kann sie nicht steuern. Psychologisch gesehen – belüge ich mich selbst.

Andererseits könnte ich der Frau zu verstehen geben, daß sie sich ihren BH in einem anderen Geschäft kaufen sollte.

Und drittens könnte ich zu ihr freundlich sein.

ODER aber ich fange die Wucht der negativen Energie mit meinem Bewußtsein auf und wandle sie zu meinem Vorteil um.

Betrachten wir einmal, was in jedem dieser Fälle geschieht.

Im ersten Fall wird die Realität verleugnet, was – wenn es zur Gewohnheit wird – zu ernsten psychosomatischen Schäden führen kann. Wie sollen wir außerdem mit der Wirklichkeit fertig werden, wenn wir sie ignorieren!

Im zweiten Fall empfinde ich zwar für einen Augenblick Genugtuung, aber es könnte unangenehme Folgen haben – für meinen Beruf, auch für das Geschäft, letzten Endes sogar für die ohnehin schon verwirrte Frau selbst.

Sollte es aber so sein, daß ich wirklich keinerlei Groll hege, sollte das Freundlichsein mich tatsächlich nicht in meinen eigenen Augen zur Märtyrerin machen, wenn wirklich mein Blutdruck nicht steigen, die Muskeln sich nicht verkrampfen sollten – wenn ich also, anders ausgedrückt, den Vorfall verarbeite und mich in Wahrheit nicht davon betroffen fühle –, ja, dann hilft Freundlichkeit uns beiden weiter und ist wahrhaftig die beste Lösung. Leider jedoch kommt es nur ganz selten dazu.

Hier haben wir also eine Gelegenheit, die Prinzipien der Energieumwandlung anzuwenden. Aber wie?

Zunächst spüre ich die Wucht der negativen Energie.

Ich habe es mir aber durch Training zur Gewohnheit gemacht, den Anprall der Energie aufzufangen wie einen Ball.

Nun wandle ich die Energie um und nutze sie zu meinem Vorteil.

Dazu allerdings bedarf es des Trainings, und darum geht es bei der Anleitung. *Es geht gar nicht um dich.*

Unsere Welt ist voll freischwebender Energie, und wir sollten uns der vielen Arten bewußt werden, in welchen wir sie sowohl schöpferisch als auch zerstörerisch verwenden.

Nehmen wir nun ein Kunstwerk, das uns als typisches Beispiel kreativer Energie gelten darf; aber nicht weniger kreativ ist natürlich jedes menschliche Handeln und auch schon Wollen, das unbedingt etwas Gutes hervorbringen möchte. Ob man ein trauriges Kind zum Lächeln bringt oder eine große Talsperre baut, beides ist gleichermaßen ein kreativer Akt.

Man braucht nur einmal zu beobachten, wie sich ein Mensch vor Schmerz aufbäumt, wie er vor Wut oder auch vor Wonne bebt, und gleicht spielt sich vor Augen ab, wieviel Energie sich hier konzentriert. In der Unentschlossenheit zeigt sich diese Kraft viel weniger deutlich, ist aber dennoch genauso vorhanden.

Man kann das durch einen einfachen Versuch an sich selbst demonstrieren. Zum Beispiel halte man einmal beide Hände, wie zum Gebet aneinandergelegt, in Gesichtshöhe vor sich. Man drücke mit voller Kraft die linke gegen die rechte Hand und widerstehe dabei dem Druck so gut man kann mit der rechten Hand und der ganzen rechten Körperhälfte. Setzt man diesen «Privatkrieg» zwei oder drei Minuten lang fort und stemmt dabei die eine gegen die andere Körperhälfte, so ist man am Ende erschöpft. Dasselbe geschieht auch in psychologischer Hinsicht, in einer Konfliktsituation, in der man sich nicht entscheiden kann, welchen Weg man einschlagen soll. Man vergeudet seine Energie, indem man einem Teil seiner selbst mit dem anderen widersteht, und da wundert man sich dann noch, daß man sich häufig erschöpft fühlt. Manchmal wächst sich dieser «Privatkrieg» zu einer starren, chronischen Abneigung gegen fast alle Entscheidungen aus. Erschöpfung hat viele Ursachen, die Flucht vor der Entscheidung aber kommt häufig vor.

Ein Krieg ist das verheerendste Beispiel für Energievergeudung, und doch hat ein Krieg im Verlaufe der Geschichte auf die Menschen immer wieder entspannend gewirkt. Er hat ihnen ein legales Ventil für ihren Aggressionstrieb geliefert – und einen Ausweg aus ihrer Langeweile. Selbst die dürftigste Fabrikarbeit erhält in einem Krieg den Anstrich von Rechtschaffenheit und Patriotismus. Bezeichnender- und traurigerweise nimmt die Zahl der Selbstmorde in einem Krieg immer ab. Ein Atomkrieg würde allerdings nicht mehr die Befriedigung früherer Kriege liefern – keine Aufmärsche, keine Blasmusik, kein Heldentum. Wie Termiten, die in ihrem Bau ausgeräuchert werden, würden wir alle, ganz gleich, auf welcher Seite des Vorhangs wir stehen, von einer stupenden Technologie ausgerottet werden, die wir mit unserem Geld bezahlt haben und die zu bewundern man von uns erwartet.

Diese Technologie hat den stärksten aller von Menschen erdachten Energieumwandler hervorgebracht. Meine Anleitungen sind nicht annähernd so spektakulär wie die Wasserstoffbombe; sie wirken aber auf ihre Art und in ihrem Rahmen, man muß sie nur richtig anwenden. Sie geben jedem die Mittel in die Hand, die gewaltigen Energien, die im täglichen Leben freigesetzt werden, nicht todbringend, sondern *lebensspendend* einzusetzen.

ZWEITER TEIL

ANLEITUNGEN
ZUM LEBEN UND LIEBEN

Die Voraussetzung für die
Anleitungen zum Leben und Lieben
ist die *Liebe* zum *Leben*

Des Menschen Leib ist fremd
nicht seiner Seele, denn was man
Leib nennt, ist nur Teil der Seele
verkörpert durch fünf Sinne:
Eintrittspforten der Seele
vornehmlich in unserm Äon.

William Blake

ZU DEN ANLEITUNGEN

Wenn du mit diesen Anleitungen beginnst, dann stell dir vor, du seist ein Diamant mit vielen Facetten. Einige sind klar und durchsichtig; andere haben ein paar trübe Einschlüsse; wiederum andere sind ganz und gar trübe; einige sind mit Schmutz bespritzt. Eine undurchsichtige Facette verdunkelt alle anderen. Durch eine klare Facette fällt Licht auf alle anderen.

Jede Anleitung, die du durch und durch erfahren hast, wird eine oder mehr Facetten des Diamanten und immer mehr Licht auf die anderen Facetten fallen lassen. Der Unterschied zwischen halbtot und wirklich lebendig ist derselbe wie der zwischen undurchsichtig und lichtdurchlässig.

Die Anleitungen sind nicht für einen bestimmten Menschentyp oder ein bestimmtes Leiden gedacht. Sie wenden sich an jeden, der innerhalb der vielen Seiten seiner Persönlichkeit Harmonie finden und zwischen seinem physischen und psychischen Ich einen Ausgleich schaffen will. Sie sind für alle gedacht, die sich selbst helfen möchten; nicht, indem man einen Teil des eigenen Wesens unterdrückt, sondern indem man sich bemüht, das Beste aus allem zu machen.

Die Anleitungen fordern häufig dazu auf, eine Episode aus der Vergangenheit zu «erinnern», sie erneut zu durchleben oder zu «erfahren». Der Unterschied zwischen erinnern und durchleben sollte klar abgegrenzt weden.

Sich erinnern ist ein intellektueller Vorgang, bei dem die Erinnerung Fakten, Umstände und Menschen rekonstruiert; man erinnert sich an das, was man gesagt, gefühlt oder gehört hat. Einen vergangenen Vorfall noch einmal zu durchleben oder zu erfahren, bedeutet genau das, was diese Wörter aussagen: man durchlebt den Vorfall noch einmal, man erfährt ihn erneut. Man erinnert sich nicht nur an das, was gesagt wurde, man *hört* es geradezu noch einmal; man erinnert sich nicht nur, wie ein Mensch aussah, man *sieht* ihn vor sich. Man hat den Geschmack eines Essens wieder auf der Zunge. Man erinnert sich nicht nur, daß man seinerzeit gehobener Stimmung war, man *ist* wieder gehobener Stimmung.
Einige Menschen gebrauchen normalerweise ihr intellektuelles Erinnerungsvermögen; andere durchleben alles noch einmal, woran sie sich erinnern. Die meisten von uns setzen diese beiden Funktionen simultan in unterschiedlichem Maße ein.
Wenn ich dich in einer Anleitung auffordere, etwas noch einmal zu durchleben oder erneut zu erfahren, dich also nicht nur daran zu erinnern, dann begnüge dich bitte nicht mit einer intellektuellen Rekonstruktion. Erfahre den Vorfall noch einmal so eindringlich wie möglich.

Die Anleitungen enthalten viele Anweisungen. Sie sind nicht numeriert oder tabellarisch angeordnet; ich habe das bewußt unterlassen. Zahlen haben auf jeden Menschen eine unterschiedliche Wirkung. Manchmal wirken sie klärend, manchmal verwirrend. Dasselbe gilt auch für andere tabellarische Anordnungen. Die Anweisungen sind jedoch so angeordnet, daß dir ausreichend Platz bleibt, deine eigenen Zeichen oder Aufstellungen einzusetzen. Vielleicht ziehst du farbige Zeichen den Zahlen vor; Schlüsselworte den einzelnen Buchstaben des Alphabetes; oder kleine geheimnisvolle Symbole, die nur dir persönlich etwas sagen, der unauslöschbaren Druckerschwärze.

Lies das vorliegende Buch mit Bleistift und Feder. Drück ihm deinen persönlichen Stempel auf. Stimme ihm zu oder lehne es ab. Bearbeite und erweitere es. Unterstreiche einzelne Aussagen und laß mit Worten, Zeichen und Farbe deine Spuren zurück.

Kein Mensch ist wie DU. Wenn du das Buch eine Zeitlang benutzt hast, wird kein anderes Exemplar aussehen wie deins!

Hast du den Bleistift bereitliegen? Dann beginne JETZT!

Viele der Anleitungen fordern dazu auf, bestimmte Muskeln steif zu machen oder anzuspannen. Du wirst vielleicht sagen: «Das ist ja das Problem! Meine Muskeln sind ja bereits angespannt und steif.»
Zwischen diesen beiden Formen der Spannung besteht aber ein grundlegender Unterschied. Wenn du *freiwillig* und *bewußt* einen bestimmten Teil deines Körpers anspannst, zusammenziehst oder versteifst, dann steuerst du die Aktion und ziehst einen Nutzen aus ihr.

Wenn du *unfreiwillig* verkrampft bist, wirst du zum Opfer einer fehlgesteuerten Energie des Nervensystems und der damit zusammenhängenden Muskelreaktion. Ein weiterer Unterschied besteht darin, daß man wie in einem Gips zu sein scheint, wenn man unfreiwillig verkrampft ist; spannt man einen Teil des Körpers aber freiwillig an, kann man die Verkrampfung auch freiwillig wieder lösen. Verkrampfen und entspannen, einatmen und ausatmen: das ist der Rhythmus des Lebens.

Es ist unrealistisch und destruktiv, Körper und Geist zu trennen. Körper und Geist sind ein Leben lang zusammengeschmiedet. Wir wollen diesen Tatbestand zu unserem Vorteil nutzen. Einer der wesentlichsten Aspekte der vorliegenden Anleitungen ist, daß sie uns diesen grundlegenden Tatbestand bewußt machten.

Wenn man die Anleitungen praktiziert, sollte man – falls ich nichts anderes empfehle – die Reaktion auf jede Emotion, die man dabei empfindet, im eigenen Körper verfolgen. Man sollte seine Gefühle immer im Körper aufspüren und lokalisieren.

Manchmal spürt man, daß jeder emotionelle oder psychologische Vorgang Folgen im physischen Bereich hat. Gelegentlich läßt sich das allerdings nur schwer erkennen. In einem solchen Fall sollte man sich sagen: «Wenn dieses Gefühl zu einem körperlichen Gefühl würde, wo würde es dann im Körper auftreten?» Davon wird in den Anleitungen noch ausführlicher die Rede sein. Dieser Punkt ist wichtig, weil man durch die Auseinandersetzung mit dem körperlichen Gefühl die Energie, die darin eingeschlossen ist, freisetzt und bewußt nutzen kann.

Beobachte nach Möglichkeit deine Reaktionen auf die Anleitungen genau. Am besten wäre es, wenn du sie aufschreiben würdest, etwa wie in ein Tagebuch. Darin würde z. B. stehen, ob dir eine leicht, schwer, geheimnisvoll, überraschend, überzeugend, erhellend, usw. vorkam. Wenn du diese Anleitung dann ein zweites Mal übst, könntest du aufschreiben, inwieweit sich deine Reaktionen dabei von den früheren unterschieden haben. Vor jeder Anleitung ist eine Seite leer. Man kann sie für Bemerkungen über die jeweilige Anleitung benutzen. Wenn es einem Spaß macht, mag man sich die Anleitungen auch als kleine Theaterstücke vorstellen, in denen man selbst die Hauptrolle spielt. Sieh dir dann vor allem die Veränderungen des «Schauspielers» an, seine Auflehnungen und Zweifel, seine Befürchtungen und Entwicklungen – *achte besonders auf seine Erfolge.* Das ist wichtig, denn schließlich betrifft es dein eigenes Leben.
Und bitte, beachte gleichermaßen den Vorschlag auf der nächsten Seite.

Man sollte sich davor hüten, sich selbst ernst zu nehmen; denn man könnte sich dadurch leicht zum selbstüberheblichen Sezieren des Lebens verführen lassen und die Anleitungen zum Leben und Lieben mit dem Leben selbst verwechseln. Goethe hat vor mehr als hundert Jahren auf diese Gefahr hingewiesen; er hat vor den Hypochondern seiner Zeit gewarnt, die sich ewig und fruchtlos mit sich selbst beschäftigten. Die wahre Bedeutung der Selbsterkenntnis, sagte er, liege darin, sich *seiner Beziehung zu anderen Menschen und zur Welt zu begreifen.*

In den Anleitungen wirst du häufig aufgefordert, einen langen, tiefen und langsamen Atemzug zu tun. Und zwar aus folgendem Grund: Alle anderen Handlungen, Gedanken und Gefühle kommen zum Stillstand, solange man seine ganze Aufmerksamkeit aufs Atmen lenkt.
Diese Art des Atmens führt zur Entspannung der Muskeln, zur Anreicherung des Blutes mit Sauerstoff und klarerem Denken.

Hier die Methode, die ich für intensives Atmen vorschlage:
Atme durch die Nase ein und durch den Mund aus.
Atme vollständig aus: vergewissere dich, ob du wirklich vollständig ausgeatmet hast. Es könnte noch etwas Luft in den Lungen sein. Atme jeden Rest Luft aus, indem du ein «S» ertönten läßt.
Wenn du dich vollständig leer fühlst, dann atme nicht gleich wieder ein, bleib leer, aber nur so lange, als es dir nicht unangenehm ist.
Und dann laß die Luft ganz langsam wieder in dich einströmen.
Stell dir dabei vor, die Luft käme durch deine Fußsohlen, sie stiege durch Beine, Waden und Schenkel aufwärts. Laß sie langsam, ganz allmählich durch deinen Körper aufsteigen, durch deine Sexualorgane, durch jeden einzelnen Wirbel der Wirbelsäule, durch den Nacken – bis sie unter der Schädeldecke angekommen ist. Stell dir vor, die Luft sei Energie, die deinen ganzen Körper erfüllt. Wenn es dir Spaß macht, kannst du dir einbilden, die Luft würde leuchtend, während sie in deinen Körper eindringt und ihn langsam ausfüllt. Behalte die leuchtende Luft eine Weile in dir. Und dann laß sie langsam ausströmen, presse sie nicht heraus; und stell dir dabei vor, daß sie beim Ausströmen jede Unreinheit aus deinem Körper und aus deinem Geist mit sich fortschwemmt.

Wenn du von Zeit zu Zeit – tagsüber oder vor dem Schlafengehen – auf diese Art und Weise bewußt atmest, kannst du dich großartig erfrischen.

Die vorliegenden Anleitungen enthalten Anweisungen. Sie fordern dazu auf, etwas zu tun, dann wieder nicht zu tun; die Gegenwart zu erfahren – und anschließend genau so intensiv die Vergangenheit zu durchleben; ganz aktiv zu sein – und dann wieder vollkommen passiv.

All diese anscheinend unvereinbaren Anweisungen haben nur einen einzigen Zweck: sie sollen es dr ermöglichen, alle äußeren Einflüsse abzustreifen, dich bewußt von innen heraus zu lenken, *damit du das wirst, was du wirklich bist.*

«Mit welcher Anleitung soll ich anfangen?» Guck dir das Inhaltsverzeichnis an, die Rubik «Welche Anleitung in welchem Fall» und den Abschnitt «Zwischenmenschliche Beziehungen» im Anhang. Ich schlage vor, mit folgenden sechs Rezepten anzufangen:

Es geht gar nicht um dich
Der Punchingball
Schlüpfe in die Haut des anderen
Banne die Geister oder Hier und Jetzt
Wie kann ich das nutzen?
Tanze nackt mit Musik

Hier ein paar Hinweise zu den einzelnen Vorschlägen:

«Es geht gar nicht um dich» ist eine Anleitung, die praktisch jeder von uns täglich Dutzende von Malen praktizieren kann. Selbst wenn wir die meiste Zeit unseres Alltags mit Arbeit oder Spiel, in der Familie oder in Gruppen verbringen, unseren seelischen Zustand und unsere körperliche Verfassung können wir immer noch verbessern. Ich kann dir gar nicht sagen, wie viele Menschen diese Anleitung zur Zeit gerade ausführen.

«Den Punchingball» schlage ich vor, weil es eine einfache Anleitung ist und bisher noch jedem gutgetan hat.

Im Grunde fallen die meisten unserer Probleme in das Gebiet der zwischenmenschlichen Beziehungen. «Schlüpfe in die Haut des anderen» soll dein Verhältnis zu anderen Menschen verbessern, indem es dein Urteilsvermögen und dein Verständnis schärft.

«Banne die Geister oder Hier und Jetzt» ist eine gute Methode, deine Aufmerksamkeit und dein Erkenntnisvermögen zu schärfen. Manchmal soll es auch im Anschluß an einige der wichtigsten Anleitungen praktiziert werden; das gebe ich dann aber jeweils an.

«Wie kann ich das nutzen?» soll dir helfen, die Gewohnheit und die Fähigkeit zum Einsatz selbst solcher Gefühle und Fakten zu entwickeln, die entweder tatsächlich oder nur scheinbar gegen dich sind. Es zeigt dir, wie du auf destruktive Umstände kreativ reagieren kannst.

«Tanze nackt mit Musik» mag einigen Lesern unkonventionell vorkommen – dennoch habe ich es in diese Prioritätenliste aufgenommen,

weil gerade durch diese Anleitung bemerkenswerte und außergewöhnliche Resultate erzielt worden sind. Wenn du dich beim Lesen manchmal fragst: «Was hat das für einen Sinn?» – dann tanze, und du wirst sehr schnell dahinterkommen, was für einen Sinn es hat!

I
ES GEHT GAR NICHT UM DICH ODER NUTZE UNANGENEHME GEFÜHLE ZU DEINER VERSCHÖNERUNG

Wenn dein Mann klagt...
Wenn deine Frau nörgelt...
Wenn dein Chef ärgerlich ist...
Wenn deine Freunde dich vernachlässigen
Wenn dein Geschäftspartner schwierig ist...
Wenn du mit deinen Kindern nicht zu Rande kommst...
HALT!

Halt einen Moment lang inne.

Halte ein und werde dir klar, daß Ärger, Unberechenbarkeit, Gedankenlosigkeit, Kälte – mit anderen Worten das unliebenswürdige und verletzende Verhalten nicht eigentlich gegen dich persönlich gerichtet ist.

Vielleicht kommt es dir oft so vor. Meistens ist es jedoch nicht der Fall. Du bist *nicht* die Zielscheibe. Du warst einfach nur gerade in der Schußlinie.

Es ist menschlich, hin und wieder mal ärgerlich oder unvernünftig zu sein. Für diejenigen, die sich gerade in Reichweite der Explosion aufhalten, ist es auch menschlich, wenn sie sich einbilden, der Angriff wäre gegen sie persönlich gerichtet. Manchmal ist das der Fall. Manchmal wird man zur Zielscheibe der negativen Emotionen von Menschen, die einem am nächsten stehen. Häufiger allerdings ist man gar nicht gemeint. Der Ehemann, die Ehefrau, das Kind, der Geschäftspartner, selbst ein Fremder in einem überfüllten Omnibus können plötzlich in Wut oder Feindseligkeit ausbrechen, die sie nicht länger zurückhalten können, die sie – auch auf die Gefahr hin, anderen weh zu tun – einfach loswerden müssen.

Das gehört zum Leben und zu den zwischenmenschlichen Beziehungen. Man kann nicht in einer Welt voller Menschen leben und den Stürmen ihrer unangenehmen und schmerzlichen Emotionen ausweichen wollen, ebensowenig wie man vor dem Wetter flüchten kann. Aber man kann sich von dem Gefühl freimachen, daß man immer persönlich gemeint ist. Man kann die unerfreulichen Zusammenstöße sogar zu seinem eigenen Nutzen einsetzen.

Wenn eine geballte Ladung negativer Emotionen in unsere Richtung losgeht, ganz egal, ob sie auf uns abzielen oder nicht, dann reagieren wir ganz automatisch auf eine bestimmte Art und Weise. Unser primitives Ich reagiert sofort und ohne unser Zutun. Das gehört zu den Selbstschutzautomatismen, die wir geerbt haben, um uns der drohenden oder tatsächlichen Gewalt zu stellen – auch wenn sie ebensowenig auf uns persönlich abzielt wie etwa ein Windstoß oder eine Meereswoge.

So reagieren Naturvölker immer noch auf Naturkatastrophen. In einer Sonnenfinsternis sehen sie eine Warnung vor dem Jüngsten Gericht, Erdbeben oder Sturmfluten betrachten sie als Strafe für eine Beleidigung der unsichtbaren Mächte. Noch vor dreihundert Jahren wurde krankes Vieh immer dem Zauber einer Hexe zugeschrieben, und irgendeine unglückliche Kreatur mußte dann dafür verbrannt werden. Wenn ein Mann impotent war, hielt man eine Hexe für die Ursache, besonders natürlich dann, wenn der Mann nur bei seiner eigenen Frau, nicht aber bei einer attraktiven Schönen außerhalb seines Hausstandes impotent war. In einem solchen Fall wurde als sicher angenommen, daß er behext worden war. Das war tödlicher Ernst. Im 16. und 17. Jahrhundert wurden eine halbe bis eine Million Frauen lebendigen Leibes verbrannt – nur weil die Leute sich als Zielscheibe irgendeines imaginären Zaubers empfanden, der angeblich von diesen Frauen ausging.

Gibt es heute noch solche Formen kollektiven Wahnsinns? In einzelnen Fällen jedenfalls reagieren wir auf die negativen Gefühlsregungen anderer Menschen noch immer so, als würden wir persönlich angegrif-

fen. Obgleich wir niemals auf die Idee kämen, etwa einen Orkan oder eine Flutwelle als persönlich gegen uns gerichtet zu betrachten, haben wir oft das Gefühl, Opfer von «meteorologischen» Störungen im Gehirn anderer Menschen zu sein. Manchmal trifft das, wie gesagt, zu; es gibt Menschen, die tatsächlich versuchen, uns zu treffen. Aber meistens explodieren sie einfach nur – und wir sind zufällig in der Nähe, sind also ein bequemer Ersatz für ihre *wahre* Zielscheibe.
Ob ein Ausbruch sich direkt gegen dich richtet oder nicht, jedenfalls wird diese Anleitung es dir erleichtern, die Aggression zu deinem Nutzen einzusetzen.

Wir sollten immer daran denken, daß jeder von uns ein Glied in einer immensen, wahrscheinlich unendlichen Kette ist, wie ich es bereits geschildert habe. Es gehört zur Natur der Dinge, daß wir alle Glieder einer unendlich verzweigten Kette von Reaktionen und Vorfällen sind. Das Verhalten eines besorgten, verärgerten oder unglücklichen Menschen überträgt sich auf jeden in seiner Umgebung, manchmal vernichtender als eine Infektionskrankheit. Die meisten Infektionskrankheiten, beispielsweise Masern oder Grippe, sind nach zwei oder drei Wochen kuriert; eine Neurose jedoch, die aus einer schlechten Erfahrung resultiert, kann nicht nur ein ganzes Leben lang anhalten, sondern auch eine starke und heimtückische Kettenreaktion auslösen, die sich weiter und weiter fortsetzt und der nur außerordentlich schwierig Einhalt geboten werden kann. Wir können unsere negativen Reaktionen weiterreichen – und tun dies oft auch – an diejenigen, die unbeabsichtigt in unsere Sphäre eingedrungen sind, und diese reichen sie wieder an andere weiter – *ad infinitum.*

Wenn beispielsweise der Chef eines Unternehmens ein schwieriger und neurotischer Mensch ist, werden viele seiner Angestellten unsicher und verkrampft werden. Deren seelischer Zustand überträgt sich, wenn er nicht von den Opfern selbst durchschaut wird, auf ihre Ehefrauen, die meistens nervös darauf reagieren, reizbar oder deprimiert werden; dann kriegen die Kinder wiederum die elterliche Ungeduld und Frustration zu spüren und geben den Schwarzen Peter an ihre Freunde weiter; diese werden nun ihren Eltern und Lehrern Schwierigkeiten machen, welche ihre ärgerliche Reaktion darauf gegen jeden loslassen, der sich unglücklicherweise gerade in ihrer Reichweite aufhält. Das Übel nimmt seinen Lauf.

Wir bedienen uns hygienischer Mittel, Impfstoffe und aller uns zur Verfügung stehenden Möglichkeiten, um uns und unsere Kinder davor zu schützen, zu Opfern und Überträgern von Infektionskrankheiten wie Typhus, Scharlach, Kinderlähmung usw. zu werden. Das ist unser Recht und unsere Pflicht. Vielleicht ist es nicht so deutlich oder allgemein anerkannt, daß es auch unser Recht und unsere Pflicht ist, uns und unsere Kinder vor heimtückischen, deshalb aber nicht weniger ansteckenden und gefährlichen seelischen Krankheiten zu schützen. Es würde uns auch nicht im Traum einfallen, in ein von Cholera heimgesuchtes Land zu reisen, ohne uns zuvor gegen diese Krankheit impfen zu lassen. Und doch leben und arbeiten wir fast täglich in einem Milieu, das häufig von negativen Emotionen heimgesucht wird – wir laufen buchstäblich in sie hinein, häufig unbewußt und durchaus unvorbereitet. Die Ansteckung ist dann manchmal eine Sache von Sekunden.

Diese Anleitung soll uns nicht nur befähigen, der Infektion auszuweichen, sondern die negative Kette der krankheitserregenden Emotionen in etwas Nutzbringendes und Schönes umzuwandeln.

Ebenso wie die Verkäuferin, von der schon die Rede war, steht jeder von uns vor einer Wahl. Wir können passiv unseren Platz in der negativen Kette einnehmen, das Leid, das uns zugefügt wird, akzeptieren und an andere weiterreichen. Oder aber wir können die Kette sprengen und die Energie der destruktiven Emotion in eine konstruktive Tat umwandeln.

Energie ist neutral. Erst wie wir sie benutzen, läßt sie destruktiv oder kreativ, schädlich oder heilsam werden. Die Energie, die wir aus Atomen gewinnen, kann entweder alles Leben auf der Erde vernichten oder für die ganze Menschheit ein besseres Leben schaffen. Und wir wissen auch, daß die Energie dadurch an sich nicht verschwunden ist, sondern lediglich eine andere Form angenommen hat. Ein feindseliger Energieausbruch hat seine Auswirkungen, ob man nun tatsächlich als Zielscheibe gemeint war oder man es nur so empfunden hat. Im Körper gehen automatisch bestimmte Dinge vor. Das Herz schlägt schneller, man atmet schneller, der Blutdruck steigt. In den Lungen erweitern sich winzige Blutgefäße, dadurch wird mehr Luft eingesogen und mehr Sauerstoff an den Körper abgegeben. Selbst die Leber empfängt den Befehl, ihre Vorratskammer zu öffnen und Glykose – Zuckerbrennstoff – ans Blut abzugeben. Gleichzeitig wird das Blut mit größerer Geschwindigkeit von den Verdauungsorganen weggebracht und, prallgefüllt mit Sauerstoff und Brennstoff, in die Muskeln gepreßt.

Diese erstaunlichen und komplizierten Vorgänge sind die Reaktionen des Körpers auf eine Notsituation. Es ist ein Überlebensmechanismus, den wir mit den Tieren gemeinsam haben. In der Natur findet diese großartige Blitzreaktion beim ersten Anzeichen von Gefahr statt und bereitet den Körper darauf vor, entweder zu kämpfen oder wegzulaufen. Dieser Überlebensmechanismus hat offensichtlich unsere Vorfahren gerettet, wenn sie in der Steinzeit plötzlich einem Höhlenbären oder einem urzeitlichen Elefanten gegenüberstanden – sonst wären wir heute ja nicht hier.

Heutzutage wird man schwerlich einem wilden Tier im Wald begegnen. Aber der Lebensrettungsmechanismus ist nun einmal da und tritt in Aktion, ob man einer gefährlichen Bestie oder einer gefährlichen Emotion gegenübersteht. Jener Strom gesättigten und energiespendenden Blutes wird in die Muskeln gepumpt und regt den Körper dazu an, zu handeln, sich zu bewegen, IRGEND ETWAS zu tun!

Der Körper hat auf die feindselige Energie reagiert, ohne daß er darum gebeten wurde. Die Muskeln sind bereit und schreien nach Taten.

Als zivilisierter Mensch wird man wahrscheinlich kaum kämpfen oder weglaufen. Dennoch stehen die Muskeln bereit.

Benutze sie also!

Benutze sie, um die unerfreuliche Emotion in eine Handlung umzuwandeln, die dich stärker und schöner macht.

Darum geht es in dieser Anleitung. Aber bevor man die destruktive Energie zum eigenen Nutzen umsetzen kann, muß man zwei Dinge beachten.

Man muß sich zunächst immer wieder klarmachen, daß *es gar nicht um einen selbst geht.* Unser von Natur aus egozentrisches Wesen hat uns erst zu dieser Annahme gebracht.

Und – was gleichermaßen wichtig ist – man muß es *wollen,* daß es nicht um einen geht! Es besteht das weitverbreitete, unterschwellige

Gefühl, daß es irgendwie bewundernswert ist und einem die Eintrittskarte zum Himmel verschafft, wenn man einfach leidet und sich als Opfer hergibt. Wenn man diesen Glauben im Unterbewußtsein mit sich herumträgt, dann wird einem diese Anleitung erheblich nützen. Es wird einem helfen, diesen unbewußten Wunsch ans Licht zu bringen, wo man sich mit ihm auseinandersetzen kann, indem man ihn in freie, zum eigenen Nutzen einsetzbare Energie umwandelt. Weiß man erst, daß man zum obengenannten Vorurteil neigt, dann sollte man sich folgende Frage stellen:

Wann tue ich mir und anderen Menschen am meisten Gutes an?

Wenn ich leide – oder wenn ich glücklich bin?

Da es in dieser Anleitung um die Auseinandersetzung mit unerfreulichen Emotionen in Gegenwart anderer Menschen geht, liegt es auf der Hand, daß wir lieber etwas Unauffälliges tun wollen.

In der Öffentlichkeit sollte man die Energienumwandlung möglichst auf Körperteile beschränken, deren Bewegungen man nicht so leicht sieht. Das ist keine so große Einschränkung, wie es auf den ersten Blick vielleicht erscheint. Es gibt zahlreiche Körperbewegungen, die unsichtbar bleiben. Man kann die Muskeln folgender Körperteile so bewegen und anspannen:

Zehen
Knöchel
Waden
Oberschenkel
Unterleib
Gesäß
After
Geschlechtsorgane
Brust
Brustkasten
Ober- und Unterarme
Kehle
Zunge

Vielleicht fallen dir noch andere Muskeln ein, die du unauffällig anspannen und entspannen kannst.

Der tiefere Sinn dieser Anleitung ist die Umwandlung von Energie, die aus einer negativen Emotion entspringt, in eine spezifische Muskelbewegung.

Das Ergebnis ist die Vervollkommnung eines oder mehrerer Körperteile. Wir wissen heute, daß Muskelbewegungen einen bestimmten Körperteil genauso stärken beziehungsweise schlanker machen können wie heftige Gymnastik. Ehe du also mit dieser Anleitung beginnst, solltest du entscheiden, welchen Körperteil du stärken oder verschönern willst.

Wenn du dich für die Oberschenkel entschieden hast, dann kannst du sicher sein, daß diese Übung ebenso wirkungsvoll wie jede andere ist, die sich die Formung und Kräftigung der Beine und die Verbesserung derer Blutzirkulation zum Ziel gesetzt hat. Wenn du den Unterleib ausgewählt hast, schlägst du drei Fliegen mit einer Klappe: du unterstützt die inneren Organe und den Unterleib; du beugst Darmstörungen und den geheimnisvollen Rückenschmerzen vor, die so manchem von uns zu schaffen machen, besonders wenn er viel sitzen muß; und du hilfst deinem Herz bei der Aufrechterhaltung einer effizienten Blutzirkulation. Gleichzeitig nimmst du Zentimeter an der Taille ab und gewinnst an Haltung und Aussehen.

Du kannst jede dieser vielversprechenden Muskelbewegungen im Stehen oder Sitzen machen, ohne daß deine Umgebung etwas davon merkt. Das hat zwei Vorteile: du schützt dich nicht nur vor den Auswirkungen negativer Emotionen, du profitierst auch in bezug auf deine Gesundheit und dein Aussehen.

Übe ein paar Minuten lang folgendes:

Spanne die Muskeln deiner Oberschenkel an.

Mach sie ganz steif, so steif wie möglich.

Halte die Anspannung – halte sie solange du kannst.

Dann entspanne sie wieder.

Und wenn du das ein paarmal gemacht hast, denk an eine Zeit zurück, in der sich dir gegenüber jemand ärgerlich, verletzend, unfreundlich oder ungerecht verhalten hat. Da damals aber andere Leute Zeugen des Vorfalls waren, konntest oder wolltest du nicht offen darauf reagieren. Natürlich gibt es zahlreiche Gründe, aus denen man in solch einer Situation nicht offen auf den Ärger reagieren kann; vielleicht will man einen Job nicht verlieren, vielleicht jemanden nicht beleidigen. An Gründen mangelt es nie; doch die Ergebnisse sind immer negativ.

Denk also zurück. Laß jenen Moment wieder aufleben, in dem dich jemand durch ein Wort, durch einen Blick oder durch ein Schweigen mit destruktiver Energie bedacht hat.

Dann tu folgendes: Pack die destruktive Energie! Steuere sie in Gedanken! Wirf sie in deine Oberschenkel – spanne sie an – halte die Spannung eine Weile – entspann sie; spann sie an – halte die Spannung eine Weile – entspann sie! Der Rhythmus bleibt dir überlassen. *Wandle die Energie jener negativen Emotion in konstruktive Muskelbewegungen um,* die deine Beine kräftiger und schöner machen.

Wenn du das jetzt im nachhinein machst, dann befreist du dich von dem Gefühl der Feindseligkeit, das du vielleicht seit damals mit dir herumgetragen hast. Doch der besondere Wert dieser Anleitung liegt darin, daß es jederzeit praktiziert werden kann – auf Anhieb –, auch wenn andere Menschen dabei sind. Übe es jedoch jetzt, solange du in deinem Zimmer allein bist, damit du darauf zurückgreifen kannst, wenn du es wirklich brauchst.

Sag dir, daß es nicht um dich geht.

Entscheide, welchen Körperteil Du schöner und kräftiger machen willst.

Spanne und entspanne die Muskeln jenes Körperteils in regelmäßigem Rhythmus so lange, bis du den für dich bequemsten Rhythmus gefunden hast.

Durchlebe dann noch einmal einen unerfreulichen Moment; und während du die negative Energie auf dich zufließen fühlt, setz sie augenblicklich in rhythmische Muskelbewegungen um.

Jetzt bist du in der Lage, die Anleitung zu *leben* und dich in neuen Situationen danach zu richten.

Sei wachsam. Sei auf solche Situationen vorbereitet. Wie bei jedem Menschen ist auch dein Tag voll von Gelegenheiten, bei denen du destruktive Energie in Schönheit und Kraft umwandeln kannst. Der Omnibus, der nicht pünktlich kommt, der Büchsenöffner, der nicht funktioniert, das Auto, das nicht anspringt – oder deine liebe Familie, Kinder wie Erwachsene, die deine Geduld durch gedankenloses, unvernünftiges und manchmal bewußt provokatives Verhalten überfordern: alle die ärgerlichen Dinge und Menschen, mit denen du dich im Laufe eines ganz gewöhnlichen Tages auseinandersetzen mußt, summieren sich alles in allem wahrscheinlich zu einer ganzen Stunde für diese überaus wirkungsvolle Übung, ohne daß du dafür extra wertvolle Zeit in Anspruch nehmen müßtest. Ein Mensch, der seine Bauchmuskeln zehnmal täglich jeweils zehn Sekunden lang anspannt, kann im Monat zwischen drei und sechs Zentimeter an Taillenumfang verlieren. Auch das isotonische Training der amerikanischen und sowjetischen Olympiamannschaften baut auf dieser Übung auf.

Wenn du das Gefühl hast oder es sogar genau weißt, daß es um dich geht, dann zieh deinen Nutzen daraus und greif auf dieses Prinzip zurück. Ob es aber um dich geht oder nicht, denk immer daran, daß die Energie, deren Empfänger du bei solchen Gelegenheiten bist, nur dann negativ ist, *wenn du sie als solche akzeptierst.* Es mag paradox klingen, doch negative Energie kann einen durchaus positiven Wert haben, dann nämlich, wenn man sie durch Muskelbewegungen zum Nutzen der Muskeln – und also zum eigenen Nutzen – einsetzt.

Unerfreuliche Emotionen zur Schönheitspflege einzusetzen, ist eine der wichtigsten Anleitungen in dieser Sammlung. Es dürfte dir nicht schwerfallen, dich im Laufe eines Tages immer wieder daran zu halten.

Stimmst du im Moment beispielsweise mit irgendeinem Punkt in dieser Anleitung nicht überein? Gut. Lies den betreffenden Abschnitt noch einmal durch. Lehne ihn ab – und spann gleichzeitig deine Oberschenkelmuskeln oder die Muskeln des Körperteils an, den du schöner und kräftiger machen willst.

Lies den Abschnitt noch einmal durch und lehne ihn ab.
Spanne die Muskeln an und betreibe Schönheitspflege.

Zu dieser Übung wirst du beim Lesen dieses Buches immer wieder Gelegenheit haben. Wenn du auf einen Punkt stößt, der dich irritiert oder mit dem du nicht einverstanden bist, dann mach dir diesen Umstand zunutze:

Lies den Abschnitt noch einmal durch.
Lehne ihn ab.
Spanne die Muskeln und betreibe Schönheitspflege.

Laß auch andere Körperteile von dieser Übung profitieren. Du verschaffst dir dadurch drei nicht zu unterschätzende Vorteile.

Du befreist dich aus deiner Egozentrik und wirst dir der Tatsache bewußt, daß du nicht die Zielscheibe aller unangenehmen Dinge bist, mit denen du konfrontiert wirst.

Du erwirbst jene schwierige, doch überaus vielversprechende Lebenskunst – nämlich etwas Schlechtes in etwas Gutes umzuwandeln.

Du kommst in die Lage, eine negative Kette zu durchbrechen, einen negativen in einen positiven Wert umzuwandeln.

Wenn du mit einer störenden Emotion konfrontiert wirst und nicht in der Lage bist, dich wirklich wie Christus zu verhalten, sondern nur so tun möchtest, dann hast du drei Verhaltensweisen zur Auswahl:

Du kannst unfreundlich zu anderen Menschen sein.

Du kannst deine Empfindungen aufstauen und dir dadurch selber schaden.

Oder:

Du kannst die Energie der destruktiven Emotion in konstruktive Muskelbewegungen umsetzen und auf diese Weise deine Gesundheit, deine äußere Erscheinung und deine Beziehungen zu anderen Menschen verbessern. Statt bösen kannst du guten Willen zeigen – und der wird überall gebraucht.

Für welche der drei Möglichkeiten entscheidest du dich?

2
SCHLÜPFE IN DIE HAUT DES ANDEREN

Vor einigen Jahren, als ich noch in Italien lebte, hatte ich ein Dienstmädchen namens Maria. Sie war tüchtig und charmant, und wir kamen sehr gut miteinander aus. Maria war mit ihrer Bezahlung, die ein bißchen über dem Durchschnitt lag, zufrieden, und ich war froh, daß ich eine so eifrige und fleißige Hilfe hatte.

Eines Tages wollte ich ausgehen und hatte, wie Frauen es häufig tun, meine Handtasche verlegt. Da ich es ziemlich eilig hatte, war ich über meine Unordentlichkeit sehr ärgerlich und rief Maria zu: «Wo ist meine Handtasche?»

Weiß wie ein Laken kam sie ins Zimmer und erwiderte: «Ich habe sie nicht angerührt, Signora. Ganz bestimmt nicht! Sie halten mich wohl für eine Diebin? Ich gehe! Ich packe auf der Stelle meine Sachen und gehe nach Hause. Ihr Geld interessiert mich nicht.» Und tatsächlich machte sie sich daran, in Tränen aufgelöst und gleichzeitig vor Wut bebend, offenbar tief gekränkt durch meine Frage, die sie für eine Anschuldigung hielt, ihr hübsches Arbeitskleid auszuziehen, das sie bisher so gern getragen hatte.

Ein paar Jahre später saß ich in Beverly Hills im feudalen Behandlungszimmer eines renommierten Zahnarztes. Der Zahnarzt bereitete sich gerade darauf vor, einen meiner Zähne abzuschleifen, der überkront werden sollte. Aus rein sachlichem Interesse, aber auch aus persönlicher Besorgnis fragte ich ihn: «Was meinen Sie, wird diese Behandlung den Zahn noch mehr schwächen?»

Bei diesen Worten richtete der Zahnarzt sich auf, blickte mich streng an und sagte: «Sie vertrauen mir wohl nicht? Sie zweifeln wohl an meinem Können? Warum sollten Sie sonst diese Frage stellen und andeuten, ich würde Ihren Zahn ruinieren? Haben Sie die Absicht, mich zu beleidigen?»

Bei oberflächlicher Betrachtung unterscheiden sich die beiden Vorfälle deutlich voneinander, doch in ihrer tieferen Bedeutung haben sie durchaus einige Gemeinsamkeiten. In beiden Fällen war ich ausschließlich mit mir selbst beschäftigt und hatte um Hilfe gebeten: Maria darum, meine Handtasche zu finden; den Zahnarzt um psychologische Hilfe, um eine Erklärung, eine Beruhigung durch den Experten. Dennoch fühlten sich Maria und der Zahnarzt von mir angegriffen und waren tief gekränkt. Warum hatten sie meine Bitte um Hilfe so mißverstanden?

Betrachtet man die jeweilige Situation jedoch mit den Augen der anderen, hört man meine Worte mit *ihren* Ohren, dann leuchtet einem das Mißverständnis ein.

Maria hatte eine gewisse Gereiztheit in meiner Stimme gehört – Ärger über mich selbst, doch wie hätte sie das wissen sollen? – verbunden mit der Frage nach meiner Handtasche, nach meinem Geld. Für dieses Mädchen, daß in Armut aufgewachsen war, besaß Geld die allergrößte Bedeutung. Doch weitaus wichtiger war für sie ihr Ruf als untadelige Hausangestellte, ihr einwandfreier Charakter, zumal sie ohne diese beiden Eigenschaften nur schwer Arbeit gefunden hätte. Es mag sein, daß sie hin und wieder einmal in Versuchung gewesen war und hart mit sich gerungen hatte, ob sie den Arbeitgeber bestehlen sollte. In diesem Punkt war sie überaus empfindlich. Nur einer, der Armut kennengelernt und für bessergestellte Menschen gearbeitet hat, kann Marias Gefühle nachempfinden. Unbeabsichtigt und gedankenlos hatte ich sie empfindlich verletzt.

Und der Zahnarzt? Aus persönlichen Gründen war auch er in bezug auf seine beruflichen Fähigkeiten und auf sein Urteilsvermögen empfindlich. Vielleicht hatte jemand, der in seinem Leben eine wichtige Rolle spielte, beides wiederholt in Frage gestellt? Vielleicht litt er unter der Konkurrenz? Wer weiß, welche inneren Zweifel ihn gequält haben mochten? Er sah meine Besorgnis, die ich durch die Frage zum Ausdruck gebracht hatte – und es war lediglich Besorgnis über meinen Zahn –, als Angriff auf sein Selbstvertrauen und als einen Stich ins Wespennest seiner Selbstzweifel an.

Hätte ich die Reaktionen meiner empfindlichen italienischen Hausangestellten und meines nicht weniger empfindlichen und reizbaren Zahnarztes vielleicht voraussehen können? Man könnte natürlich auch fragen: Warum hat sie diese Reaktion eigentlich *nicht* vorausgesehen?

Diese nachträglichen Überlegungen hätte ich doch auch im vorhinein anstellen können: Ich hätte voraussehen müssen, daß ich Marias Ehre und das berufliche Können des Zahnarztes mit meinem Verhalten in Frage stellte. Trotzdem hatte ich beide durch die Art und durch den Ton meiner Frage beleidigt. Ich war in beiden Fällen so ausschließlich mit mir selbst beschäftigt gewesen, daß ich es versäumt hatte, ihre Interessen in Rechnung zu stellen. Und so hatte mich ihr Protest überrascht und schockiert.

Jeder von uns ist schon einmal von ähnlichen Reaktionen überrascht worden, und zwar dann, wenn er sie am wenigsten erwartete. Manchmal sind wir selbst die Angreifer, manchmal aber auch die Angegriffenen. Meistens verhalten wir uns aus Gründen der Selbstverteidigung beim Angriff eines anderen ähnlich rücksichtslos und brutal – wie der Angreifer. Damit ist eine Kette von Mißverständnissen in Gang gekommen, eine Kette von feindseligen und schmerzlichen Reaktionen, von Angriff und Gegenangriff, von Verwundung und Vergeltung.

Wie kann, so fragen wir uns dann, ein Mensch nur so vollkommen unvernünftig, verständnislos und unlogisch sein? Wie soll ich mit ihm auskommen – denn auskommen muß ich ja mit ihm –, wenn seine Reaktionen mir so fremd sind, daß ich meinerseits erstaunt und beleidigt, wütend und gedemütigt bin?

Jeder von uns reagiert auf seine Weise. Mancher versucht zu besänftigen, mancher schlägt zurück. Einige versuchen, eine logische Antwort zu geben, andere schreien nur lauthals zurück und bemühen sich, den Protest des Angegriffenen zu übertönen. Wieder andere verfallen in melancholisches, lastendes Schweigen. Wenn zwei Menschen einander nahestehen und wichtig füreinander sind, können sie, wenn sie in einer derartigen Reaktionskette verstrickt sind, sich selbst und einander sogar körperlich krank machen – und keine Ahnung haben wie es dazu kam.

Streiten – um das Kind bei seinem Namen zu nennen – kann heilsam sein. Es kann zu einem besseren und klareren gegenseitigen Verständnis führen, zu wärmeren und freundlicheren Gefühlen füreinander. Allerdings ist das nur dann der Fall, *wenn man aufhört, um jeden Preis siegen zu wollen.* Es geschieht nur dann, wenn der eine oder andere an einem bestimmten Punkt seine Waffen niederlegt und versucht, die Situation mit den Augen des anderen zu sehen, mit den Ohren des anderen zu hören, kurz – in die Haut des anderen zu schlüpfen!

Die Gründe zum Streiten sind so unterschiedlich wie die Menschen; niemand kann dafür eine allgemein verbindliche Regel aufstellen.

Doch kann es für beide streitenden Parteien nur förderlich sein, wenn man selber die Kunst kultiviert, in die Haut des anderen zu schlüpfen.

Um diese Kunst geht es in der vorliegenden Anleitung. Geh folgendermaßen vor:

Warte auf einen Augenblick, in dem du dich einigermaßen wohl fühlst und ein gewisses Maß an Kontrolle über deine Gefühle gewonnen hast.

Zieh dich an einen ruhigen Ort zurück.

Mach es dir bequem. Lehne dich zurück. Schließ die Augen.

Ruf dir einen bestimmten Vorfall ins Gedächtnis zurück, bei dem es um einen Menschen geht, mit dem du dich oft streitest, zu dem du häufig ein gespanntes Verhältnis hast.

Laß diesen Vorfall vor deinem inneren Auge aufsteigen.

Erinnere dich an den Beginn der fraglichen Auseinandersetzung.

Empfinde erneut die Atmosphäre des Streites.

Führe dir noch einmal die damalige Umgebung vor Augen.

Laß den ganzen Vorfall noch einmal vor dir abrollen.

Anstatt den anderen Menschen verstehen zu wollen, gibst du diesen Versuch völlig auf.

Und jetzt schlüpfe mit der ganzen Vorstellungskraft, zu der du fähig bist, in seine Haut.

Und dann geh den ganzen Vorfall noch einmal durch; sieh vor dir wieder dieselben Leute wie damals und hör derselben Unterhaltung zu – diesmal jedoch aus der Sicht des anderen.

Wenn du das schaffen willst, mußt du deine Person für einen Augenblick beiseite schieben. Zieh alle Energie aus deinen Gedanken und Gefühlen ab und nutze sie, um dich in den anderen hineinzuversetzen. Das ist zwar nicht leicht, doch sehr nützlich. (Ganze Bände sind über dieses Thema geschrieben worden, aber lies sie ein anderes Mal.) Konzentriere dich heute nur auf das eine. Nimm gelassen, entschlossen und sicher dein ganzes Selbst, deine guten und bösen Gefühle, deine Gedanken, Ideen und Empfindungen und leg sie zur Seite – für den Moment: Sie gehen dir nicht verloren, so leicht kann man sie gar nicht verlieren!

Sich mit einem Sprung der Phantasie in den anderen zu versetzen ist möglich. Jedenfalls ist das für viele ganz natürlich; hier noch eine etwas langwierigere Methode, die vielleicht leichter ist:

Stell dir vor, du würdest genauso sitzen, stehen oder laufen wie der andere.

Stell dir vor, du hättest denselben Gesichtsausdruck wie er und würdest deine Hände genauso bewegen wie er.

Du bist er.

Du fühlst wie er.

Du denkst wie er.

Du siehst dich, wie er dich sieht; du hörst deine Stimme, deine Worte, wie er sie hört.

Du hast Angst wie er; du fühlst dich bedroht oder angewidert und langweilst dich wie er.

Du fühlst dein Herz wie sein Herz schlagen.

Und jetzt laß den ganzen Vorfall noch einmal vor dir abrollen.

Du bist der andere.

Du reagierst wie er.

Du siehst dich so, wie er dich sieht.

Ganz allmählich wirst du der andere. Du schlüpfst in seine Haut.

Fühle seinen Blutdruck.

Fühle die Spannung seiner Muskeln.

Fühle die Reaktion seines Körpers.

Fühle das gewaltige Universum in seinem Inneren, denk seine Gedanken, fühle seine Gefühle.

Schließlich kommen nun seine Worte, kommt das unbeholfene Endergebnis einer immensen und geheimnisvollen Kette von Vorfällen dir zu Bewußtsein.

Empfinde jene Worte aus dem Inneren des anderen heraus, so wie er sie empfindet, so wie sie für ihn wirklich sind, wie sie sich in seinem Körper ausnehmen, und zwar noch ehe er spricht, dann während er spricht, und wenn er sich schließlich ausgesprochen hat.

Fühl den ganzen Vorfall aus dem Inneren des anderen heraus – gleich, ob dieser nun wortreich oder schweigsam, gelassen oder aufbrausend ist.

Diese Übung ist ganz leicht, solange du allein bist. Schwierig wird es erst, wenn du dich mitten in der Hitze einer Auseinandersetzung in die Lage des anderen versetzen mußt. Doch wird dir auch das nicht schwerfallen, wenn du vorher geübt hast. Selbst wenn man nur ein kleines Stück von der Welt des anderen begreift, kann man viel vernünftiger mit ihm umgehen, läßt man sich weniger durch dessen Worte und Taten irritieren! Außerdem wird man eine überraschende Entdeckung machen: Wenn wir *andere* besser verstehen, mögen sie uns auch besser!

Vor dreitausend Jahren sagte der Gott Shiwa zu seiner Frau, der Göttin Parvati: «Empfinde das Bewußtsein eines jeden Menschen, als wäre es dein eigenes. *Werde zu jedem Wesen,* und kümmere dich nicht um dich selbst.»

3
DER PUNCHINGBALL

Man kann einen Punchingball für wenig Geld in jedem Sportartikelgeschäft kaufen. Manchmal wird er zusammen mit einem langen Stab angeboten, und in dieser Form sieht man ihn häufig in Schulen. Für unsere Zwecke können wir auf den Stab verzichten.

Häng den Ball an einem Nagel auf, und zwar in Augenhöhe.

Schlag auf ihn ein.

Denke dabei an jenen irritierenden Menschen, der sich einbildet, mehr zu wissen als du, dessen Fehler du aber ständig korrigieren mußt.

Schlag heftiger zu.

Denk darüber nach, wie ungerecht du als Kind behandelt worden bist, wie oft du für Taten anderer büßen mußtest.

Schlag *noch heftiger* zu.

Denk an wen oder was auch immer, denk an deinen derzeitigen Ärger – an deine Eltern, deine Kinder, deinen Mann, deine Frau.

Schlag zu – schlag zu – schlag zu!

Schlag deine Erbitterung aus dir heraus.

Schlag den Mangel an Feingefühl, an Aufmerksamkeit, an Liebe von anderen: trommel alles heraus.

Schlag zu. Auch wenn der Ball schon längst kein Ball mehr zu sein scheint, auch wenn er schon etwas ganz anderes geworden ist – schlag trotzdem weiter auf ihn ein.

Schlag zu – angstvoll oder wütend.

Schlag zu – verzweifelt oder entrüstet.

Schlag alle diese Gefühle aus dir heraus. Je heftiger du zuschlägst, desto kraftloser wird die zerstörerische Lust, anderen oder dir selbst weh zu tun. Solange dieser Ärger weiterhin in deinem Inneren aufgestaut bleibt, kann er nur Schaden anrichten. Schlag ihn aus dir heraus – schlag ihn in einen Ball, der nur dazu da ist, geschlagen zu werden.

Solltest du zufällig der eine unter Millionen sein, den noch nie jemand verletzt hat, der noch nie erfahren hat, was es heißt, verletzt zu werden – wenn du der eine unter Millionen bist, der sich und allen anderen verziehen hat, der die erbarmungslose Grausamkeit von Krankheit und Krieg, den Hungertod der Säuglinge und den einsamen Tod alter Menschen verstanden und akzeptiert hat – wenn du diese seltene Wesen bist, dann bist du vom Glück gesegnet und brauchst diese Anleitung nicht!

Vielleicht meinst du, ein Punchingball sei ein viel zu einfaches Gerät und könnte deine komplizierten einzigartigen Gefühle nicht besänftigen? Das mag manchmal der Fall sein, aber sei nicht voreilig. Den Wert des Punchingballs kannst du erst beurteilen, wenn du drei oder vier Wochen an ihm trainiert hast.

Fast jede menschliche Situation hat verworrene und komplexe Gefühle zur Folge, meistens wurzeln diese in Vorfällen, die schon lange zurückliegen. Aber wie dem auch sei – sicher ist, daß sie ihre Spuren im Körper und im Geist hinterlassen.

In vielen Fällen regen sie die Drüsenfunktion zu stark an, und dadurch werden toxische Mengen Adrenalin ans Blut abgegeben. Adrenalin ist ein mächtiges Stimulans. Durch das Ansteigen der Adrenalinmenge im Blut werden Veränderungen in der Funktionsweise des Organismus bewirkt. Gewöhnlich sind solche Veränderungen mit einer Erhöhung der Nerven- und Muskelspannung verbunden. *Wenn die Spannungen nicht aufgelöst werden,* rufen sie unangenehme Gefühle, unerwünschte Stimmungsveränderungen und sogar körperliche Schmerzen und Krankheiten hervor.

Deshalb ist der einfache und ehrliche Punchingball so wertvoll.

Schlägt man auf ihn ein und konzentriert sich dabei auf die Gefühle, die man austreiben will, dann befreit man sich *durch die bewußt gesteuerte Muskelaktivität* von negativen Emotionen, die man sonst ohne Schaden an sich selbst und anderen nicht loswerden könnte.

Diese tief verwurzelten, starken Emotionen können durch Worte allein nicht neutralisiert werden. Sie sind zwar oft durch Worte verursacht, doch inzwischen in körperliche Veränderungen umgesetzt worden. Die durch Worte ausgelösten Emotionen sind inzwischen in deinen Körper eingegangen, in seinen komplexen Mechanismus. Sie sind keine bloßen Worte mehr: Sie sind Antriebskräfte geworden, die sich auf Nerven- und Muskelstränge übertragen haben. Man kann sie *durch Worte nicht mehr* aus der Welt schaffen.

Aber man kann sie *durch Schläge aus sich herausboxen!*

Eine der direktesten und ehrlichsten Arten, mit negativen Emotionen fertig zu werden, ist, sie erst als solche zu erkennen und ihnen dann auf harmlose Weise durch körperliche Betätigung Ausdruck zu verleihen.

Auf diese Weise *leugnet man die negativen Emotionen nicht. Man transformiert sie* und ihre physiologischen Folgen.

Aus etwas Schlechtem etwas Gutes zu machen – das ist die Kunst des Lebens.

Negative Emotionen, also Gereiztheit und Wut, sind für die Seele Gift. Sie vergiften nicht nur die Stimmung und den Geisteszustand. Das Gift breitet sich im Körper aus, wird mit dem Blut in jeden Nerv und jeden Muskel getragen. Glücklicherweise liegt es aber in unserer Macht, uns davon zu befreien und uns dem freien Fluß der Zuneigung und Liebe zu öffnen.

Nichts trägt so rasch und wirkungsvoll dazu bei wie gezieltes Schlagen und Treten – gezielt, denk daran – gegen einen Ball, der nicht darunter leidet, der nur dazu da ist, geschlagen und getreten zu werden.

Du brauchst auf den Punchingball also nicht herabzusehen. Er hat schon sehr intelligenten und netten Menschen geholfen, einen Dichter und sogar einen Minister gesund gemacht. Zarte junge Mädchen und freundliche ältere Damen haben sich seiner mit großem Erfolg bedient.

Ein Punchingball nützt besonders Menschen in leitenden Stellungen. Ich kenne einen sehr erfolgreichen Geschäftsmann, der seinen Punchingball unter seinem Schreibtisch hat, einen weiteren in seinem Auto und dann noch einen im Badezimmer; und selbst auf Reisen führt er immer einen bei sich. Seitdem läuft sein Betrieb viel reibungsloser und effektiver, diesem Mann macht sein Blutdruck keine Sorgen mehr, und seine Geliebte geht ihm nicht mehr auf die Nerven. Er ahnt natürlich nicht, daß seine Geliebte auch einen Punchingball unter ihrem Schreibtisch hat, einen weiteren im Auto und noch einen im Badezimmer...

In vielen Familien hat ein Punchingball schon dazu beigetragen, daß ein Streit erst gar nicht zum Ausbruch kam. Er hat dafür gesorgt, daß mit einem Mal zeternde, deprimierte Ehefrauen und verbitterte, nervöse Ehemänner zu netten, menschenfreundlichen Partnern wurden. Ich finde es höchst bezeichnend, daß Ehemänner heute nur noch selten überrascht sind, wenn ihre Frauen mit einem Punchingball nach Hause kommen, was ja immerhin ein recht ungewöhnlicher Einkauf ist. Der Wunderball hat es geschafft, daß Eltern sich mit ihren Kindern besser vertragen und daß Kinder endlich auf die Worte ihrer Eltern hören.

Ein Punchingball ist ein einfaches, sicheres und jederzeit verfügbares Gegengift gegen vergiftete Gefühle. Man kann ihn auf verschiedene Arten einsetzen. Benutze ihn stets in dem Bewußtsein, *daß er Dich von negativen Emotionen befreit:*

Häng ihn unter die Decke oder an einen langen Haken an der Wand und schlage auf ihn ein. Schlag aus dir heraus, was dich geärgert hat. Schlag Enttäuschungen und Frustrationen aus dir heraus.

Binde ihn an ein langes Seil und tritt dagegen. Zieh ihn wieder zu dir heran und tritt noch einmal drauflos. Mach dir klar, gegen was du da trittst.

Nimm ihn in beide Hände und drücke ihn. Drück alles Gefühl, das dich bedrückt, aus ihm heraus. (Diese Übung ist auch sehr gut zum Heben und Straffen der Brüste.)

Denk dir neue Arten aus, wie du den Ball benutzen kannst. Hier beispielsweise ein Tip für Telefonsüchtige: Besorg dir einen mittelgroßen Punchingball und klemm ihn zwischen die Schenkel. Jedesmal wenn das Gespräch eine ärgerliche Wendung nimmt, preßt du den Ball zwischen den Schenkeln zusammen – noch einmal – und noch einmal: Ergebnis: Bessere Laune und kräftige Muskeln.

Wichtig: Opfere drei Minuten dem Punchingball, bevor du dich hinters Steuer setzt. Durch Verkrampfung, Reizbarkeit und Wut sind schon

Tausende von Unfällen verursacht worden. Die Art, wie man Auto fährt, sagt viel über die Gefühle aus, die einen bewegen. Diese drei Minuten, die du mit dem Punchingball verbringst, können dir Ärger mit der Polizei ersparen und dich vielleicht vor einem Unfall bewahren.

Denk dabei an alle ungeschickten oder unfreundlichen Autofahrer, denen du auf der Straße begegnet bist.

Und versetze dem Ball einen Hieb.

Denk an den Polizisten, der dich angehalten hat, obgleich du doch ganz sicher warst, nichts falsch gemacht zu haben.

Schlag zu.

Denk an die Buße, die du bezahlen mußtest.

Und schlag zu.

Wenn du dich so von deinen Verkrampfungen und deiner Reizbarkeit freigemacht hast, kannst du losfahren. Die Fahrt wird dir viel mehr Vergnügen machen!

4
BANNE DIE GEISTER ODER HIER UND JETZT

Diese Anleitung mag dir etwas merkwürdig und exzentrisch vorkommen. Das Prinzip, das ihm zugrunde liegt, ist den Mystikern, Philosophen, Erziehern und Psychiatern allerdings immer schon bekannt gewesen.

Man braucht dafür nur zehn Minuten.

Sie hat zwei nützliche Aspekte:

Man kann sie jederzeit praktizieren, wenn man seine Konzentrationsfähigkeit erhöhen will.

Mann kann sie zusätzlich als letzten und wichtigsten Schritt nach anderen Anleitungen praktizieren; dann wird dies ausdrücklich erwähnt.

Im ersteren Falle spürst du einen sofortigen Nutzen, dessen Wert du schnell erkennen wirst: Deine Aufmerksamkeit und Aufnahmefähigkeit nehmen schlagartig zu. Dein ganzes Wesen, dein seelisches und körperliches Ich werden auf einen Punkt konzentriert, du fühlst dich durch und durch lebendig und funktionierst als Einheit, in diesem jetzigen Augenblick. Häufig sind unsere Aufmerksamkeit und Energie zum Teil in der Vergangenheit gefangen, ohne daß wir uns dessen bewußt wären. Unser Gedächtnis ist ein komplexer Mechanismus; wir verfügen über verschiedene Arten von Gedächtnis. Hier soll zunächst nur von den beiden wichtigsten die Rede sein: von dem, das Fakten und jenem, das

Emotionen speichert. Sie lassen sich durchaus nicht scharf voneinander trennen. Das Fakten speichernde Gedächtnis ist aus unserem alltäglichen Leben nicht wegzudenken; wir könnten weder lesen noch schreiben und wüßten nicht einmal, wie wir einen Denkprozeß in die Tat umsetzen sollten. Wenn dieses Gedächtnis sehr ausgeprägt ist, haben wir es mit einem enzyklopädischen Gedächtnis zu tun.

Das emotionale Gedächtnis speichert die Erinnerung an Emotionen im Zusammenhang mit Vorfällen, Menschen und Orten. Manchmal ist unser ganzes Wesen davon betroffen. Ich erzähle einer Freundin eine lustige Geschichte, die mir passiert ist, und muß selbst lachen. Es schüttelt mich vor Lachen. Dabei rufe ich mir lediglich die Umstände eines früheren Vorfalls ins Gedächtnis und schon ändern sich meine Stimmung und die chemischen Vorgänge in meinem Körper. Mein Zustand hat mit demjenigen zu Beginn meiner Geschichte nicht die geringste Ähnlichkeit mehr. Er ist durchtränkt von dem Vergnügen, das ich bei jenem Vorfall empfand.

Allerdings speichert das emotionale Gedächtnis auch negative Emotionen; dadurch können längst vergessene, unselige Gefühle auf heimtückische, undefinierbare Weise in unser gegenwärtiges Leben eindringen.

Das schlummernde Emotionalgedächtnis kann unsere ganze Energie und Aufmerksamkeit beanspruchen und unser Dasein im Hier und Jetzt lahmlegen. Ohne daß es uns bewußt wird, kann die Erinnerung an die Vergangenheit uns häufig so handeln lassen, wie wir vor langer Zeit einmal gehandelt haben. Ein Beispiel:

Zwei Männer gehen auf dem Land spazieren. Der Tag ist schön, weiße Kumuluswolken türmen sich am Horizont. Der eine Mann weist den anderen darauf hin, wie herrlich die Wolken in der Sonne leuchten. Der aber spürt Unruhe in sich aufsteigen: Kumuluswolken sind manchmal Vorboten eines Gewitters. Seine Freude am Spaziergang ist beeinträchtigt, nicht etwa durch diese harmlosen Schönwetterwolken, sondern durch ähnliche Wolken, die vor langer Zeit einmal einem Gewitter vorausgegangen waren. Vor langen, langen Jahren, als er noch ein kleiner Junge war. Vielleicht auch hat ihn damals die Angst eines Erwachsenen mehr erschreckt als das Gewitter selbst? Und jetzt, da er selbst erwachsen ist, hat er beim Anblick etwaiger Gewitterwolken noch immer Angst. In seinem unbewußten Emotionalgedächtnis ist das Gewitter von damals noch lebendig und vergällt ihm jetzt das Vergnügen am Spaziergang auf dem Land.

Wir alle sind schon solchen Geistern aus der Vergangenheit begegnet, die einen unsicher und unaufmerksam machen und vorübergehend aus dem Gleichgewicht bringen. In einem solchen Fall reichen die wenigen Minuten schon aus, die für unsere Anleitung nötig sind, um die Wolken aus der Erinnerung zu zerstreuen – auch wenn man sich ihre Herkunft nicht erklären kann – und wir können unsere volle Aufmerksamkeit wieder dem Hier und Jetzt zuwenden.

Diese Anleitung kann überall dort als Abschluß nach bestimmten anderen verwendet werden, wo dies besonders erwähnt wird.

Einige jener Anleitungen führen dich in bestimmte Ereignisse deiner Vergangenheit zurück, um die dort eingefrorene Energie aufzuspüren und freizusetzen. Indem du als letzten Schritt «die Geister bannst», vervollständigst du den Prozeß. Du bringst die freigesetzte Energie mit dir in die Gegenwart zurück, zu diesem Augenblick deines Lebens.

Deshalb ist es auch so wichtig, diese Anleitung im Anschluß an andere, wo sie erwähnt wird, zu beherzigen. Es ist manchmal besser, eine Anleitung gar nicht in Angriff zu nehmen, wenn man nicht am Ende zehn Minuten vorsieht, um «die Geister zu bannen».

Und so wird es gemacht:

Wenn du sitzt oder liegst, steh auf und lauf herum.

Dann:

Mach deine Augen zwölfmal hintereinander ganz schnell und leicht auf und zu, so wie ein Kolibri seine Flügel bewegt.

Streck die Arme ganz weit von dir, so weit wie du kannst.

Blinzle wie zuvor, jetzt fünfzehnmal.

Streck die Arme nach oben, höher und höher.

Gähne – so gewaltig wie ein Nilpferd. Gähne so lange und so oft du kannst und reiß den Mund dabei so weit wie möglich auf.

Blinzle wie zuvor, zwanzigmal.

Fühle, wie deine Füße den Fußboden (oder das Innere der Schuhe oder der Strümpfe) berühren.

Schluck dreimal hintereinander.

Betrachte vier Gegenstände im Zimmer.

Trink ein Glas Wasser.

Zähle zehn Haare auf deinem Kopf ab, reiß dir drei Haare aus.

Berühre fünf Gegenstände im Zimmer.

Halte deine Handflächen ein paar Sekunden lang unter kaltes Wasser. Unter kaltes Wasser, wenn dir warm ist, unter warmes Wasser, wenn dir kalt ist.

Öffne das Fenster und atme frische Luft ein.

Bring dich zum Niesen. (Anleitung unten).

Ordne deine Kleider und erfrische dein Gesicht.

Nenne laut deinen Namen, das Datum und den Wochentag.

Betrachte, berühre, riech etwas, das dir gefällt.

Wirf etwas in die Luft und fang es wieder auf; tu das zehnmal hintereinander.

Schau nach, welche Verabredungen und Pläne du für den Rest des Tages noch hast.

Denk kurz an das Erfreulichste, was dir heute oder morgen noch passieren könnte.

Nenne laut deinen Namen, das Datum und den Wochentag.

Sieh nach, wie spät es ist.

Wie du siehst, sind die Handlungen in drei Gruppen unterteilt, was dir aber nur erleichtern soll, die Reihenfolge auswendig zu lernen. Alles muß ganz schnell hintereinander und ohne Pause durchgeführt werden. Vielleicht erinnerst du dich an die komischen Stummfilme mit Chaplin oder Mack Sennett, wo alles in halsbrecherischem Tempo vor sich geht. Wenn du die Reihenfolge auswendig gelernt und ein paarmal geübt hast, mußt du sie in ähnlichem Tempo ausführen, ohne Unterbrechung, ohne an etwas anderes zu denken, ganz auf die einzelnen Punkte konzentriert.

Wenn dein Seelenzustand sich dabei ändert, wirst du verstehen, warum. Die Handlungen haben keinerlei Beziehung zueinander. Jede nimmt andere Muskeln, Nerven und Sinne in Anspruch. Wenn Du blinzelst oder dabei mitzählst, bist Du ganz auf die Augenlider konzentriert, die sich über Deinen Augen öffnen und schließen. Wenn Du zehn Haare abzählst, ist Deine Aufmerksamkeit vollkommen auf den Tastsinn in Deinen Fingerspitzen konzentriert, und wenn Du drei Haare ausreißt, spürst Du nur die drei scharfen Stiche in der Kopfhaut. Jede Handlung hat ihren Sinn und ihren Wert, auch das Niesen.

Und so kannst Du Dich zum Niesen bringen:

Rolle die Ecken eines Papiertaschentuches zusammen, bis sie etwa fünf bis acht Zentimeter lang sind. Führ sie nacheinander vorsichtig in beide Nasenlöcher ein, bis Du an eine Stelle stößt, die besonders kitzelig ist. Kitzle diese Stelle so lange, bis Du niesen mußt.

Führe diese Anleitung unbedingt in Verbindung mit den anderen durch, um die Energie und die Aufmerksamkeit, die der Ausflug in die Vergangenheit erfordert hat, wieder daraus zu befreien.

Folge ihm aber auch unabhängig von den anderen, und zwar immer dann, wenn du alle Kräfte konzentrieren mußt, um mit deinem Leben im Hier und Jetzt fertig zu werden oder um es vollkommen zu genießen.

Ich will dir nicht verschweigen, wie «Banne die Geister» zu seinem Namen gekommen ist.

Vor mehreren Jahren, als ich ein paar Wochen in Florenz verbrachte, bat mich ein Geistlicher, doch einmal mit einem jungen Mädchen aus seiner Gemeinde zu sprechen. Das Mädchen, hieß es, litte an Verfolgungswahn, und der Priester meinte, ich könne ihm vielleicht helfen.

Luigina war ein nettes, fleißiges Mädchen von siebzehn Jahren. Sie erzählte mir, mit ihr sei eigentlich alles in Ordnung, wenn es da nicht *l'omino verde* gäbe – den kleinen grünen Mann.

«Ein kleiner grüner Mann? Das scheint aber ein interessantes Kerlchen zu sein», sagte ich. «Um wen handelt es sich denn da?»

«Das ist es ja eben», meinte Luigina. «Ich habe keine Ahnung, ob es ihn wirklich gibt, ob er nur ein Traum ist, oder ich ihn mir nur einbilde, oder ob er ein richtiger Geist ist? Seit Jahren spukt er schon herum, und ich kriege immer mehr Angst. Bitte sagen sie mir – sie müssen es doch wissen –, ob es ihn wirklich gibt: Ob er nur ein Traum ist oder ein richtiges Gespenst?»

«Das kann ich dir nicht sagen, aber bald wirst du es mir sagen können.»

Es war eigentlich neun Jahre vorher passiert. Luigina, die damals acht Jahre alt war, hatte einen Traum gehabt – aber war es wirklich nur ein Traum gewesen? Die ganze Sache war ihr so echt vorgekommen, daß sie nie mit Sicherheit zu entscheiden gewagt hätte, ob sie nur geträumt oder ob sie sie wirklich erlebt hatte. Der «Traum» war folgender: Ein untersetzter Mann mit einer grünen Laterne in der Hand war an ihr Bett getreten. Das grüne Licht der Laterne hatte ihm ein grünes Aussehen gegeben. Luiginas Familie hatte damals auf dem Lande gelebt, in einem Haus ohne elektrisches Licht. Das Mädchen war aufgewacht und ängstlich ins Zimmer seiner Eltern gelaufen. Weinend hatte es ihnen von dem grünen Mann erzählt. Statt ihr in Ruhe zuzuhören, hatten die Eltern sich über Luigina lustig gemacht, ihr vorgeworfen, sie sehe Gespenster, und hatten noch lange Zeit hinterher gesungen: «Luigina sieht einen kleinen grünen Mann.»

Der Spott der Erwachsenen, die Realität des Traumes, die schreckliche Mischung aus Furcht und Lächerlichkeit hatten sich im Laufe der Jahre verdichtet, und Luigina, die inzwischen siebzehn Jahre alt war, war innen drin ein furchtsames, verwirrtes kleines Mädchen von acht Jahren geblieben. Sie konnte sich nicht an ihre Lektionen erinnern; sie glaubte, niemals heiraten zu können, wenn sie nicht ganz sicher wüßte, ob es den kleinen grünen Mann wirklich gäbe oder ob er nur ein Traumgespenst war. Die Familie sprach schon lange nicht mehr von ihm, doch der Schaden war nun einmal angerichtet. Luigina konnte nur mit dem Priester, ihrem Beichtvater, über ihre Ängste reden.

Es gelang mir, sie dazu zu bringen, sich immer deutlicher an den Vorfall zu erinnern; sie durchlebte ihn wirklich noch einmal, und ihre Gefühle und die Angst dabei waren entsetzlich. Ein kleines, achtjähriges Mädchen, mutterseelenallein in dunkler Nacht, träumt von einem oder sieht tatsächlich einen untersetzten Mann mit einer grünen Laterne in der Hand, der immer näher an ihr Bett herantritt – und als es endlich fliehen kann, begegnet man ihm nur mit spöttischem Gelächter, wo es doch Hilfe erwartet hatte.

Nachdem Luigina den Vorfall in meiner Gegenwart ein paarmal wiedererlebt hatte, folgten wir gemeinsam der Anleitung «Banne die Geister». Anfangs fand sie diese seltsam, befolgte jedoch meine Anweisungen. Schließlich forderte ich sie auf, sich noch einmal ihr Schreckerlebnis vor Augen zu führen und den kleinen grünen Mann jetzt anzusehen. Das tat sie auch – und war überrascht, weil sie plötzlich kaum noch Angst empfand.

Dann gingen wir noch einmal durch «Banne die Geister», diesmal sehr schnell. Luigina zeigte sich schon ganz routiniert; es machte ihr offenbar Spaß. Und wieder forderte ich sie auf, sich ein weiteres Mal den kleinen grünen Mann anzusehen. Diesmal trat tatsächlich ein Lächeln in ihr Gesicht.

Und noch ein letztes Mal gingen wir durch «Banne die Geister», jetzt mit halsbrecherischer Geschwindigkeit. Ein befreiendes Lachen stieg in ihr auf; jede Zelle ihres Körpers schien davon durchdrungen. «Und nun, Luigina, sag mir doch, ob es den kleinen grünen Mann wirklich gibt oder ob er nur ein Traum war?»

Sie konnte kaum antworten. Ihr Lachen war richtig ansteckend.

«Ist mir doch gleich, was er war!» brach es schließlich aus ihr hervor. «Von nun an ist er mein Talisman!»

«Gott sei Dank», dachte ich bei mir, «wir haben den Geist gebannt.»

Ob sie groß oder klein, furchterregend oder absurd sind, fast jeder von uns trägt seine Geister mit sich herum. Immer wieder kommt das ängstliche, ärgerliche oder frustrierte Kind in uns zum Durchbruch, und das Kind kann uns als Erwachsene erschrecken oder lähmen. Weise Männer haben uns stets ermahnt, in der Gegenwart zu leben und daraus zu lernen. Als Christus sagte: «Lasset die Toten die Toten begraben», und «Des Bösen hat es am heutigen Tage genug gegeben», wollte er damit zum Ausdruck bringen, daß wir die Qualen und Fehler der Vergangenheit von uns tun und im Hier und Jetzt leben sollen.

Die Geister der Vergangenheit haben zwei Eigenschaften gemeinsam: Sie beziehen ihre Energie aus einer längst vergangenen Furcht.

Sie sind Parasiten, berauben uns der Fähigkeit, mit der Gegenwart fertig zu werden, wenn sie schwierig ist und sie zu genießen, wenn sie schön ist.

Laßt uns also die Geister bannen, ein für allemal, im *Hier und Jetzt!*

5
WIE KANN ICH DAS NUTZEN?

Auch der Glücklichste ist nicht immer glücklich. Früher oder später muß jeder einmal erschreckenden Tatsachen ins Auge sehen: Ungerechtigkeit und Frustration, Krankheit, Verzweiflung und Verlust. Gegen Unglück kann man sich nicht versichern; aber man kann etwas tun, um die Übel, die einen befallen, zu lindern, ja, sogar kreativ umsetzen. Man braucht sich nur zu fragen:

Wie kann ich das nutzen?

«Das» kann alles sein, was uns gerade überschwemmt: vom ärgerlichen Zwischenfall bis zur Katastrophe, vom Ekelgefühl bis zum Abgrund der Verzweiflung. Man wird das Opfer dieses «Das». Wie kann man den Spieß umdrehen? Statt von dem «Das» mißbraucht zu werden – wie kann man es sich zunutze machen?

Man muß auf diese Frage eine Antwort finden, solange es einem körperlich gutgeht und solange man sich geistig wach fühlt. Wir alle werden sie verschieden formulieren, doch ihre Bedeutung bleibt immer: «Wie kann ich mir diesen Kummer, diesen seelischen und körperlichen Schmerz zunutze machen, der mich *mißbraucht?*»

Man muß sich diese Frage stellen, sobald «Das» auftaucht, ob nun als plötzlicher Schock oder auf gewundenen, unbewußten Wegen. Wenn man verletzt wird, sei es körperlich oder seelisch, dann trübt sich unser Bewußtsein sofort. Wie ein Schwamm saugen körperlicher Schmerz und seelischer Kummer alle Wahrnehmungsfähigkeit auf. Von einem wachen Bewußtsein bis zur Ohnmacht aber ist ein weiter Weg. An einem einzigen Tag passieren wir die ganze Skala des Bewußtseins – von der verschwommenen Wahrnehmung der Vorgänge um uns herum bis zum scharfen Erkennen dessen, was um uns und in uns vorgeht.

Stellt man sich die Frage bei vollem, klaren Bewußtsein, wird sich die Antwort auch im richtigen Augenblick einstellen, nämlich sobald «Das» einsetzt und es beeinträchtigt wird. Das scheint paradox, denn man soll sich also die Frage dann von neuem stellen, ins Gedächtnis rufen, wenn es gar nicht mehr nötig zu sein scheint, wenn ihre Antwort schon gegeben ist? Aber «... Entschlüsse, zu denen man sich in Stunden der Einsicht zwingt, können in dunklen Stunden ihre Früchte tragen», wie Matthew Arnold es einmal ausgedrückt hat.

Außergewöhnliche Menschen sind deshalb außergewöhnlich, weil sie unter anderem wissen, wie man ungünstige Umstände kreativ verwandeln kann. Nehru hat seine Zeit im Zuchthaus damit verbracht, sein bestes Buch zu schreiben. Helen Keller hat ihre unglaublichen Körperbehinderungen dazu verwendet, die unendlichen Möglichkeiten des Menschen zu demonstrieren und ausgerechnet denjenigen Mut zu machen, die im Grunde viel besser dran waren als sie. Gute Schriftsteller bringen all ihre Erfahrungen, die guten und die schlechten, in ihre Bücher ein.

Dr. Arnold A. Hutschnecker versichert uns in seinem Buch *The Will to Live,* daß selbst Krankheiten ihre positiven Seiten haben. Er hat in der langen Zeit, in der er mit leidenden und von Schmerzen gepeinigten Menschen umgehen mußte, manch einen erlebt, der aus seiner Krankheit reifer und als Lebenskünstler hervorgegangen ist.

Kürzlich beobachtete ich eine Mutter, die sehr geschickt eine Schramme am Knie ihres Sohnes behandelte. Der Junge erschrak mehr über das Blut, das aus der Wunde quoll, als über die Schmerzen. Er wiederholte ununterbrochen: «Blut! Blut! Blut!» Eine Hand auf der Schulter des Kindes, die andere sachte auf das Bein unterhalb der Wunde gelegt, ließ die Mutter das Blut über ihre Hand laufen. Nach einer Weile sagte sie sanft aber fest: «Blut, Blut», als würde sie die Klage des Kindes in einer anderen Tonlage wiederholen. «Sieh mal, wie rot und kräftig es ist. Es ist wunderschön – das schönste Blut, das ich je gesehen habe. Und es ist *dein* Blut.» Sie sprach so leise, daß der Junge sein Jammern unterbrechen mußte, um sie zu verstehen – und er wollte doch mehr über diese wunderschöne Sache hören, die *ihm* gehörte! «Es ist dein Blut», fuhr die Mutter fort, «es macht dich stark und gesund. Sieh mal, wie es in dein Knie strömt, um es zu heilen, wie es deine Wunde auswäscht und säubert. Du mußt deinem Blut danken, weil es das alles für dich tut. Und nun denk an dein Blut, daß du es immer gesund hältst und nie schlecht von ihm denkst...»

Die liebevolle, kluge Mutter hatte begriffen, daß es nicht genügt, eine Wunde nur auszuwaschen und zu verbinden. Sie hatte den kleinen Unfall, diese für ihr Kind schmerzhafte, erschreckende Erfahrung, die vielleicht zur Ursache für seelische Störungen im späteren Leben hätte werden können, dazu benutzt, es auf die eigene Heilkraft aufmerksam zu machen – eine überaus wichtige Lektion.

Eines Tages kam eine andere Frau zu mir, die sich Sorgen über ihre Gesundheit und ihre Figur machte. Sie verdiente sich ihren Lebensunterhalt mit Telefonverkäufen, und zwar an Kunden, die sie sich aus dem Telefonbuch aussuchte. Der Ärger beim Umgang mit solch schwierigen Kunden, die unnatürliche Art der Kommunikation und die Tatsache, daß ihre sitzende Tätigkeit sie körperlich nicht forderte, hatten die Frau an den Rand der körperlichen und seelischen Erschöpfung getrieben. Ihr Atem ging kurz, sie hatte einen viel zu niedrigen Blutdruck. «Wenn ich doch nur Zeit hätte, mich körperlich zu betätigen, dann würde es mir schon gutgehen», meinte sie.

«Wieviel Stunden verbringen Sie denn im Durchschnitt täglich am Telefon?» fragte ich sie.

«Sechs.»

«Großartig», sagte ich. «Dann haben Sie täglich sechs Stunden, in denen Sie sich körperlich betätigen können.»

Und ich zeigte ihr, welche Übungen sie am Telefon machen konnte – Bewegungen mit den Bein- und Gesäßmuskeln, mit den Schultern und Armen, Übungen für Gesichts- und Augenmuskeln, allerlei Stellungen, die sie beim Sitzen einnehmen könnte, um den Blutkreislauf anzuregen.

«Es geht gar nicht um dich» war für sie die Anleitung, die ihr viel vom Umgang mit unsichtbaren Kunden ersparte, zumal sie oft von diesen körperlosen Stimmen beschimpft wurde.

Die ersten beiden Wochen danach waren für diese Frau nicht leicht, doch von da an bewältigte sie ihre Arbeit besser. Sie fühlte sich weit weniger erschöpft, sie stand nach getaner Arbeit sogar erfrischt von ihrem Schreibtisch auf und genoß ihre Freizeit. Die Übungen und Anleitung hatten den gewünschten Erfolg, weil dadurch die körperliche Verfassung und das Arbeitsklima, in dem sie leben mußte, verändert wurden. Mehr noch hatte ihr wahrscheinlich die Erkenntnis geholfen, daß sie in ihrer Telefonhölle nicht hilflos dasaß! Sie konnte etwas gegen ihre jämmerlichen Lebensumstände unternehmen: Sie konnte «Das» nutzen!

Schon der Entschluß, etwas gegen unser Leiden zu tun, schon die Frage «Wie kann ich das nutzen?» setzt die Umwandlung von schlecht in gut in Gang.

Im letzten Kriegsjahr wohnte ich in Hollywood und spielte im Philharmonischen Orchester von Los Angeles. Ich hatte kein Auto und war gezwungen, zwei Stunden täglich mit dem Omnibus zu fahren. Das war für mich eine neue Erfahrung, ich war verzweifelt. Wo Zeit doch so kostbar war, mußte ich täglich zwei Stunden im Omnibus verbringen! Wie sich dann herausstellte, hatten die Busfahrten einen überaus positiven Einfluß auf mein Leben, denn ich benutzte die Fahrzeit, um mich mit Yoga vertraut zu machen – soweit man das anhand von Büchern kann.

Man kann tatsächlich, wenn auch selten, einen Zustand erreichen, in dem die Tragödie des Lebens – auch unsere eigene – sinnvoll wird. Es hängt alles vom Training unserer Aufmerksamkeit ab; man muß sie nur richtig einsetzen und kann dann die düsteren Stimmungen und Frustrationen konstruktiv nutzen. Man gewinnt dadurch im Alltag folgende Vorteile:

Geist und Organismus werden beweglicher und erfinderischer.

Man wird vom passiven Opfer verwandelt zu jemandem, der die Situation meistert.

Man gestaltet seine unmittelbare Gegenwart erträglicher.

Man stärkt sich für zukünftige Zeiten, in denen einem ein wirkliches Unglück zustoßen kann.

Halte dich nur an die folgenden einfachen Anweisungen:

Erinnere dich ständig – wie immer du willst – an die Frage WIE KANN ICH DAS NUTZEN? *Pflanze die Frage tief in dich ein. Schreib sie auf viele Zettel und verteile sie in all deine Taschen; laß überall Zettel herumliegen – vor dem Spiegel, im Auto, überall, wo du darüber stolpern könntest.*

Räume der Frage einen festen Platz in deinem täglichen Leben ein. Lasse sie dir zur Gewohnheit werden, so daß du sie notfalls automatisch stellst.

Mit der Zeit wird die Frage zu einem Teil deiner selbst, sie wird sich in Zeiten der Anspannung und Not unbewußt von alleine stellen. Es gibt keine Patentlösung als Antwort auf diese Frage. Die Antwort hängt von den jeweiligen Umständen und vom Charakter jedes einzelnen ab. Häufig können Anleitungen aus diesem Buch eine Art Antwort liefern; manchmal erfolgt sie von ganz anderer Seite.

Doch sollst du stets daran denken: *Nur wenn du die Frage überhaupt stellst,* wirst du eine Antwort bekommen.

Laßt uns nicht sagen, daß der Geist auf der einen und das Animalische auf einer anderen Stufe stehe – wir wollen beides nicht voneinander trennen, es vielmehr miteinander verschmelzen, gemeinsam einsetzen und vor allem für beides dankbar sein. Denn ohne die Sinne, die wir mit dem Tier gemeinsam haben, wären wir nicht in der Lage, den Duft einer Blume wahrzunehmen – ohne die geistige Substanz aber wären wir unfähig, Freude und Dankbarkeit zu empfinden, die der Duft dieser Blume in uns wachruft.

6
TANZE NACKT MIT MUSIK

Geh in ein Zimmer, wo du allein bist. Leg deine Lieblingsplatte auf. Zieh dich aus. Und tanze.

Eine Stunde lang wirst du in völliger Abgeschiedenheit nackt sein – körperlich, gefühls- und verstandesmäßig.

Das mag dir außergewöhnlich vorkommen. Ich gebe zu, daß die meisten Menschen sich normalerweise nicht in ein Zimmer einschließen und nackt tanzen. Dennoch, leg deine Scheu, deine Zurückhaltung und deine Konventionen ab – und halte dich an die Anweisungen dieser Anleitung, denn ihr liegen stichhaltige Prinzipien zugrunde, und man kann viel dabei gewinnen.

Du wirst deinen Körper von allen Hemmungen und Begrenzungen befreien, damit er die Musik fühlen, sich mit ihr bewegen und eins mit ihr werden kann.

Es handelt sich nicht um eine künstlerische Aufgabe, du brauchst dich also nicht kritisch zu bewerten. Guck nicht in den Spiegel. Wenn du das nicht fertigbringst, verdecke ihn. Korrigiere deine Bewegungen nicht; stell sie dir nicht einmal vor. Vergleiche oder bewerte dich nicht – unterlaß jedes Urteil.

Dein Tanz zielt nicht auf Kunst ab, er soll dich frei machen.

Ob du neunzehn oder neunzig bist, ob du hundert oder dreihundert Pfund wiegst, ob du dich leicht oder nur mit Schwierigkeiten bewegst, ob deine Glieder geschmeidig oder steif sind – das spielt keine Rolle. Tanze.

Du tanzt nur für dich allein, niemand sieht dir zu, nicht einmal du selbst.

Du tanzt von innen heraus, du tanzt nur deine Gefühle, besonders die unterdrückten. Du tanzt das, was du weder deinem Vater noch deiner Mutter, deinem Mann, Liebhaber oder Freund, deinem Pfarrer, Priester oder Psychiater, was du nicht einmal dir selbst sagen kannst.

Wenn du deine Kleider ablegst, dann stell dir vor und spüre, wie du alle Gedanken, Gefühle, Einschränkungen, Schwierigkeiten, Ängste, alles Schamgefühl ablegst, *die man dir übergestülpt hat.* Einige dieser Gedanken und Einschränkungen sind manchmal notwendig und nützlich, aber nicht alle und nicht zu jeder Zeit. Wirf beim Tanzen alles ab, was deinem wahren Selbst übergestülpt worden ist.

Sei, was immer du bist.

Sei – nackt und allein.

Mit dem ersten Kleidungsstück legst du deine gesellschaftliche Stellung ab. Es mag sein, daß sie dir gefällt, daß dir deine Rolle in der Gesellschaft Spaß macht – das ist egal. Leg sie ab.

Mit dem nächsten Kleidungsstück legst du alle bisher blind akzeptierten Verhaltenskonventionen ab; in der Öffentlichkeit mögen sie ja nützlich sein, doch hier, wo du allein bist und dich auf deinen Tanz vorbereitest, kannst du darauf verzichten.

Mit dem dritten Kleidungsstück legst du deine persönliche Maske ab, das Bild von dir, das du anderen vorzeigst. Was es auch immer sein mag: die heroische Bemäntelung deiner Verzweiflungen; deine Sehnsucht, die du hinter finsteren Blicken verbirgst; deine Furcht hinter der Maske des Gelächters; deine Einsamkeit hinter der Maske des Individualismus; dein Mitleid hinter der Maske feinseliger Attitüde – wirf alles ab.

Wenn du beim letzten Kleidungsstück angelangt bist, dann leg mit ihm die Furcht, die Ignoranz und das Schamgefühl ab, die dir von Menschen eingeimpft wurden, die weder Verständnis für noch Respekt vor Sexualität und Liebe haben. Leg mit der letzten Hülle diese letzten Hemmungen ab, ehe du anfängst zu tanzen.

Wenn du Einsamkeit fühlst, dann laß deinen ganzen Körper die Einsamkeit spüren. Wenn du Zorn, Feindseligkeit oder Angst empfindest, dann empfinde sie mit jeder Zelle deines Körpers. Durch deinen

Tanz vertreibst du alle diese unerwünschten und schmerzlichen Gefühle.

Wenn sich deine Gefühle in Menschen, Gesichter und Farben verwandeln, sieh sie dir an. Wenn sie dich verfolgen, tanze sie weg. Tanze sie einfach aus dir heraus.

Solltest du behindert sein und dich kaum bewegen können: Halte dich an diese Anleitungen, indem du jeden Körperteil einsetzt, den du bewegen kannst. Wenn du dich überhaupt nicht bewegen kannst, dann folge den Anweisungen mindestens in Gedanken. Gib deinem Tanz einen Namen und wähle die Musik dazu aus. Schließe die Augen und gib dich in Gedanken so vollkommen dem Tanz hin, daß du tatsächlich spürst, wie dein Blut schneller zirkuliert. Wenn du am Ende des Tanzes die Augen öffnest, wirst du merken, wieviel lebendiger dein Körper geworden ist, wieviel besser du ihn unter Kontrolle hast und wieviel wohler du dich fühlst.

Ich schreibe hier ein paar Gefühle auf, die uns alle hie und da beschleichen. Nimm eines davon als Titel deines Tanzes, oder – noch besser – denk dir selbst einen Titel aus.

Du kannst eines der folgenden Gefühle tanzen:

Ich bin der Mittelpunkt der Welt, doch niemand erkennt das.
Ich habe Angst, aber ich möchte nicht, daß es jemand merkt.
Ich habe Angst, will es aber nicht wahrhaben.
Ich habe in Gedanken Angst.
Ich tue anderen an, was mir angetan wird.
Ich muß mit den Müllers Schritt halten!
Ich hasse den, den ich liebe.
Ich möchte geben, geben und nochmals geben, aber ich weiß nicht wie.
Ich verstecke mich hinter mir selbst.
Ich verstecke mich hinter dem Teufel in mir.
Ich verstecke mich hinter dem Engel in mir.
Ich bin einfach zu müde, um meine Müdigkeit herauszutanzen.
Ich *brauche* mit den Müllers *nicht* Schritt zu halten!

Oder eines der folgenden:

Angst – Einsamkeit – Ungerechtigkeit – Liebe – Wut – sexuelles Verlangen – Wunsch zu nehmen – Wunsch zu geben – Apathie – Wunsch zu trösten – Wunsch, Schmerz zuzufügen – Angst, sich zu bewegen – Feindseligkeit – Unsicherheit – Unfähigkeit zu tun, was man möchte – Unfähigkeit, sich auszudrücken – oder –

Ich möchte lieben, ich möchte geliebt werden,
ich möchte lieben, ich möchte geliebt werden.

Höre auf den freien Teil in dir und sei offen dafür, wenn du dich für einen Tanz entscheidest oder ihm einen Namen gibst.

Wenn du ein unerwünschtes Gefühl tanzen willst, das du austreiben und loswerden möchtest, dann tanze so lange, bis du sicher bist, daß dieses Gefühl dir nichts mehr anhaben kann.

Wenn du ein Gefühl tanzen willst, das dir kostbar ist, das dein Leben reicher macht, das dich erhebt und erweitert, tanz es. Laß es von dir Besitz ergreifen und deinen Organismus stärken. Hege dieses Gefühl und laß es wie eine Blume erblühen. Laß deinen Tanz und die Musik zugleich die Sonne und das Wasser sein, die dieses gute Gefühl nähren.

Du kannst deinen Tanz auch folgendermaßen variieren:

Bleib an jedem beliebigen Punkt plötzlich stehen!

Erstarre zur Salzsäule.

Halte in jedem beliebigen Augenblick und in jeder beliebigen Position inne und erstarre. Mach den ganzen Körper steif, steifer, noch steifer. Denk der Reihe nach an jeden einzelnen Körperteil und mach ihn steif.

Laß ihn so lange wie möglich steif bleiben.

Atme nicht. Dein Körper ist so steif, daß du nicht einmal atmen kannst.

Er ist so steif, daß du dich überhaupt nicht mehr bewegen kannst.

Wenn du es nicht mehr aushalten kannst, wenn dein Körper absolut steif ist und regelrecht nach Sauerstoff schreit, wenn es menschenunmöglich ist, die Luft noch länger anzuhalten – dann laß los!

Du wirst eine unendliche Entspannung fühlten und zugleich eine unendliche Dankbarkeit für das großartige Geschenk, atmen zu dürfen.

Du solltest diese Übung mehrmals in deinen Tanz einflechten. Denk jedesmal daran, daß dein Körper vollkommen steif und unbeweglich sein muß, wie ein Eisblock.

Wenn man in bezug auf menschliche Reaktionen überhaupt etwas garantieren könnte, dann würde ich dir garantieren, daß diese Anleitung, richtig durchgeführt, dich für eine Zeitlang vollkommen entspannt und dir ein enormes Wohlbehagen beschert.

Ich fasse die Anweisungen noch einmal zusammen:

Lege den Titel deines Tanzes fest.

Wähle die Musik dazu aus.

Lege im Rhythmus der Musik deine Kleider ab. Wirf mit jedem Kleidungsstück eine Hemmung, eine Konvention, eine Maske ab, die dir von anderen aufgezwungen wurden, oder die du dir selbst aufgezwungen hast.

Sei dir genau darüber im klaren, was jedes Kleidungsstücke darstellt. Benenne es. Wisse, daß du davon frei bist.

Tanze. Laß die Musik und dein Gefühl und deinen Körper eins werden. Tanze, was du fühlst. SEI was du fühlst. Es ist dein Tanz. Wenn du Lust hast zu singen, dann singe. Wenn du Lust hast zu schreien, zu summen oder zu jammern, dann schrei, summe oder jammere. Es ist dein Tanz – deine Schöpfung – deine Befreiung.

Wenn du keine Zeit hast, eine ganze Stunde zu tanzen, dann tanze nur ein paar Minuten. Du brauchst dich auch nicht einmal auszuziehen. Praktiziere diese Anleitung, wann immer du etwas tun mußt, wo du dich ganz in der Gewalt haben mußt, etwa vor einer offiziellen Unternehmung, vor einer schwierigen Besprechung oder aber auch, ehe du zu einer Party oder Verabredung gehst. Du wirst erfrischt und entspannt sein und besser aussehen.

Nimm dieses Buch in kleinen Dosen auf. Es ist besser, *eine* Anleitung auszuführen als *zwanzig* nur zu lesen.

7
FRAGEN UND WIE MAN SIE STELLT

Wissenschaftliches Forschen ist die Kunst, die richtigen Fragen in der richtigen Art und Weise zu stellen.

Dasselbe gilt für die Erforschung unserer eigenen Person. Man sagt, die richtige Frage berge die richtige Antwort schon in sich, die Antwort, die zum Zentrum des Problems und zu dessen Lösung führt. Ein jeder muß für sich herausfinden, ob das zutrifft.

Vielleicht werden dir beim Lesen dieser Anleitungen Fragen kommen? Vielleicht fragst du dich: Wo soll ich anfangen? Welche Anleitung kommt für mich an erster Stelle? Welches ist mein erstes, dringendstes Bedürfnis?

Es kann auch vorkommen, daß eine Frage scheinbar aus dem Nichts auftaucht, während du dich gerade mit einer Anleitung beschäftigst, oder vielleicht taucht sie hinterher auf.

Sich selbst zu befragen, ist der erste Schritt auf dem Weg zur Selbsterkenntnis, und Selbsterkenntnis ist die Voraussetzung dafür, das beste aus dem eigenen Leben zu machen. Sie ist ein Schutz gegen unnötiges psychisches Leiden und körperliche Krankheiten und hilft zugleich, damit fertig zu werden, wenn sie sich doch nicht vermeiden lassen. Selbsterkenntnis verhilft einem dazu, Erfüllung in den Beziehungen zu anderen zu finden, unseren ganzen Vorrat an gesunder Energie zum Leben und Wirken zu bringen.

Eine Frage kann gewaltig und allumfassend sein: *Was erwarte ich vom Leben?*

Oder sie kann unbedeutend und gewöhnlich sein: Was soll ich heute anziehen?

Keine Frage ist trivial. Jede Frage leitet zu anderen Fragen über und somit Schritt für Schritt zu einer Antwort hin. Selbst die Frage: Soll ich das blaue oder das grüne Kleid anziehen? kann zu einer Entdeckung führen, vielleicht zu der Erkenntnis, *daß man nicht einmal eine derart nebensächliche Angelegenheit regeln kann, ohne aus der Fassung zu geraten.*

Und damit sind wir bereits bei einer tiefer liegenden Frage angelangt: Was hat es mit dieser Unruhe auf sich, die einen von der Entscheidung abhält, was man anziehen soll? Was oder wen fürchtet man? Und warum stützt man sich auf ein derart fragliches Hilfsmittel wie ein Kleid, wenn man sich hervortun oder verstecken will?

Aus diesem Beispiel wird klar, daß Selbstbefragung keine ganz einfache Angelegenheit ist, jedenfalls nicht, wenn man zu einer wirklichen, einer lebensnahen Antwort kommen will, zu einer Antwort, die wir von unserem ganzen Organismus erhalten. Ich möchte sie als *organismische* Antwort bezeichnen.

In dieser Anleitung werden wir folgendes herausfinden:

Welche Fragen stellen.
Wie und wann sie stellen.
Wie Antworten aussehen können.
Wie man eine organismische Antwort erkennt.

Am Ende dieser Anleitung sind eine Reihe beispielhafter Fragen aufgeführt. Jede ist zugleich persönlich und allgemein: weil sie sich auf jedermanns Leben bezieht; allgemein, weil sie, da sie in einem Buch steht, nicht auf die besondere Situation jedes einzelnen Menschen anwendbar ist. Diese Fragen sollen dir helfen, deine Fragen zu stellen. Wenn die Frage, die du hast, dir oberflächlich oder unvollständig erscheint, dann halte dich an meine Anweisungen, und du wirst festellen, daß sie dich zu der grundlegenden Frage führen, nach der du suchst.

Häufig ist die erste Frage nur eine Ersatzfrage, die das Unterbewußtsein geschickt vorgeschoben hat, um unsere oberflächliche Bequemlichkeit vor einem tiefersitzenden und beunruhigenderen Zweifel zu bewahren.

Warum will meine Frau das Fenster immer geschlossen halten, wo sie doch genau weiß, daß ich bei geschlossenem Fenster nicht schlafen kann? Ich habe das Gefühl, ich müßte ersticken. Natürlich ist genügend Luft im Zimmer! Ist es Luftmangel, was mich wach hält? Ist es das Fenster? Oder ist es die Haltung, die ich meiner Frau gegenüber einnehme? Das Fenster, geöffnet oder geschlossen, ist ein Ersatzproblem. Das eigentliche Problem ist vielleicht sexuelle Unzufriedenheit. Wahrscheinlich lautet die wirkliche Frage: Wie soll ich mit meiner Unzufriedenheit fertig werden, die sich ihren Weg in meine Ehe, in mein Glück und in meine Gesundheit nagt?

Manchmal enthüllt eine Frage kein wirkliches, sondern nur ein eingebildetes Problem. Warum liege ich nachts wach und habe Angst, daß ich am nächsten Morgen nicht rechtzeitig aufstehe, damit ich pünktlich zur Arbeit erscheine? Ich stehe doch immer pünktlich auf und komme fast nie zu spät. Was hat es mit dieser Angst in der Nacht auf sich, was kommt mir daran so real, so altbekannt vor? Die Schule? Es ist ein Überbleibsel aus meiner Kindheit, die Angst vor der Schule. Doch ich bin ja kein Schulkind mehr. Ich bin erwachsen, leistungsfähig, und es hat doch wirklich keinerlei Folgen, wenn ich einmal zu spät zur Arbeit komme. Wie soll ich mit dem ängstlichen Kind nicht fertig werden, das mich wach hält?

So wird man durch Fragen in den Kern der Sache geführt. Man gelangt schließlich zu der verborgenen, wahren Frage, die einen dann wie eine Wünschelrute zu der einen oder anderen Anleitung führt, durch die man eventuell eine Antwort findet.

Wir alle müssen unsere eigenen Fragen stellen. Keine einzelne Frage oder Fragengruppe kann für alle die richtige sein. Sei dir bewußt, daß eine Frage, die mit «warum» beginnt, oft eine konditionierte Antwort aus einer oberflächlichen Schicht deines Geistes abruft. Es sind aber die tieferen Schichten unseres Geistes und unserer Seele, aus denen die neue und frische Antwort auf das Hier und Jetzt auftaucht. Stelle deine Fragen klar und eindeutig, und vermeide wenn möglich das Wörtchen «warum».

Stell jeweils nur eine Frage auf einmal (siehe Seite 103). Vielleicht ist es am besten, wenn du deine Antwort oder Antworten in die leeren Zwischenräume unter die einzelnen Fragen schreibst. *Datiere diese Antworten.*

Wie soll man die Frage formulieren, wenn sie erst einmal abgesteckt ist?

Es reicht nicht, sie nur unserem bewußten Selbst zu stellen. Der rationale Verstand ist voller Vereinfachungen. Er verleiht uns die Fähigkeit, uns mit unserer Umgebung auseinanderzusetzen, unseren Lebensunterhalt zu verdienen, etwas zu erlernen, uns zu erinnern, uns zu verteidigen und in der Welt vorwärtszubringen. Paradoxerweise hält er uns häufig davon ab, uns selbst zu entdecken, während er uns doch mit den Gaben des Schlüsseziehens und der Entdeckungen ausgestattet hat. Er ist unsere Schutzmaske, unsere Fassade, unser Panzer. Man sollte niemals vergessen, daß man für den Schutz, den einem der schützende Panzer gewährt, auch bezahlen muß. Wenn ein am ganzen Körper gepanzerter mittelalterlicher Reiter vom Pferd gefallen war, dann konnte er ohne fremde Hilfe kaum wieder aufstehen. Unser Panzer kann uns in emotioneller Hinsicht genauso steif und unbeweglich machen. Die Fragen und Anleitungen sollen es dir ermöglichen, deinen Panzer je nach Wunsch ab- und anzulegen, ihn nur dann zu benutzen, *wenn es unbedingt nötig ist* und so, daß sein Gewicht und seine Unbeweglichkeit dich nicht hemmen. Stell dir einmal die ungeheure Energiemenge vor, die – im allgemeinen unbewußt – dafür aufgewandt wird, um diesen Panzer herumzuschleppen. Kein Wunder, daß man häufig ganz unerklärlich erschöpft ist.

Während er uns einerseits schützt, kann der Panzer auch die Verständigung mit der äußeren und inneren Welt einschränken und stören, was er häufig genug tut. Es stimmt, daß unser Panzer uns vor der Roheit mancher Menschen schützt, zugleich aber hält er uns auch davon ab, anzunehmen. Er hält nicht nur unsere Feinde auf Distanz, sondern auch unsere Freunde und Liebhaber. Das schlimmste ist allerdings, daß ein Panzer uns von uns selbst, von unserem eigentlichen und wahren Selbst fernhalten kann, von jenem tiefinneren wahren Selbst, das wir hin und wieder – manchmal weil wir voll und ganz lieben, manchmal aber ganz plötzlich und ohne ersichtlichen Grund – in uns fühlen und bei anderen wahrnehmen.

Karen Horney beschrieb es so: «Das wahre Selbst, diese zentrale innere Kraft, die allen Menschen eigen und dennoch bei jedem verschieden ist, diese tiefe Quelle unseres Wachstums.» Aus dieser zentralen Kraftr, aus diesem Teil von uns, der weiß, der von Stolz, Vorurteilen und Schmerz unberührt ist, empfangen wir Inspiration und Führung. Aus ihr kommt die organismische Antwort.

Wenn man Fragen stellt und wenn die Antworten aus dem wahren Selbst kommen, dann braucht man nichts anderes mehr. Doch bis dahin braucht man gewisse Techniken. Deshalb die Anleitungen und Fragen – und hier gleich ein paar Arten des Fragens.

Stell dir vor, du wärst allein in den Bergen. Wirf deine Frage in den Himmel hinauf und lausche auf das Echo, das von den Felsen zu dir zurückhallt.

Stelle dir vor, du seist die Kreislinie eines unendlich großen Kreises. Lege die Frage in den Mittelpunkt dieses Kreises. Stelle dir eine Zentrifugalkraft vor, die die Frage aus dem Mittelpunkt des Kreises in alle Richtungen an seine Peripherie – und das bist du – schleudert.

Schreibe deine Frage auf verschiedene Zettel und laß die Zettel herumliegen, damit sie dir zu verschiedenen Zeiten in die Finger kommen, ob du nun damit rechnest oder nicht.

Schließe deine Augen. Stell Dir eine leuchtendweiße Mauer vor. Schreib deine Frage auf die weiße Mauer. Sieh sie dir an. Laß sie von der Mauer verschwinden. Führe dieses Experiment fünfmal durch, wenn du dich tagsüber entspannst, oder wenn du abends ins Bett gehst. Sieh dir die Frage an – laß sie verschwinden. Beende diese Übung, indem du die Frage deutlich vor deinem inneren Auge siehst.

Stell deine Frage als erstes morgens nach dem Erwachen.

Stelle sie im Rhythmus einer Melodie, wenn du deine Muskeln betätigst, wenn du beispielsweise spazierengehst, trainierst, Eier schaumig schlägst, saubermachst (– doch nicht beim Autofahren!)

Tanze deine Frage entsprechend der Anleitung «Tanze nackt mit Musik».

Du hast bestimmt schon einmal ein Feuerwerk gesehen, bei dem die Raketen überall leuchtende Farben an den unendlich dunklen Himmel malten. Bis zu einem gewissen Grad sind wir selbst wie der dunkle Himmel, geheimnisvoll und unerkannt. Laß die Frage zerbersten wie eine Feuerwerksrakete und den noch unerforschten Teil des Universums in dir erhellen und ausholen.

Stell die Frage, wenn du dich tagsüber ausruhst oder in den Tag hineinträumst.

Stell sie, wenn du vor dem Spiegel stehst und dich rasierst oder schminkst.

Richte sie an verschiedene Körperteile; befrage deine Zehen, deine Wirbelsäule, deinen Hals. Frage deine Augen, deine Beine, deine Geschlechtsorgane usw. Jeder Gedanke und jedes Gefühl findet auch irgendwo in unserem Körper statt. Ich kann mich an einen Mann erinnern, an einen ganz von seiner Pflicht erfüllten Staatsminister, der immer wieder behauptete, seinem Vater alles Böse, was dieser ihm angetan habe, verziehen zu haben, bis ich ihn dann fragte: «Haben Ihre Eingeweide ihm auch vergeben?» Er krümmte sich in plötzlichen Krämpfen und schrie: «Nein!»

Aus den vielerlei Fragestellungen wähle dir die aus, die am ehesten stimmen; denk dir auch andere aus.

Lege sie dir intensiv fünf oder sechs Tage hintereinander vor. In dieser Zeitspanne findest du vielleicht mehrere Antworten; wenn du eine klare Antwort, eine organismische Antwort bekommst, nach der du handeln kannst, dann ist es gut. Wenn nicht, dann laß die Frage tief in dein Unterbewußtsein sinken. Da du dir die Frage in mancherlei Variationen gestellt hast, hast du sie gleichsam in die komplexen Bestandteile deiner selbst eingepflanzt:

In deinen Intellekt.

In deine Muskeln, und zwar durch Bewegung und Tanz.

In deinen Körper, da du verschiedene Körperteile befragt hast. In deine Vorstellungskraft, indem du sie dir vorgestellt hast.

In das zwielichtige Gebiet zwischen Bewußtsein und Unterbewußtsein, da du dir die Frage kurz vor dem Einschlafen gestellt hast.

Und wahrscheinlich auch in die tieferen Regionen deines Unbewußten.

Leg dir die Frage intensiv mehrere Tage hintereinander vor. Anschließend hör auf, sie bewußt zu stellen. Laß sie in dir widerhallen, bis sich eine Antwort einstellt, aus deinem wahren Selbst einstellt.

Wenn du eine Frage beantwortest, dann versuch nicht, mit der Antwort dir selbst oder jemand anderem etwas vorzumachen. Du kannst unmöglich unbefangen antworten, wenn du etwas zu beweisen versuchst. Wenn eine Frage dich schockiert, überrascht oder irgendein anderes Gefühl in dir hervorruft, dann geh diesem Gefühl auf den Grund. Bleib ihm dicht auf den Fersen, gleite wie ein Zug auf den Schienen auf ihm entlang: Dieses Gefühl ist ein Teil der Antwort, ist quasi dein Wegweiser, der Führer zur Antwort.

Erwarte nicht, daß die Antwort als sauber verschnürtes Päckchen bei dir ankommt. Das mag vorkommen, aber häufiger taucht sie völlig unerwartet auf. Du sagst etwas, das dich selbst überrascht. Vielleicht wachst du eines Morgens mit einem neuartigen Gefühl auf, als wäre dir im Schlaf etwas Gutes widerfahren. Vielleicht tust du etwas gänzlich Unerwartetes, oder du träumst einen starken, bedeutungsvollen Traum oder reagierst in einer Weise, die die ganze Situation schlagartig beleuchtet. Zum Beispiel:

Ein berufstätiger Mann Mitte Dreißig hatte Schwierigkeiten mit seiner Familie. Mit seiner Ehe ging es bergab, seine Frau und seine Kinder brachten ihm keine Liebe entgegen, sondern ablehnenden Gehorsam oder offene Gleichgültigkeit. Dabei liebte er seine Frau und Kinder; alles, was er tat, tat er nur für sie. Da klaffte ein Abgrund zwischen der Liebe dieses Mannes zu seiner Familie und seinem tatsächlichen Verhalten ihnen gegenüber, welches er mir mit der absoluten Ehrlichkeit, die aus der Not entspringt, auch beschrieb. Zuhause war er rechthaberisch, herrisch und unbeugsam; es erschien ihm richtig, sich vor seiner Frau und Kindern mit unbeugsamer Autorität zu benehmen, und daß er immer recht behalten sollte.

«Hatte Ihr Vater auch immer recht?» wollte ich von ihm wissen. Er schob meine Frage beiseite; er wäre nicht zu mir gekommen, um über seine Eltern zu diskutieren, denen es übrigens sehr gut gehe, sondern über seine Frau, die immer so müde und erschöpft sei und über seine gelangweilten, uninteressierten Kinder.

«Wessen Leben leben Sie?» fragte ich ihn aus heiterem Himmel. Er war ziemlich erstaunt: das Seine, natürlich! Was ich mir denn vorstelle? Er habe eine gute berufliche Position, ein gutes Zuhause, eine Frau, Kinder...

Wir kamen schließlich auf «die Fragen» zu sprechen. Ich sagte ihm, wieviel interessante Möglichkeiten es da gebe, sich selbst zu befragen, und weil er gegen ein Experiment nichts einzuwenden hatte, willigte er ein, es einmal auszuprobieren.

Tagelang passierte überhaupt nichts. Eines Morgens rasierte er sich wie üblich. Rasieren war für ihn eine Zeremonie. Er benutzte dafür ein altmodisches Rasiermesser, ein Geschenk seines Vaters. Er brauchte zum Rasieren stets doppelt soviel Zeit wie andere Männer und schnitt sich häufig. An diesem Morgen nun schnitt er sich nicht, obwohl sich die Situation von früheren nur dadurch unterschied, daß er sich inzwischen die absurde Frage gestellt hatte, die ich ihm vorgelegt hatte: «Wessen Leben lebe ich?» Im fraglichen Moment waren seine Gedanken ausschließlich mit dem Rasieren beschäftigt. Aber plötzlich, als er in den Spiegel blickte, das Gesicht zur Hälfte vom Rasierschaum weiß, die Hand zum Schaben erhoben, kam ihm die Erkenntnis: Vaters! Ich lebe Vaters Leben!

Vater, der Mann, den er zu Recht oder zu Unrecht während seiner ganzen Kindheit gefürchtet und gehaßt hatte, mit dessen starker Persönlichkeit er niemals zurechtgekommen war; die Verkörperung dessen, was er an scheinbar gerechten Strafen und keinen Widerspruch duldenden Vorschriften hatte hinnehmen müssen. Vater, ein Mensch, der grundsätzlich «immer recht» hatte und bei Zweifeln an seiner Rechthaberei entweder einen Wutanfall bekam oder sich in sein Arbeitszimmer zurückzog; Vater; der sich über die ungeheure Arbeitslast beklagte, die er sich für seine undankbare Familie aufbürden mußte.

Der sensible Junge hatte diesen starrköpfigen Vater als Inbegriff männlicher Kraft und Macht empfinden müssen; er hatte kein anderes männliches Vorbild. Und als er dann ohne Zutrauen in die eigene Kraft zum Mann herangewachsen war, hatte er sich hinter diesem verhaßten

Vorbild versteckt und war nun drauf und dran, sich selbst und seine Familie zu ruinieren.

Für diesen Mann hatten eine einzige Frage und die entlarvende «organismische» Antwort ausgereicht, um den Damm zu durchbrechen, der sich bisher seiner Verständnisbereitschaft und dem freien Fluß seiner Liebe in den Weg gestellt hatte. Dieser Mensch hat seine Antwort gefunden. Und wie steht es mit dir?

Wie erkennt man eine organismische Antwort?

Meine organismische Antwort auf die Frage lautet: Ich weiß es auch nicht. Man kann diese Frage nur sich selbst beantworten; sie ist wie ein Gefühl, das man erst erfahren haben muß. Jeder von uns hat in seinem Leben schon mindestens einmal erfahren, wann etwas so wahr und richtig war, daß er keine Zustimmung anderer mehr brauchte.

Manchmal stellt sich die organismische Antwort auf Anhieb ein, manchmal aber erst, nachdem man viele Antworten und Fragen verworfen hat. Vielleicht empfindet man die erste Antwort als zerstörerisch und schmerzlich: das tut nichts. Wut und Ungehaltenheit sind menschlich. Wie oft erstickt unser inneres Selbst vor lauter blockierter Energie, die sich aus frustrierten Bedürfnissen, ungeübten Talenten und unerfüllten Verlangen aufstaut! Suche dir eine Anleitung aus, die dir zeigt, wie du diese negative Energie nutzen kannst, anstatt zuzulassen, daß sie dir und anderen Schaden zufügt.

Eine organismische Antwort ist nicht leicht zu beschreiben – man kann keine wissenschaftlichen oder technischen Ansätze darauf anwenden. Manchmal wird das, was du als organismische Antwort siehst, durch einfache Tatsachen leicht bestätigt; ein andermal wird sie sich als falsch erweisen. Einmal mag sie mit dem übereinstimmen, was uns sowieso gerade am besten zusagt, ein andermal mag sie auf schmerzliche und unbequeme Veränderungen hindeuten. Jedenfalls weist die oranismische Antwort zwei immer gleichbleibende Eigenschaften auf:

Sie weist darauf hin, was *wir* – und nicht andere – tun oder wie *wir* sein sollten.

Ob laut oder leise, sie ist von einer unheimlichen Eindringlichkeit.

Wenn deine Antwort lautet, daß sich Veränderungen zufällig oder aus den Umständen ergeben, oder von der Veränderungen eines außenstehenden Menschen abhängen, dann ist das keine organismische Antwort.

Nur du allein kannst dich selbst ändern, und wenn du das tust, dann werden die Umstände und Menschen sowohl verändert erscheinen als auch sein.

Und wenn einige der Fragen, meine oder deine Fragen, dich verblüffen oder beunruhigen, dann ist das gut, dann bist du bereit zu handeln. Dann wirst du dich nicht länger mit Unentschlossenheit und Zweifel abfinden.

Sei ungeduldig.

Beginne *jetzt* zu fragen.

Wann tue ich das Beste für mich?

Wann tue ich das Beste für andere?

Wann gebe und empfange ich gleichzeitig?

Welcher Mensch (aus meiner Wirklichkeit oder aus meinen Phantasievorstellungen) hat mich am meisten beeindruckt:

Im Alter zwischen fünf und zehn Jahren?

Zwischen zehn und zwanzig Jahren?

Zwischen zwanzig und dreißig Jahren?

Versuche ich heute, jener Mensch zu sein?

Wann habe ich das Gefühl, daß ich das, was ich tue, mühelos tue?

Wann ist es anstrengend?

Wann hat sich die Anstrengung gelohnt?

Wann gibt mir die Erledigung meiner Pflichten ein Gefühl der Zufriedenheit, der Gelassenheit und des Wohlbehagens?

Inwiefern fühle ich mich durch meine Erziehung und die Kultur, in der ich lebe, behindert?

Oder haben sie meinen Horizont erweitert?

Wann habe ich etwas getan oder gesagt, was überhaupt nicht «ich» war?

Da ich nicht ich war, wer war ich denn dann?

Warum habe ich versucht, wie dieser andere Mensch zu sein?

Was gebe ich vor zu glauben – und was glaube ich in Wahrheit?

Wann wirken das körperliche, geistige und gefühlsmäßige Element meines Wesens als ein Ganzes zusammen?

Wann mag ich mich und meine Mitmenschen am meisten?

Bin ich in der Lage, einen Menschen, der ganz anders ist als ich, zu akzeptieren und mich über ihn zu freuen und trotzdem vollkommen ich selbst zu bleiben?

Wann verhalte ich mich nach außen hin so, wie ich mich innerlich fühle?

Wann bringe ich mein wahres Selbst am besten zum Ausdruck?

Wann unzureichend?

Wann überhaupt nicht?

Wann habe ich das Gefühl, eine Rolle zu spielen, die ein anderer geschrieben hat?

Ist meine Art, die Welt zu betrachten, die einzig mögliche?

Ist meine Reaktion auf meine gegenwärtige Situation die einzig mögliche auf diese Situation?

Wann ist meine Reaktion auf einen Menschen oder eine Situation spontan, vollkommen, *organismisch?*

Wann bin ich zugleich am egoistischsten und großzügigsten?

Wessen Leben lebe ich?

Was ist mein eigentliches Lebensziel?

Ist das, was ich jetzt möchte oder tue, mit diesem Ziel in Einklang?

Hat das Leben, das ich jetzt führe, einen Sinn?

Meistens ist man verkrampft, weil man nicht weiß, wie man Energie steuern oder umwandeln soll. Verkrampfung bewirkt Krankheit und Leiden. Du kannst dir das Prinzip der Umwandlung von Energie anhand der vielen Beispiele in den Anleitungen zu eigen machen. Folge den Anleitungen immer ganz; im Laufe der Zeit gehen sie dir in Fleisch und Blut über!

8
DIE KUNST, ENERGIE UMZUWANDELN

Energie ist weder gut noch schlecht. Sie ist eine neutrale Kraft, die gut oder schlecht verwendet werden kann.

Alle Lebenskunst ist im Grunde nichts anderes als die Kunst, diese Energie intelligent und kreativ einzusetzen. In der folgenden Anleitung geht es um die Umwandlung von Energie aus einer neutralen, beziehungsweise schlecht genutzten Kraft in eine wohltuende, intelligent und mit gutem Willen gesteuerte Kraft.

Diese Anleitung führt dich dazu, Energie durch die Steuerung deines Bewußtseins umzuwandeln. Daher ist sie anfangs vielleicht schwieriger als «Der Punchingball», «Blubbere dich frei», «Es geht gar nicht um dich» und andere, in denen Energie direkt in körperliche Aktion umgesetzt wird. Vielleicht möchtest du lieber erst die anderen Anleitungen üben und dann auf diese zurückkommen. Ich bin sicher, daß sie dich dann mehr reizt und befriedigt.

Die Anleitung ist fünffach unterteilt: die erste Stufe bildet die Grundlage der anderen. Auf der ersten Stufe sollst du dir der Energie als fundamentale Kraft bewußt werden, die alles in dir und um dich herum durchdringt.

Zu dieser Erkenntnis kannst du kommen, wenn du deine Vorstellungskraft bewußt steuerst, sie kann dich aber auch spontan überkommen, mühelos und intuitiv. Vielleicht hast du irgendwann, auf einem Höhepunkt deines Lebens, diese Energie schon einmal spontan erfahren. Wordsworth hat sie folgendermaßen beschrieben:

eine erhabene Empfindung,
etwas, das zutiefst verschlungen
aus dem Licht vergehender Sonnen
und dem rollenden Ozean kommt,
aus dem lebendig blauen Himmel
und dem Geist des Menschen..

Meine Anleitung soll die Pforten zu dieser Erfahrung öffnen. Unternimm dazu die folgenden Schritte:

Zieh dich irgendwohin zurück, wo du allein und ungestört bist. Lies die Anleitung ein paarmal durch, bis du das Gefühl hast, sie ganz und gar in dich aufgenommen zu haben. Ich fasse sie am Ende als Gedächtnisstütze noch einmal zusammen.

Werde dir der Urenergie bewußt, die in dir ist und dich überall umgibt.

Denke an die reine Energie der Sonne und der Meere, der Luft, des Wassers und der Erde.

Stell dir die gewaltige Menge einer Energie vor, die in einer kleinen Blume, in einer Frucht, in einem einzigen Samenkorn, aus dem ein ganzer Wald werden kann, konzentriert ist.

Welche Naturschönheit gefällt dir am besten? Die Berge? Das Meer? Die anmutigen Bewegungen eines Delphins oder eines anderen Tieres in seinem natürlichen Element? Stelle dir diese Naturschönheit vor. Laß dieses Bild deine ganze Vorstellung erfüllen. Denke an die reine, unpersönliche Energie, die darin enthalten ist.

Fühle die großartige Lebenskraft, die in dir und rings um dich herum strömt. Fühle sie in deinen Muskeln, in Strömen deines Blutes, in deinem gesamten Organismus. Laß dich von ihr erfüllen. Verschmelze mit ihr, bist du und die Energie eins seid.

Auf dieser ersten Stufe sollst du nichts zu verstehen suchen, sondern die Energie fühlen. Vielleicht stellt sich dieses Gefühl sofort bei dir ein, vielleicht mußt du erst noch etwas üben. Schon dieser erste Schritt ist ein großartiger Energiespender.

Lenke das Erlebnis der Energie jetzt in eine bestimmte persönliche Form.

Durchlebe noch einmal einen Augenblick, in dem dich das Bewußtsein dieser Energie, Vitalität und Lebenskraft in einer positiven, glücklichen persönlichen Erfahrung ganz und gar erfüllte.

Rufe dir einen Augenblick großer Freude und Harmonie in Erinnerung, einen Augenblick der Stärke, freier kreativer Energie. Vielleicht war es auf einem unbeschwerten Waldspaziergang oder am Strand. Oder als du einen Wettbewerb gewonnen, eine schwierige Aufgabe gelöst hattest, die dir viel Lob einbrachte. Oder es war vielleicht während einer bescheidenen, mühsamen Alltagsarbeit, die von niemandem anerkannt wurde. Vielleicht beim ersten Biß in eine saftige Frucht. Oder bei einem erfüllten Liebeserlebnis. Es kann sogar einfach ein Augenblick völliger Unfähigkeit gewesen sein, als überhaupt nichts Außergewöhnliches geschah, außer daß du das großartige Wunder der in dir pulsierenden Energie spürtest.

Durchlebe diesen Augenblick noch einmal, jenen Moment, da dein ganzes Wesen von einer Woge strömender, kreativer Energie mitgerissen wurde, wo deine Vitalität einen Höhepunkt erlangte.

Durchlebe diesen Moment noch einmal so intensiv wie möglich.

Schalte dann schnell zu einem anderen Erlebnis um, wo diese Energie destruktiv für dich war.

Das kann ein Augenblick gewesen sein, in dem du selbst einmal körperlich verletzt wurdest, oder wo du mit ansehen mußtest, wie dies jemand anderem widerfuhr. Das Erlebnis des Todes eines dir Nahestehenden.

Überhaupt, als destruktive Energie in Worten oder Taten gegen dich oder andere Menschen gerichtet war, vielleicht auch nur durch böswillige Gedanken oder Gefühle stumm auf dich einwirkte.

Wähle einen solchen Zwischenfall aus deiner Vergangenheit.

Durchlebe ihn noch einmal.

Erlebe ihn noch einmal. Die Erinnerung allein reicht nicht aus.

Erlebe die Wucht der destruktiven Energie genauso wie vorhin den anregenden Strom der kreativen Energie.

Laß das Gefühl langsam in dir aufsteigen, oder wenn das deinem Wesen besser entspricht, laß dich ganz plötzlich davon überschwemmen. Durchlebe den Zwischenfall, von Anfang an bis zu seinem destruktiven Höhepunkt.

Wenn du diese drei Schritte – unpersönliche Energie, kreative persönliche Energie und destruktive persönliche Energie – vollständig und voneinander getrennt erlebt hast, bist du bereit für den vierten Schritt.

Du wirst jetzt den zweiten und dritten Schritt im Wechsel miteinander üben.

Erlebe noch einmal jenen Augenblick der kreativen Energie.

Ersetze dieses Gefühl unvermittelt durch das Erlebnis der destruktiven Energie.

Laß dich erst von dem Glücksgefühl tragen und schalte dann auf das Unglück um. Erlebe beide Erfahrungen ganz intensiv. Ruf dir die Vorfälle nicht einfach nur ins Gedächtnis zurück, sondern erlebe noch einmal ganz intensiv alle Gefühle und körperlichen Empfindungen, die dabei aufgetreten sind.

Für diese Übung ist es sehr nützlich, wenn man sich dabei scharf kontrastierende Farben vorstellt; Schwarz und Weiß, Rot und Grün. Stell dir Weiß vor. Ersetz es vor deinem geistigen Auge blitzschnell durch Schwarz. Führe dieselbe Übung mit Klängen durch. Fülle deine Ohren mit einer imaginären hohen, schrillen Note und tausche sie gegen eine tiefe, volle Baßnote aus.

Dann tu dasselbe mit den beiden gegensätzlichen Energieerfahrungen: Stelle dir zuerst den glücklichen, kreativen Augenblick vor – erlebe ihn intensiv; dann den unglücklichen, destruktiven Augenblick – erlebe auch ihn intensiv, geistig und körperlich.

Übe so lange, bis du zwischen diesen beiden Extremen der Erfahrung persönlicher Energie hin und her pendeln kannst. Es ist wichtig, die beiden gegensätzlichen Empfindungen schnell miteinander austauschen zu lernen: das tolle Gefühl des Guten gegen das totale Gefühl des Schlechten, und nicht nur die Erinnerung daran!

Wiederhole diesen letzten Schritt noch einmal. Tausche nochmals die beiden gegensätzlichen Energien in raschem Wechsel miteinander aus: die kreative und die destruktive, die gute und die schlechte.

Und jetzt filterst du – durch eine bewußte Steuerung deines ganzen Wesens – die guten Gefühle aus der kreativen Erfahrung, und die schlechten Gefühle aus der destruktiven Erfahrung heraus – und läßt dich von der Erfahrung reiner, unpersönlicher Energie tragen, wie im ersten Schritt.

Sei dir voll bewußt, daß du das Gute und das Schlechte, die persönlichen Bestandteile aus jeder Erfahrung herausziehst, und daß du dich vom unpersönlichen Strom der Urenergie überschwemmen läßt.

Wenn dies dir gut gelingt, wirst du feststellen, daß du dein inneres und äußeres Leben bemerkenswert gut in der Hand hast.

Als Gedächtnisstütze hier nochmals eine Zusammenfassung der Anleitung:

Erlebe reine Energie.

Erlebe persönliche kreative Energie.

Erlebe persönliche destruktive Energie

Erlebe in schnellem Wechsel:
persönliche kreative Energie, dann
persönliche destruktive Energie.

Wiederhole diesen letzten Schritt, und wende dich dann schnell dem ersten zu.

Schließe diese Anleitung unbedingt immer mit dem ersten Schritt ab: mit der reinen Energie.

Durch tägliches Üben kannst du ein *bewußter und kluger Lenker deiner Energie werden.*

Halte mitten im täglichen Leben, ob beim Einkauf, im Haushalt oder bei anderer Tätigkeit, für einen Moment inne und erlebe die reine unpersönliche Energie.

Erlebe sie.
Du wirst entdecken, daß «Energie unendliche Freude» ist.

Im täglichen Leben muß man seine Gefühle häufig im Zaum halten: Es kann gefährlich, unzweckmäßig oder grausam sein, wollte man alles, was man fühlt, in Gesellschaft oder daheim gleich zum Ausdruck bringen. Doch wenn du allein bist und den Anleitungen nachgehst – dann fühle: Fühle voll und ganz.

9
LIEBE DICH SELBST WIE DEINEN NÄCHSTEN

Es ist beinahe ebenso zerstörerisch, wenn man sich *nicht* liebt und achtet, wie wenn man *nur* sich selbst achtet und liebt.

Und zwar deshalb, weil hierbei Energie erzeugt wird, die gegen das Leben gerichtet ist, das uns ständig durchströmt. Es ist doppelt zerstörerisch: wir sind zugleich der Henker und sein Opfer.

Weder tut es gut, einen Menschen zurückzuweisen; noch tut es gut, zurückgewiesen zu werden. Wenn man sich selbst nicht respektiert und keine Liebe entgegenbringt, macht man sich beider Vergehen schuldig.

Erich Fromm sagt folgendes zu diesem Thema:

«Wenn es eine Tugend ist, meinen Nächsten als ein menschliches Wesen zu lieben, dann muß es doch auch eine Tugend – und kein Laster – sein, wenn ich mich selbst liebe, da ja auch ich ein menschliches Wesen bin.»

Welche Ursachen hat die Selbstablehnung?

Eine der wichtigsten ist: Viele Menschen lehnen sich selbst ab – unbewußt – aus dem unlogischen, aber gefühlsmäßig stichhaltigen Grund, daß sie irgendwann einmal eine Zurückweisung erfahren haben.

Diese so folgenschwere Zurückweisung findet im sehr frühen Lebensalter statt, meistens sogar noch ehe ein Kind seine Gedanken und Gefühle artikulieren kann. In Worte kann das später nur derjenige fassen, der tief genug in sich hineingeblickt und herausgefunden hat, woran es liegt, daß er sich selbst nicht mag. Dergleichen könnte etwa folgendermaßen lauten:

Als Kind wurde ich von jemandem zurückgewiesen, zumindest hatte ich dieses Gefühl zurückgestoßen zu werden, wo ich Liebe erwartete. Der Herrscher über meine kleine Welt, die wichtigste Person, die sich um mich kümmerte und von der ich absolut abhängig war, war böse mit mir; vielleicht hat sie mich sogar bestraft.

Jene Person, ob nun Mutter oder Vater, Tante, Kinderschwester oder ein anderer Erwachsener, der damals die Aufsicht über mich hatte, war in meinen Augen ein Riese, der allwissende, allmächtige Herr über mein Schicksal. Der Riese konnte mir Nahrung, Trost, Wärme und Liebe geben oder vorenthalten. Wenn er böse war, dann erbebte meine ganze Welt. Wenn der Riese meinte, ich wäre böse, DANN WAR ICH BÖSE.

Wie konnte ich denn nicht böse sein, wenn der Riese sagte, ich sei böse? Der Riese bestrafte mich ja – die Bestrafung war Tatsache, mein Gesäß konnte Zeugnis davon ablegen. Somit (so funktioniert die Logik des Gefühls) war alles, was der Riese tat, Tatsache, und alles, was der Riese sagte, Wahrheit. Er sagte, ich wäre böse, also war ich auch böse.

Ich konnte nicht wissen, daß der Riese manchmal aus Müdigkeit, aus Ärger oder aus Krankheitsgründen mir gegenüber weniger freundlich und liebevoll war. Ich konnte auch nicht wissen, daß der Riese mich lehren wollte, was ich für mein Weiterkommen in der Welt brauchte. Manchmal, wenn mir der Magen knurrte und ein Rülpser nach oben kam, war der Riese zufrieden und lobte mich. Doch ein anderes Mal, wenn mir dasselbe passierte, wurde er ärgerlich und schimpfte und bestrafte mich. In meinem Innern jedoch fühlte ich beide Male genau dasselbe.

Ich hatte das Gefühl, ich würde nur dann in Sicherheit sein, wenn ich so mächtig wie der Riese würde. Und so eignete ich mir in meiner kindlichen Phantasie die eindrucksvollsten Charaktereigenschaften des Riesen an: Seine Macht und *seine mißbilligende Einstellung dem bösen Kind gegenüber – nämlich mir.*

Selbstablehnung beginnt häufig im frühesten Kindesalter, wenn das Verlangen nach Nahrung und körperlicher Liebe am stärksten ausgeprägt ist und das Verhalten von Erwachsenen überaus geheimnisvoll erscheint, wenn man alles Geschehen unmittelbar auf sich selbst bezieht, auf das egozentrische kleine Wesen, dem sein eigenes Vergnügen und der eigene Schmerz so groß sind wie das ganze Universum. Der unausgereifte Verstand eines kleinen Kindes denkt ganz folgerichtig:

Ich hänge von dem Riesen ab.

Der Riese mißbilligt mich.

Ich versuche also, wie der Riese zu sein – im Grunde genommen versuche ich, selbst der Riese zu sein.

Ebenso wie der Riese muß ich mißbilligen, nämlich mich.

Oder um es anders auszudrücken: Wenn dieses mächtige, allwissende Wesen mich als der Liebe unwürdig befindet, dann kann ich ihrer nicht würdig sein, weder meiner eigenen noch der von andern.

Vielleicht hast du nun das Gefühl, diese Anleitung sei nichts für dich; und vielleicht hast du recht. Probier es trotzdem aus. Es kann dir durchaus helfen, Interessantes und Wesentliches über dich selbst zu erfahren.

Unabhängig vom speziellen Inhalt der Anleitung selbst ist die psycho-physiologische Übung im zweiten Teil für einen jeden von Wert, denn sie ist einer der stärksten Energiespender für Geist und Körper. Hier die Anweisungen:

Der erste Teil besteht aus der folgenden Frage: *Von wem fühle ich mich nicht geliebt?**

Vielleicht fällt dir sofort eine Antwort ein, vielleicht muß du dich mit der Frage auch tage- und wochenlang beschäftigen. Sie mag etliches an Gefühlen zutage fördern; laß sie zu; versuche nicht, sie zu manipulieren, zu beurteilen, zu unterdrücken oder mit Vernunftgründen aus der Welt zu schaffen. Vielleicht kommt dir dabei irgendein Erlebnis in Erinnerung. Schieb es nicht beiseite. Es könnte die offene Tür zu deiner Selbsterkenntnis und Befreiung sein. Manchmal schmerzt es, diese Tür zu durchschreiten, tu es jedoch trotzdem. Der Gewinn wird dich für die Anstrengung mehr als entschädigen. Man befreit sich nicht und wird nicht gesund, wenn man den Schmerz in sich verdrängt, sondern wenn man ihn aus sich befreit. Nur so setzt man die darin eingekapselte

* Blättere bis zur Anweisung Fragen und wie man sie stellt zurück und halt dich an die dortigen Anweisungen.

Energie frei und kann diese Energie zum eigenen und zum Nutzen anderer einsetzen.

Unabhängig von deiner Reaktion auf die Frage, unabhängig von der Zeit, die du brauchst, um eine Antwort zu finden, immer solltest du nach solch einer «Fragestunde» die folgende psycho-physiologische Übung ausführen:

Zieh dich irgendwohin zurück, wo du ungestört bist und dich konzentrieren kannst.

Setz oder leg dich bequem hin.

Und dann werde dir in beliebiger Reihenfolge der folgenden Körperteile bewußt:

Nacken	Schultern	Arterien
Ohr	Speichel	Beckenmuskeln
Augen	linker Lungenflügel	Schenkel
Blut	Zehen	Darmtrakt
Haare	Zahnfleisch	rechter Lungenflügel
		(usw.)

Aus geistigen und körperlichen Gründen ist es dabei hilfreich, im allgemeinen sogar notwendig, eine Hand oder auch beide Hände auf den Körperteil zu legen, mit dem du gerade Kontakt aufgenommen hast.

Sag, tu und denke, was dir jenen Körperteil am wirkungsvollsten ins Bewußtsein bringt.

Sende ihm eine Energiewelle oder liebende Gedanken. Sprich mit diesem Körperteil, stelle dir vor, er wäre mit leuchtender, strahlender Energie erfüllt, fühle, wie er warm wird, wie er voller Leben kribbelt und pulsiert.

Experimentiere, finde die beste Methode heraus, wie du dir dieses Körperteils am nachhaltigsten bewußt werden kannst. Versuche, für ein paar Sekunden oder Minuten regelrecht dieser Körperteil zu sein. SEI dein Nacken. SEI deine Augen. SEI der große Zeh am rechten Fuß.

Das ist eine sehr wertvolle Übung. Gleich, ob du dich nun zu wenig oder aber zu sehr oder gerade nur ausreichend leiden magst, praktiziere sie so oft du kannst, nach Möglichkeit eine halbe Stunde lang. Am Ende der jeweiligen Übungszeit wirst du dich lebendiger fühlen und sehr wahrscheinlich mehr Achtung vor den Wundern deines Körpers haben; du wirst beeindruckt sein, was eine liebevolle Zusammenarbeit zwischen dir und deinem Körper alles erreichen kann.

Nachdem du dir die einleitende Frage vorgelegt und vielleicht die Antwort darauf gefunden hast, und wenn du die anschließende psychophysiologische Übung durchgeführt hast, schließe die Anleitung folgendermaßen ab:

Führe im Geist ein Inventar deiner Vorzüge durch, achte dabei besonders auf diejenigen, die du gewöhnlich übersiehst.

Bist du auch sicher, daß du das beste aus ihnen machst?

Manchmal erkennt man, warum einem eine gewisse Anleitung hilft. Manchmal wiederum bleiben einem die Gründe für den inneren Aufschwung verborgen. Unser Körper ist verständiger, als unser «anmaßendes Gehirn»* annehmen will, und weitaus wendiger. Er hat uns Jahrtausende hindurch am Leben erhalten, Menschenalter bevor der auswertende Teil unseres Gehirns, die Großhirnrinde ihre erstaunliche Entwicklung begann.
Wenn wir uns besser *fühlen* – dann wollen wir auch besser *sein*. Wenn wir aber nicht wissen, wieso es kommt, daß wir uns besser fühlen – dann wollen wir uns lieber dem Geheimnis überlassen und ihm freudig vertrauen.

* Vgl. Albert T. W. Simeons ausgezeichnetes Buch *Man's Presumptouos Brain*

10
GEH MIT!

In vielen Lebenslagen hat man das Gefühl, man müßte irgend etwas tun, die Kontrolle übernehmen, etwas bewerkstelligen oder zumindest die eigenen Wünsche bekanntmachen. Man muß sich nur darüber im klaren sein, was man will, und es dann den anderen klarmachen. Versäumt man dieses aber, und nehmen die Dinge dann eine schlimme Wendung, empfindet man völlig zu Recht, daß man selbst die Schuld daran trägt.

Viele der vorliegenden Anleitungen haben das Ziel, Energie in neue Bahnen zu lenken. Bei der folgenden Anleitung aber sollst du *mit* der Energie mitgehen.

Vieles im Leben entzieht sich unserer Kontrolle. Am deutlichsten erkennt man das am Verhältnis zwischen Eltern und Kindern. Jahrelang übernehmen die Eltern die Verantwortung für das Kind, treffen die Entscheidungen, leiten es an und versuchen mit mehr oder weniger Erfolg, sein Denken und seine emotionelle Entwicklung zu steuern. Dies schwebt uns als Aufgabe der Eltern vor. Doch es kommt einmal der Zeitpunkt, wo es wichtig, ja sogar lebensnotwendig ist, das Kind freizugeben. Einmal wird das Kind erwachsen und will sein Schicksal selbst in die Hand nehmen. Das geschieht nicht plötzlich, sondern entwickelt sich im Laufe der Jahre. Dennoch kommt es für die meisten Eltern oft wie ein Schlag, grausam und plötzlich, der ein langgehegtes, trautes Verhältnis zerstört. Man kann nichts an der Tatsache ändern, die Zeit vergeht, und die Kinder sind auf einmal keine Kinder mehr.

Wenn die Umstände sich ändern lassen, stehen einem viele Möglichkeiten offen. Wenn sie sich nicht ändern lassen, hat man nur die Wahl, sie entweder bereitwillig oder widerwillig hinzunehmen. In dieser Anleitung geht es um die Situation, in der man sich dafür entschieden hat, sich den Umständen nicht zu widersetzen, sondern vielmehr bereitwillig *mit ihnen zu gehen.*

Es gibt viele Situationen, in denen man sich gar nicht zu widersetzen braucht, wo man besser gar nicht selbst handelt, sondern sich den Wünschen anderer fügt und *mitgeht.*

Du siehst, man muß also auch die Fähigkeit kultivieren, passiv zu sein.

Von der Kunst, freiwillig passiv zu sein, mitzugehen, soll in dieser Anleitung die Rede sein.

Kannst du dich nicht an eine Gelegenheit erinnern, in der du getan hast, was ein anderer wollte? Nur weil er dich darum gebeten hat? An eine Gelegenheit, bei der du das Bedürfnis hattest, dich dem Wunsch eines anderen anzuschließen? Ich spreche nicht von dem grimmigen Entschluß: *Ich tue schon, was er will, und zeige ihm dann, wie unrecht er hat;*

von Pflicht: Mir bleibt ja nichts anderes übrig; *es ist meine Pflicht als Tochter (Sohn, Frau, Mann usw.);*

von Märtyrertum: *Ich muß mich für sie (ihn) opfern;*

von Belohnung: *Wenn ich das tue, dann wird er (sie) meine Zuneigung erkennen und belohnen;*

von Beschwichtigung: *Wenn ich das tue, werde ich nicht bestraft.*

Mitgehen hat nichts damit zu tun. Es bedeutet lediglich, sich mühelos und ohne viel Aufhebens dem Wunsch eines anderen entgegenzukommen.

Kannst du dich an eine solche Gelegenheit erinnern?

Wenn du noch nie gutwillig und behaglich passiv gewesen bist, dann wird es Zeit, daß du damit anfängst. In unser aller Leben ist Platz für Passivität.

Das sollte aber nicht zur Gewohnheit werden. Es gibt Momente, in denen man einen festen Standpunkt einnehmen, eine Auseinandersetzung durchstehen und sich mit ganzer Kraft widersetzen muß. Mitgehen sollte nicht zur Lebensgewohnheit werden.

Selbst dem äußerlich passiven Menschen hat diese Anleitung noch etwas zu bieten, denn es kann ja sein, daß seine Passivität nur oberflächlich ist. Unter der Oberfläche können sehr wohl jene Gefühle lauern, die ich weiter oben aufgeführt habe: Grimmigkeit, Pflichtgefühl, Märtyrertum, Wunsch nach Belohnung, Wunsch zu beschwichtigen. Vielleicht mißtraut man auch den eigenen Fähigkeiten, ist tief im Inneren unentschieden oder hat Minderwertigkeitsgefühle. Diese Gefühle werden häufig von Groll und Depressionen begleitet. Meine Anleitung passiv und widerstandslos zu sein, gelegentlich mit einem anderen mitzugehen, meint ganz etwas anderes. Prüfe dich. Bedenke, ob du dich gelöst und behaglich dabei gefühlt hast, als du mitgingst. Oder hast du dich geärgert und warst verstimmt oder deprimiert?

Wie dem auch sei, meine Anleitung kann dir durchaus nützen:

Stelle dir einen ruhigen, friedlichen und sanften Fluß vor. Er fließt gleichmäßig und geschmeidig in einem ebenmäßigen Sandbett dahin, in dem keine Steine, keine Hindernisse sind – ein gleichmäßiger, sanfter Fluß, der sich durchs Land windet, kühl, aber nicht kalt.

Steige in diesen Fluß hinein.

Lege dich auf den Rücken.

Laß dich gehen.

Treibe mit seiner Strömung.

Laß dich treiben.

Keine Verantwortung, kein Handeln.

Geh einfach mit dem Fluß mit.

Laß dich einfach tragen.

Und nun stelle dir eine entgegengesetzte Situation vor, in der du früher einmal etwas gegen deinen eigenen Wunsch tun mußtest. Erlebe diese Situation, das Verhalten des anderen Menschen noch einmal.

Erlebe nochmals deinen Widerstand gegen jenen Menschen oder gegen jene Situation. Fühle ihn in deinem Körper-Bewußtsein, gleich wo sich dieses befinden mag.

Und dann empfinde umgekehrt, wie du anstrengungslos im friedlichen Fluß dahintreibst. Geh mit ihm mit.

Durchlebe die kämpferische Situation noch einmal folgendermaßen: Kämpfe nicht gegen deinen Widerstand, gegen jenen Menschen oder jene Situation an, versuche nicht, deine Meinung, deine Überzeugung zu ändern, sondern leg alles für einen Augenblick beiseite – sanft aber bestimmt.

Erkenne auf jede erdenkliche Art und Weise, was für Unterschiede bestehen zwischen Kämpfen, Widerstandsüberwindung, Meinungsänderung oder einem einfachen Beiseitelegen. Wenn du Widerstand oder Überzeugungen deine Aufmerksamkeit schenkst, denn belebst du sie. Entzieh ihnen dieses Leben.

Werde dir klar darüber, daß dies überhaupt nichts mit «Aufgeben» zu tun hat. Meist gibt man auf, weil man zu müde oder entmutigt ist, irgend etwas zu unternehmen. «Mitgehen» ist etwas ganz anderes. Man entscheidet sich im Vollbesitz seiner geistigen Kräfte und seines Willens dafür.

Tu folgendes ein paarmal hintereinander:

Fühle den angenehmen, sanft dahinströmenden Fluß.

Fühle deinen Widerstand gegen eine vergangene unangenehme Situation, Person, Atmosphäre.

Und obwohl sich nichts an jener Situation ändert, änderst du dich selbst, indem du mit ihr gehst, indem du sie noch einmal mit diesem fließenden Gefühl erlebst.

Praktiziere diese Anleitung, wenn du allein in deinem Zimmer bist und dich ausruhst oder wenn du schlafen gehst.

Sobald sie dir in Fleisch und Blut übergegangen ist, kannst du sie in deinem Leben anwenden. Natürlich kannst nur du wissen, in welchen Situationen und bei welchen persönlichen Beziehungen es ratsam ist, mitzugehen. Ich schlage vor, die Anleitung anfangs nur bei geringfügigen, ärgerlichen, offensichtlich unwichtigen Anlässen anzuwenden. Du kannst da auch mit der Anleitung «Es geht gar nicht um dich» abwechseln.

Alltagsangelegenheiten, kleine Ärgernisse, kleinliche Menschen – geh einfach mit ihnen. Du wirst überrascht sein, wie oft sie plötzlich mit dir mitgehen.

In wichtigeren Situationen allerdings solltest du dich zunächst entscheiden, ob du Widerstand leisten oder zustimmen, ob du dagegen angehen oder mitgehen willst. Ähnlich wie bei unbedeutenden Dingen wirst du auch hierbei überrascht sein, wie oft wichtige Dinge mit dir mitzugehen beginnen, sanft auf dem tiefen Lebensstrom des Flußes mitfließen.

Richten wir die Scheinwerfer unseres Bewußtseins auf unsere eigenen blinden Flecken. Es ist notwendig, daß wir uns dessen bewußt werden, was sich unserem Bewußtsein entzieht; uns immer wieder bewußt zu machen, was uns entgeht. Immer wieder.

11
ZUM TEUFEL MIT DER VORSICHT (BESONDERS FÜR DIE ÜBER VIERZIG)

«Sei vorsichtig, sei vorsichtig, sei vorsichtig!», wurde uns als Kind pausenlos eingeschärft. «Sei vorsichtig, sei vorsichtig, sei vorsichtig!» schärfen wiederum wir unseren Kindern und Enkelkindern ein. Und die Mahnung «Sei vorsichtig!» pflanzt sich tiefer und tiefer in unser Unbewußtes ein. Sie wirkt mit der Kraft einer posthypnotischen Suggestion und macht einen häufig ganz automatisch, blindlings und unnötigerweise vorsichtig.

Ein gewisses Maß an Vorsicht ist zum Überleben natürlich notwendig: Es wäre pure Dummheit, wollte man auf den gesunden Menschenverstand und das gute Urteilsvermögen vollkommen verzichten. Die Wirklichkeit braucht beide Eigenschaften; denn sie sind realistisch und vernünftig. Jene Vorsicht aber, die wir in den Wind schlagen sollten, ist die verallgemeinernde, diffuse Vorsicht, die wie ein Nebel alle Realität verschleiert. Häufig führt sie uns in eine, dem gesunden Menschenverstand und wirklicher Sicherheit völlig entgegengesetzte Richtung.

Es gibt eine körperliche und eine psychische Vorsicht. Sie sind nicht eindeutig gegeneinander abgegrenzt. Stell dir etwa vor, ich unterhielte mich mit jemandem am Telefon, von dem ich befürchten müßte, er könnte einen Wutanfall bekommen. Physisch brauchte ich nichts zu befürchten, dennoch würde mein Körper verkrampft sein, weil er die psychische Vorsicht spiegelt. Umgekehrt nehmen auch meine geistigen Funktionen daran teil, wenn ich physisch vorsichtig bin.

Wenn man es sich zur Gewohnheit macht, übermäßig vorsichtig zu sein, zahlt man dafür einen psychischen und physischen Preis. Allzu vorsichtig, ständig ängstlich, mißtrauisch und geheimnistuerisch sein – diese Gefühlsmuster bewirken eine fortgesetzte innere Verkrampfung. Und die Verkrampfung wiederum würgt die Zirkulation von Ideen und Gefühlen und selbst den lebensspendenden Blutkreislauf ab. Vorsicht – zur Gewohnheit gemacht – fesselt und engt ein; es ist genauso, als würde man ständig Kleider und Schuhe tragen, die mehrere Nummern zu klein sind.

Betrachten wir einmal die Anatomie der Vorsicht. Der Wunsch zu überleben und ganz allgemein Furcht sind die beiden Hauptursachen dafür. Wenn ich beim Überqueren einer verkehrsreichen Straße vorsichtig bin, dann handle ich so, wie es für mein Überleben notwendig ist. Wenn ich noch immer zögere und aufpasse, auch nachdem ich mich vergewissert habe, *daß die Straße leer ist,* bin ich nicht vorsichtig, sondern ängstlich. Obgleich mein Leben nicht bedroht ist, läßt etwas mich so handeln, als wäre es immer noch bedroht. Ich schütze mich automatisch vor einer Gefahr, die gar nicht existiert.

Zwischen freiwilliger, vollbewußter und unfreiwilliger, automatischer und zwangshafter Vorsicht bestehen Unterschiede. Beobachte einmal die vorsichtigen Bewegungen einer jungen Katze in einer ihr unbekannten Umgebung. Du siehst beherrschte Geschmeidigkeit, Intelligenz, Schnelligkeit; das Tier ist wachsam; es lebt. Sieh dir dagegen einen neurotisch vorsichtigen Menschen an: Er ist steif, linkisch, langsam; er ist verkrampft und unbeholfen, und seine Vorsicht ist eigentlich gegen ihn selbst gerichtet, denn die Unbeholfenheit, die daraus resultiert, kann genausogut einen Unfall verursachen wie verhindern. Die Vorsicht des jungen Tieres ist die realistische Reaktion auf eine unmittelbare, hier und jetzt akute Überlebenssituation. Die Vorsicht des Neurotikers ist die Reaktion auf eine Gefahr, die in der Vergangenheit einmal bestanden haben mag oder auf einen verbalen Befehl, der Jahre zurückliegt; doch noch immer verhält er sich so, als wäre er *jetzt* bedroht, als würde man ihn *jetzt* zur Vorsicht auffordern.

Zurückhaltung ist eine andere Form der Vorsicht: Bei bestimmten Gelegenheiten kann sie durchaus notwendig sein. Doch häufig werden Menschen von dem Gefühl oder dem Glauben gelähmt, sie müßten etwas verbergen, da die Folgen katastrophal sein könnten. Wie oft trifft das zu?

Einmal kam eine Frau zu mir, um sich bei mir auszusprechen. Es handle sich, wie sie sagte, um etwas sehr Wichtiges und absolut Privates. Die Art, wie sie sich bewegte und sprach, hatte etwas Verstohlenes. Ihre Körperhaltung, ihr ganzes Wesen schienen mit äußerster Anstrengung bemüht zu sein, ein Geheimnis zu verbergen. Sie war gekommen, um es mir zu enthüllen, war aber kaum dazu in der Lage.

Sie begann mit leiser Stimme zu reden und beobachtete sorgfältig jede meiner Reaktionen; doch dann, als wäre plötzlich ein Damm gebrochen, sprudelten die Worte schneller und schneller aus ihr heraus. Sie berichtete mir von einem unglücklichen Vorfall, der sich vor zwanzig Jahren und dreitausend Meilen entfernt ereignet hatte. Ein naher Verwandter war in einen Skandal verwickelt gewesen, der in der Lokalzeitung der kleinen Stadt ein paar Tage lang Schlagzeilen gemacht hatte. Sie lebte schon seit langem nicht mehr in der Stadt, doch immer, wenn etwas für sie Nachteiliges passierte, war sie davon überzeugt, daß ihr dunkles Geheimnis ans Licht gekommen war. Wenn sie einen Arbeitsplatz verlor, zog sie in einen anderen Ort, weil eben «jeder davon wußte». Alles in ihrem Leben war von ständigen Befürchtungen umwölkt. Nachdem die Frau mit mir darüber gesprochen hatte, fühlte sie sich wohler. Aber wirklich befreit fühlte sie sich erst, als ihr klargeworden war, daß das, war ihrem Verwandten vor zwanzig Jahren passiert war, jetzt keinerlei Folgen mehr haben konnte. Jedem fiel auf, wie die Körperhaltung, die Stimme und die Figur der Frau sich veränderten. Es war, als hätte sie ein schweres Gewicht abgeworfen. Tatsächlich verlor sie eine Menge Übergewicht.

Wenn Eltern übervorsichtig sind, kommt es oft vor, daß ihre Kinder genau in jene Schwierigkeiten geraten, vor denen sie gewarnt worden sind: «Sei vorsichtig, sonst fällst du hin!» – «Sei vorsichtig, sonst erkältest du dich!» – und das Kind fällt hin oder bekommt die vorausgesagte Erkältung. Dafür gibt es meist zwei Gründe. Einer ist die Übervorsicht der Eltern, wodurch sie das Kind mit ihrer eigenen Furcht anstecken; der andere ist die gestörte Reaktion des Kindes auf diese Angst gerade der Menschen, von denen es Mut und Stärke erwartet hätte.

Stell dir ein fünfjähriges Kind vor, das sorglos und leichtfüßig herumläuft, aber der Vater ruft wieder: «Paß auf! Sieh dich vor! Sei vorsichtig, du fällst noch hin!» Der Vater, Mitte Vierzig, wahrscheinlich korpulent, mit schlaffen Muskeln und steifen Gelenken (was daran liegt, daß er den größten Teil seines Lebens im Sitzen zubringt), sieht sich in diesem Augenblick selbst über den Kies laufen, laufen und hinfallen – bums! Doch das Kind ist ganz natürlich, jung und gesund, außerdem hat es keine Angst. Wenn es hinfällt, dann fällt es nicht weit und wird außer einer Schramme am Knie wahrscheinlich keinerlei Schaden davontragen. Mit den Warnungen des Vaters im Ohr verkrampft es sich jedoch und verliert die Leichtfüßigkeit; die Voraussage des Vaters wird zur Realität. Es fällt hin, und das Muster: «Sei vorsichtig, sonst fällst du hin!» gräbt sich seinen Weg ins Unbewußte des Kindes. Aus ist es mit der natürlichen Anmut, mit den koordinierten Bewegungen und mit der mühelosen Reaktion auf Hindernisse, die ihm in den Weg kommen! Es ist dazu verurteilt, hinzufallen und bis in alle Ewigkeit Angst vor dem Hinfallen zu haben. Wieviel besser wäre es, wenn der besorgte Vater seine Befürchtungen für sich behielte, wenn er doch nur auf die Beschaffenheit der Wege achtete, auf denen sein Kind ganz unbeschwert laufen kann, und es dann auch laufen – und hinfallen – ließe! Die kleinen Beulen und Kratzer können dann eine lehrreiche Lektion sein; ein Kind, das ein paarmal hingefallen ist, lernt sich so zu bewgen, daß es nicht mehr hinfällt.

Man kann keine Regel dafür aufstellen, wann Vorsicht gesund und wann sie neurotisch ist. Jede Situation hat für jeden Menschen ihre eigenen Regeln.

Stell dir eine Gastgeberin vor, eine jung verheiratete Frau, die ihre erste Party gibt. Sie kontrolliert immer wieder die Speisetafel, sie überlegt genau, wie sie die Gerichte auftragen und das Geschirr anschließend abräumen soll, sie schmeckt immer wieder das Essen ab. Wird es auch reichen? Hätte sie vielleicht mehr bestellen sollen? Werden die Schwiegermutter und der Chef ihres Mannes auch hinreichend beeindruckt sein? Was ist, wenn sie beim Servieren etwas verschüttet, wenn sie etwas zerbricht? Wie ein junges Tier in unbekannter Umgebung ist sie verständlicherweise verkrampft und nervös. Sie wird ihre Party nicht genießen; wenn die Gäste gegangen sind, wird sie erleichtert aufatmen.

Und nun stell dir dieselbe Gastgeberin zwanzig Jahre später vor. Sie durchläuft dasselbe verkrampfte und nervöse Ritual, sie hat dieselben ängstlichen Vorahnungen von einer Katastrophe. Stell dir vor, wie sie sich immer noch vor ihren Gästen fürchtet, wie sie immer noch das Ende des Abends mit einem tiefen Seufzer der Erleichterung begrüßt. Nach zwanzig Jahren und vermutlich Hunderten von Parties, nach vielen Erfahrungen als Gastgeberin und als beobachtender Gast ist sie noch immer das Opfer dieser unnötig vorsichtigen Einschränkungen.

Ein berühmter Filmregisseur hat mir einmal berichtet, wie katastrophal sich Übervorsicht gelegentlich auf die komplizierte Arbeit der Filmproduktion auswirken kann. Neben den Schauspielern sind bei den Dreharbeiten viele hochbezahlte und spezialisierte Techniker erforderlich. Alles kann schieflaufen, Kleinigkeiten verursachen die kostspieligsten Fehler. Und Aufträge sind Mangelware, man reißt sich darum. Es überrascht daher nicht, daß die Atmosphäre in einem Hollywoodstudio häufig geradezu gewittrig ist. «Heute waren alle so nervös», erzählte mir mein Bekannter, «daß ich offen verkündete, ich würde jedem eine Belohnung bezahlen, der einen Fehler macht und ihn sofort eingesteht. Von diesem Augenblick an war die Atmosphäre völlig verändert – jeder erledigte seine Arbeit besser und schneller; im Studio herrschte eine großartige Stimmung. Natürlich wurden ein paar Fehler gemacht, doch weil man sie sofort eingestand, konnten sie auf der Stelle korrigiert werden. Meist aber sehen wir die Fehler erst Tage später, wenn das Filmmaterial schon entwickelt ist, und dann ist es zu spät oder einfach zu teuer, um eine Korrektur vorzunehmen.»

Mein Bekannter, ein intuitiver Mann, wußte, wie sehr es die Qualität der Arbeit anhebt, wenn man seine Leute von aller ängstlichen Übervorsicht befreit.

Diese Anleitung wendet sich besonders an Menschen über Vierzig. Mit den Jahren nimmt die Macht der Gewohnheit immer mehr zu. Wenn man von Kind an vorsichtig gewesen ist, ist man mit dreißig wahrscheinlich ängstlich und mit vierzig extrem vorsichtig, und wenn man nichts dagegen unternimmt, wird man körperlich und geistig immer gehemmter.

Du kannst dir gar nicht vorstellen, wie erneuernd und verjüngend es wirkt, wenn man diese Last der Vorsicht im richtigen Moment abwirft. Wie man das macht, ist weitgehend eine persönliche Angelegenheit. Gelegenheiten dafür bieten sich überall. Manche Menschen helfen sich damit, daß sie nach neuen Erfahrungen und Abenteuern suchen. Eine Bekannte von mir, die schon über Sechzig war, unternahm eine Reise nach Alaska. An sich war das kein gewagtes Unternehmnen, denn die Tour war von einem Reisebüro vorbereitet worden. Doch am nördlichsten Punkt der Reise verließ meine Bekannte die Reisegesellschaft und machte sich selbständig. Da sie schon einmal so weit nördlich war, wollte sie wenigstens einmal in ihrem Leben den Polarkreis sehen, um dieses gefrorene Ende der Welt auf sich wirken zu lassen, es mit allen Sinnen zu erleben. Die Umstände waren alles andere als bequem; sie mußte auf einem improvisierten Lager in einer Funkstation schlafen. Aber sie sah die Arktis, den strahlenden Himmel und das flimmernde Eismeer, und sie kehrte als neuer Mensch und erfrischt zurück; das verdankte sie nicht nur dem Abenteuer, sondern auch dem dabei gewonnenen Freiheitsgefühl.

Viele lassen sich im fortgeschrittenen Alter auf viel gewagtere Abenteuer ein. Nicht jeder über Vierzig ist in der bevorzugten Lage, alles stehen- und liegenlassen zu können, um etwas vollkommen Neues anzufangen, wie das beispielsweise die Mitglieder der Friedenskorps tun. Nicht jeder kann neue Fähigkeiten erwerben, beispielsweise Skilaufen, Fallschirmspringen oder Feuerlaufen, doch finden sich für jeden im täglichen Leben allerlei Gelegenheiten, um einmal alle Vorsicht in den Wind zu schlagen. Das heißt nicht, daß man leichtsinnig werden und sich und andere in Unfälle verwickeln soll.

Es heißt vielmehr, daß man sich der einengenden Übervorsichtigkeit, die einen so lange belastet hat, einmal bewußt wird und sich von ihr freimacht. Es bedeutet, daß man endlich einmal jene latenten Fähigkeiten entwickelt, die man als junger Mensch verdrängen mußte. Denk nur an die vielen Dinge, die du tun wolltest und niemals getan hast! Noch ist es nicht zu spät dafür.

Vielleicht sagst du: «Aber das habe ich ja noch nie gemacht!» Dann aber, so möchte ich meinen, besteht um so mehr Grund, jetzt damit zu beginnen! Übrigens, es ist interessant und aufschlußreich, wenn man überprüft, was in einem vorgeht, sobald man dies überstrapazierte Schlagwort benutzt: «Das habe ich noch nie gemacht!»

Wenn du dich von deinen Fesseln der Übervorsicht befreien willst, halte dich an folgende Anleitung:

Denk an eine Situation, in der du besonders vorsichtig bist. Bist du in dieser Situation immer vorsichtig? Waren auch deine Eltern in ähnlichen Situationen vorsichtig? Stell dir vor, wie du dich normalerweise bewegst, und dann, wie du dich in jener speziellen Situation bewegst, wie du dabei sprichst und dich gibst. Siehst du einen Unterschied? Spürst du eine Zurückhaltung, eine Beengtheit der Muskeln, der Bewegungen?

Denk an die Dinge, die du immer sorgfältig verbirgst: Ist es nötig, sie geheimzuhalten? Vielleicht war es irgendwann einmal nötig, doch ist es das jetzt auch noch? Denk an die Energie, die du verbrauchst, und an die Spannung, die in dir erzeugt wird, um das Geheimnis zu wahren. Leg dir folgende Frage vor:

Würde jemand seine Einstellung zu mir ändern, wenn er mein Geheimnis kennt?

Würde sich ein Teil der Spannung in mir lösen, wenn ich ein paar Geheimnisse preisgäbe?

Nachfolgend sind Begriffe aufgeführt, die bei vielen Menschen Vorsichtsgefühle auslösen.

Lies die Aufstellung ein paarmal leise durch.

Lies sie dir dann laut vor.

Füge deine eigenen Vorsichtssignale hinzu, falls sie nicht schon auf der Liste stehen.

Wenn einer der Begriffe eine Reaktion auslöst, und sei sie noch so vage, und sei es nur ein gewisses Gefühl von Unbehagen und Beengung, halte ein und lokalisiere das Gefühl sofort in deinem Körper.

Und jetzt lies bitte langsam die nachfolgende Aufstellung:

Gesundheit	Ehemann	Alter
Sicherheit	Kinder	Heirat
Nahrung	Neue Bekanntschaften	Atombombe
Das ist ein Geheimnis	Geschäftliche Entscheidungen	Fähigkeit
Männer	Auf Reisen gehen	Autofahren
Frauen	Nach Hause kommen	Wehrpflicht
Sex	Angestellter	Essen
Geld	Autos	Trinken
Arbeitgeber	Flugzeug	Chef
Mutter	Elektrizität	Gott
Religion	Verwandte	Freiheit
Vater	Arbeit	Veränderung
Neue Orte	Gruppen	Fahrstühle
Ehefrau	Gewicht	Laufen
Neue Kenntnisse	Einsamkeit	Zurückgehen

Jedes Gefühl ruft eine physische Reaktion hervor, doch manchmal läßt diese sich nicht so leicht lokalisieren. Die physischen Veränderungen als Reaktion auf Emotionen sind bei jedem Menschen verschieden. Deine eigene Reaktion auf Übervorsicht kommt vielleicht in folgenden Körperzonen zum Ausdruck:

im Sonnengeflecht	im ganzen Körper	in den Beinen
im Nacken	in den Eingeweiden	in der Kehle
in der Stirn	in den Schultern	in den Augen
im Kiefer	in der Zunge	im Kopf
in den Füßen		

Wahrscheinlich ist mehr als ein Körperteil betroffen, vielleicht auch einer, der in dieser Liste nicht aufgeführt ist.

Wähle den Körperteil aus, in dem du die Reaktion am deutlichsten spürst, und beschäftige dich mit diesem.

Wenn du keine Stelle in deinem Körper findest, die auf einen der in der Liste aufgeführten Begriffe reagiert, dann stelle dir eine vor. Welcher Muskel oder welches Organ in deinem Körper könnte von diesen Gefühlen betroffen sein? Wende die Anweisungen auf jenen Körperteil an. Die Anleitung ist genauso wirksam, wenn du nur mit deiner Vorstellung arbeitest.

Wenn es sich um einen Körperteil handelt, den du nicht bewegen kannst oder mit dem du besonders sorgsam umgehen mußt (mußt du wirklich?), dann konzentriere dich auf den entsprechenden Körperteil, bedenke ihn mit einem energiespendenden Gedanken, bis er kribbelt und warm wird.

Handelt es sich um einen Körperteil, den du bewegen kannst, dann führe abwechselnd die beiden folgenden Übungen durch:

Mache jenen Körperteil ganz steif und laß ihn so lange du kannst steif.

Laß los.

Bewege jenen Körperteil; bewege ihn so schnell du kannst.

Während du dich diesen körperlichen Übungen hingibst, vergegenwärtige dir die Vorsicht, die Anspannung, die Geheimnistuerei, die Ängste.

Sieh, wie das alles aus jenem Körperteil heraustropft, herausfällt, herausgeschüttelt wird, als wäre es schmutziges Wasser, das ausgedrückt, ausgewrungen, herausgeschüttelt wird. Sieh dies ganz klar vor deinem inneren Auge; je deutlicher das Bild, desto besser das Ergebnis.

Visualisiere deutlich, was du mit deinen Bewegungen meinst. Schüttle das trübe, schmutzige Wasser aus dir heraus, drück es aus, in dem du dich steif machst und wieder entspannst, schüttle es heraus, während du jene Muskeln bewegst und lockerst, drücke, schüttle und treibe das schmutzige Wasser aus dir heraus.

Tu dies einige Minuten lang, beziehungsweise so lange du kannst.

Mach es dir anschließend bequem, schließe deine Augen und denke intensiv an jenen Körperteil. Sieh ihn deutlich vor dir.

Stell dir vor, daß ein Gebirgsbach, kühles, frisches, klares Wasser ihn durchströmt. Spürst du, wie das Wasser ihn erfrischt und befreit und belebt? Fühle das so intensiv wie nur möglich; je intensiver das Gefühl, desto besser das Ergebnis.

Es gibt zwei Möglichkeiten, diese Anleitung abzuschließen. Entweder:

Stelle dir noch eine ganze Zeitlang vor, wie das klare, belebende Wasser durch jenen Körperteil strömt, bis du mit diesem Bild einschläfst.

Oder:

Steh auf und tanze. Nenne deinen Tanz: «Zum Teufel mit der Vorsicht». Halte dich an die Anleitung «Tanze nackt mit Musik».

Wer gefühlvoll ist, ist auch häufig verwundbar: Schon ein Wort, eine Betonung, ein Schweigen, eine Geste, selbst eine Farbe oder ein Geräusch können als Verletzung, Schmerz oder Beleidigung empfunden werden. Diese innerlich reichen, aber verletzbaren Menschen befinden sich in einem unausweichlichen Zwiespalt: Wenn sie nicht imstande sind, sich zu schützen, müssen sie zutiefst leiden. Doch wenn sie sich in der üblichen Weise schützen – indem sie alle Gefühle unterdrücken, sich in einen Panzer aus Gleichgültigkeit und Zynismus einkapseln –, dann schneiden sie sich selbst vom eigentlichen Quell des Lebens ab. Die Anleitungen weisen einen Weg, wie dieser Zwiespalt überwunden werden kann.

12
GEH AN DEIN BEGRÄBNIS

Lies diese Anleitung ein paarmal durch und mach dich mit seinem Ablauf vertraut, ehe du das Buch aus der Hand legst und die einzelnen Schritte erlebst.

Es ist gar nicht so sonderbar, wie du vielleicht denkst. Jeder hat sich irgendwann schon einmal, meistens als Kind, eingeredet: *Wenn ich tot wäre, würde es denen leid tun!* Und sich dann die Vorstellung vom eigenen Tod wie ein Schauspiel ausgemalt, nämlich wie es sein würde, wenn man tot wäre und die Eltern weinen würden. Die Vorstellung hat einem damals sicherlich geholfen; sie war ein wohltuendes Mittel, um die kindlichen Frustrationen loszuwerden. Dasselbe gilt aber auch jetzt noch für den Erwachsenen.

Sorge dafür, daß du zwei Stunden allein bist, daß keine Anrufe kommen, niemand an der Tür klingelt und daß du auch sonst nicht unterbrochen wirst.

Zieh entweder die Gardinen zu oder knipse ein paar Lampen aus, damit der Raum im Halbdunkel liegt.

Leg dich aufs Bett, aufs Sofa oder auf den Fußboden.

Laß deinen Körper los. Stell dir vor, alles Leben wäre aus ihm entwichen. Sprich nicht, bewege dich auch nicht.

Bilde dir ein, du wärst gestorben. Dein Körper ist passiv, leblos, nutzlos. Du hast ihn abgelegt. Gleich findet deine Beerdigung statt.

Und nun gehst du an dein eigenes Begräbnis.

Sieh dir die Leute an, die zu diesem Anlaß erschienen sind.

Was geht in ihnen vor? Wie betrachten sie deinen Körper? Brauchen sie Trost? Sind sie glücklich, weil sie noch am Leben sind? Wären sie auch lieber tot? Was sind ihre Gefühle?

Sieh dir die Leute an, die erschienen sind, um diesem abgelegten Körper ein letztes Lebewohl zu sagen. Sieh dir jeden einzelnen genau an. Ist einer unter ihnen, dem du gern noch etwas sagen würdest, dem du etwas erklären möchtest, dem gegenüber du ein bestimmtes Gefühl zum Ausdruck bringen möchtest? Aber du kannst es ja nicht mehr! Ohne die Fähigkeit zu sprechen, zu schreiben, dich zu bewegen – ohne deinen Körper kannst du nichts unternehmen.

Doch sieh dir die Leute noch einmal an, die zu deiner Beerdigung gekommen sind. Was würdest du jedem einzelnen von ihnen gern sagen, wenn du noch sprechen könntest? Wie würdest du dich diesem oder jenem gegenüber ausdrücken, wenn du noch einen Körper hättest?

Wenn dir beim Anblick eines bestimmten Menschen auf deiner Beerdigung die Tränen kommen, dann weine und laß deinen Tränen freien Lauf.

Du darfst ruhig weinen. Gibt es ein Problem, das du nur unter Schwierigkeiten lösen konntest? Mußtest du eine Entscheidung treffen, die dir Kopfzerbrechen bereitet hat? Das Problem wird sich höchstwahrscheinlich in diesem Augenblick lösen lassen und die Entscheidung wird dir leichtfallen.

Hast du dir die Blumen angesehen, die die Trauergäste mitgebracht haben? Was für Blumen sind es? Wie viele sind es? Haben die Trauergäste sich bemüht, dem Geschmack des Menschen zu entsprechen der du einmal warst? Oder haben sie es lediglich getan, weil «man» das tut?

Hält jemand eine Grabrede? Was sagt er? Kommen seine Worte dir vernünftig vor, werden sie dir und deinem Leben gerecht?

Wird die Trauerfeier musikalisch umrahmt? Hat jemand die Musik ausgewählt, der genau wußte, was dir gefiel, was du dir gewünscht hättest?

Dann wende deine Aufmerksamkeit jenem Menschen zu, den du nicht mochtest oder gehaßt hast, der dich in deinem Leben mehr als jeder andere gereizt oder abgestoßen hat. Möchtest du ihm noch etwas sagen?

Sag es.

Wende dich dann dem oder den Menschen zu, die du am meisten geliebt hast, dem oder denen du am dankbarsten bist. Sage ihnen alles, was du sagen willst und dich gedrängt fühlst zu sagen. Wenn deine Stimme versagt, du vor Tränen nicht sprechen kannst, dann weine getrost und versuche auszudrücken, was in dir vorgeht.

Das ist deine letzte Party. Sprich zu allen Anwesenden, erzähle ihnen alles über dich, über deine Fehler und Leiden, über deine Liebe und deine Sehnsüchte. Du brauchst dich jetzt nicht mehr zu schützen, du brauchst dich nicht mehr hinter einer Mauer oder einem Panzer zu verstecken. Es ist deine letzte Party: du kannst explodieren, kannst traurig oder mitleiderregend, unscheinbar oder verachtenswert sein. An deinem Begräbnis kannst du dich selbst sein.

Und dann ist die Zeremonie vorbei. Komm zu deinem lebendigen Körper zurück.

Erkenne ihn dankbar an und bringe ihm Achtung entgegen. Fühle, wie das Leben durch ihn strömt.

Bewege deine Zehen.

Strecke deine Arme aus.

Blinzle mit den Augen.

Mache kreisförmige Bewegungen mit dem Kopf.

Wende deine Aufmerksamkeit dem Kreisen deines Blutes zu.

Fühle, wie dein Herz schlägt.

Sprich deinen Namen laut aus.

Und nun kannst du dich wieder aufsetzen.

Berühre sanft verschiedene Teile deines Körpers.

Sieh dich im Zimmer um. Nimm zehn Gegenstände im Zimmer wahr.

Vergewissere dich, welcher Tag und wie spät es ist.

Schlucke dreimal leer.

Strecke dich und werde dir deines lebendigen Körpers bewußt. Steh auf und geh herum.

Fühle, wie dein Körper sich bewegt.

Schau etwas Schönes an.

Rieche an etwas, das du gern hast.

Berühre etwas, das du gern hast.
Klatsche fünfmal in die Hände.
Beiß in eine frische Frucht. Kau sehr, sehr lange.
Verfahre nach der Anleitung «Banne die Geister».

Und dann:

Nimm einen Zettel und Bleistift und stelle eine Liste der Dinge zusammen, die du sagen oder tun wolltest, als du keinen Körper hattest und nicht sprechen oder handeln konntest.

Lies die Liste durch.

Wähle zwei Punkte aus, die dir am konstruktivsten erscheinen. Beginne auf der Stelle, sie auszuführen.

Fang gleich jetzt an!

«Was hat das alles für einen Sinn?» fragt man sich, wenn einem das Leben grausam, unlogisch und unverständlich vorkommt. Das Leben selbst gibt häufig eine klärende Antwort.

«Was hat das alles für einen Sinn?» fragst du vielleicht, wenn dir eine Anleitung grausam, unlogisch und unverständlich vorkommt. Darauf könnte man eine ganze Reihe von Antworten geben: psychologische, physiologische und philosophische Antworten – doch würden sie am Kern der Sache vorbeigehen. Ich habe diese Anleitungen für dich aufgeschrieben, *damit du besser leben und lieben kannst.* Was hat das also alles für einen Sinn? Es geht darum, *deine* Antwort zu finden.

13
GEH GANZ ALLEIN AN DEIN BEGRÄBNIS

Manch einer glaubt – oder bildet sich ein –, er würde überhaupt nicht geliebt. Das ist durchaus möglich. Wenn du manchmal auch dieses Gefühl hast, dann stell dir vor, daß niemand zu deiner Beerdigung gekommen ist.

Ehe du zu deinem einsamen Begräbnis gehst, mach es dir richtig bequem und vergewissere dich, daß du für ungefähr zwei Stunden von niemandem, von keinen Telefonanrufen oder von anderen Zwischenfällen, unterbrochen wirst.

Laß deinen Körper los. Tu so, als gehörte er nicht länger zu dir. Gib ihn für eine Weile auf. Löse deine Aufmerksamkeit vollkommen von deinem lebendigen Körper. Geh zu deinem Begräbnis. Betrachte den Raum oder den Ort, wo sich dein lebloser Körper befindet; du bist ganz allein dort an deinem einsamen Begräbnis. Vielleicht hat es in deinem Leben keinen Menschen gegeben; in deinem Tod jedenfalls bist du ganz allein.

Wenn es so ist, wenn es wirklich so ist, dann geh mit allen Gefühlen mit, die eine solche Lage in dir hervorruft. Da liegt er, dein toter Körper, und niemand macht es etwas aus. Gib dich ganz diesem Gefühl hin, vollständig allein, verlassen, ungeliebt zu sein – im Leben wie im Tod. Gib dich dem Gefühl hin; weine, schreie, fluche, wenn dir danach zumute ist.

Weine, schreie, fluche, wenn es deinen augenblicklichen Empfindungen entspricht. Schöpfe das Gefühl bis an seine Grenzen aus. Und wenn du geweint und geschrien und geflucht hast, wenn du vollkommen leer und erschöpft bist, dann halt inne und lausch in dich hinein.

Da ist deine Chance: Tu, was andere zu tun versäumt haben. Sieh dir dieses ungeliebte, traurige Wesen an. Das ist deine Chance, jemandem Liebe zu erweisen, der niemals Liebe empfangen hat. Da ist deine Chance, Gerechtigkeit walten zu lassen, wo bisher bewußt oder unbewußt immer nur Ungerechtigkeit geschah.

Das ist die Chance, jemandem Wärme und Mut zu geben, der nur Kälte, Einsamkeit und Tod spürt. Hier hast du die Chance, die bitteren, abwärtsweisenden Falten in jenem leblosen Gesicht zu verändern, sie zu glätten. Das ist deine Chance, dein erster Schritt in Richtung Liebe; schenke sie diesem ungeliebten Wesen. Schenk jemandem Liebe, der vergessen hat, was Liebe ist und das Gefühl hat, Liebe niemals kennengelernt zu haben. Laß die Tränen aus deinem tiefsten Inneren aufsteigen. Laß die Bitterkeit zusammen mit den Tränen aus dir herausströmen. Und wenn die Bitterkeit herausgeflossen ist, werden deine Tränen sanft und süß sein. Führe eine Hand deines leblosen Körpers an deine Lippen und küße sie liebevoll und mit Respekt.

Komm anschließend langsam zu deinem lebendigen Körper zurück.

Kehre mit einem Gefühl von Respekt und Liebe zu ihm zurück und laß dieses Gefühl bei dir, in dir bleiben. Laß es sich in jeden Nerv, in jeden Muskel, in jede Vene und Arterie ausdehnen. Laß es sich ausbreiten in dir, in deinem gesamten Organismus, laß es in deine Umgebung ausströmen, zu allen Gegenständen und Tieren und Menschen, die zu deinem Leben gehören. Fühle wie das Gefühl der Liebe und der Achtung mit der Kraft des Lebens selbst in dir kreist. Laß es in deinem Blut sein, in der Luft, die du atmest. Fühle es – nimm es an – gib es weiter.

Und dann: «Banne die Geister».

Probleme und Leiden, Ruhelosigkeit, Mangel an Interesse, Langeweile – manchmal ist das alles eine Auflehnung deines inneren Selbst. Diese lauten und ungestümen oder leisen, undurchsichtigen und schwer faßbaren Protestreaktionen können der eigentliche Auslöser für die Entwicklung deines unrealisierten schöpferischen Potentials sein. Achte auf sie und nutze sie als Ansporn.

14
BLUBBERE DICH FREI

In dieser Anleitung geht es nicht um grundsätzliche Dinge, sondern um die großen und kleinen Ärgernisse, die sich häufig zwischen Chef und Angestellten, zwischen Verkäufer und Kunden oder Autofahrer und Polizisten ergeben – und zwischen Menschen, die sich lieben und es doch immer wieder fertigbringen, sich auf die Nerven zu gehen.

Diese Anleitung ist eine ausgezeichnete Methode, mit solchen ärgerlichen Zwischenfällen fertig zu werden; sie kann darüber hinaus aber auch sehr wirksam zur Erfrischung und Schönheitspflege verwendet werden. Probiere sie einmal aus, bevor du zu einer Verabredung gehst. Sie kann Wunder wirken.

Fülle eine Schüssel, die groß genug ist, daß dein Gesicht bequem darin Platz hat, mit kaltem Wasser. Gib ein paar Eiswürfel dazu.

Fülle einen Eimer, in den du deine Füße stellen kannst, knietief mit heißem Wasser. (Ein Papierkorb aus Plastik tut es auch.)

Während du diese Vorbereitungen triffst, denk an alles, was dich gerade beschäftigt. Einem anderen mag es zwar unbedeutend vorkommen, für dich ist es das aber nicht. Es quält dich; du würdest dich freier fühlen, wenn es aus der Welt geschafft wäre. Versuche nicht, dich mit dem Verstand daraus herauszudenken. Denk einfach daran. Fühle es. Behalte es im Gedächtnis. Fühle, wie unangenehm das ist. Hol den Eimer und die

Schüssel. Fülle heißes Wasser, beziehungsweise kaltes Wasser hinein. Gib die Eiswürfel in das kalte Wasser. Geh dabei in Gedanken zu dem, was dich beschäftigt, während du alles für diese Anleitung vorbereitest.

Denk die ganze Zeit an den Vorfall, während du die Vorbereitungen triffst und dich entscheidest, wohin du dich mit der Schüssel und dem Eimer zurückziehen willst. Das Badezimmer, die Küche, überhaupt jeder Raum geht, in dem du ungestört bist und dich wohl fühlst.

Denk daran, während du Schuhe und Strümpfe ausziehst.

Denke an den Vorfall, fühle wie unerfreulich das alles war, während du die Schüssel mit dem kalten Wasser und den Eiswürfeln auf den Tisch und den Eimer mit dem heißen Wasser auf den Fußboden stellst.

Steige bis zu den Waden oder Knien in das heiße Wasser.

Atme tief ein und tauche dein Gesicht in die Schüssel mit dem kalten Wasser.

Halte den Atem an, solange es erträglich ist.

Lockere deine Lippen, entspanne sie. Blubbere den Atem durch entspannte Lippen ins Wasser aus.

Hebe das Gesicht aus dem Wasser und atme tiefer ein als beim erstenmal. Tauche dein Gesicht wieder ins Wasser und halte den Atem ein wenig länger an, als es dir wohl ist.

Denke an den unerfreulichen Vorfall, während du im kalten Wasser den Atem anhältst. Vielleicht ging es um eine Angelegenheit, bei der du am liebsten eine scharfe Bemerkung gemacht hättest. Du hast es aber unterlassen, weil dir die Worte fehlten, weil du keine Möglichkeit dazu hattest oder weil du jemanden verletzt hättest oder verletzt worden wärest, hättest du gesprochen. Denke jetzt an jenen unausgesprochenen Satz.

Nachdem du den Atem an- und den Satz zurückgehalten hast, laß beide mit entspannten Lippen unter Wasser aus dir herauskommen.

Laß die Luftblasen ein Symbol deiner unausgesprochenen Gereiztheit, deines gerechten Protests, laß sie dein frustrierendes Schweigen und dein letztes Wort sein.

Hebe den Kopf und atme wieder tief durch die Nase ein.

Halte die Luft diesmal noch länger als vorher an. Halte sie so lange an, bis es unerträglich wird.

Tauche dein Gesicht wieder ins Wasser.

Laß die Luft heraus. Blubbere mit lockeren und entspannten Lippen und mache so viel Lärm wie möglich.

Mit dem Gesicht unter Wasser blubberst du jedes Geräusch, jedes Wort oder jedes unausgesprochene Gefühl aus dir heraus, daß dir gerade einfällt.

Wenn die Erinnerung an den Vorfall, von dem du ausgegangen bist, verblaßt und eine andere Erinnerung, ein anderes quälendes Gefühl an die Oberfläche kommt, schieb es nicht beiseite, laß es heraufkommen. Und blubbere es heraus.

Diese Anleitung bringt häufig die Erinnerung an vergessene Vorfälle und damit zusammenhängende Gefühle zurück. Das ist gut so. Wenn sie an die Oberfläche kommen, dann deshalb, weil du jetzt bereit bist, dich damit auseinanderzusetzen und aus deinem Organismus herauszuwaschen.

Atme weiterhin durch die Nase ein und blubbere die Luft mit dem Gesicht unter Wasser aus, bis du das Gefühl hast, deine quälenden Erinnerungen los zu sein. Mach einen richtigen Sturm im Wasserglas.

Wenn du ganz sicher bist, daß es genug ist, tu noch etwas. Nimm noch einen tiefen Atemzug. Und wenn du diesmal ausatmest, blubbere ein befreiendes und heiteres Wort.

Wenn dir nach Weinen zumute ist, weine.

Wenn du die ganze Prozedur einfach nur komisch gefunden hast, dann lache.

Und dann sag dem unerfreulichen Vorfall, jenen peinlichen Gefühlen und Worten, die du beim Ausatmen aus dir herausgeblubbert hast, Lebewohl und schütte alles zusammen mit dem Wasser in den Ausguß.

Man kann diese Prozedur auch variieren: Vielleicht hältst du deine Füße lieber in kaltes und dein Gesicht in heißes Wasser? Vielleicht willst du dabei gern im heißen Badewasser sitzen und die Schüssel mit dem Eiswasser in der Hand halten?

Tu, was du am angenehmsten findest. Am Prinzip ändert sich dadurch nichts.

Bitte beachte: Macht eine Anleitung von starken Temperaturunterschieden Gebrauch, so ist es vielleicht gut, vorher deinen Arzt zu konsultieren.

«Blubbere dich frei» ist in folgenden Lebenslagen besonders wohltuend:

Nach einem ermüdenden und anstrengenden Arbeitstag in einem stickigen Büro.

Bevor du zu einer Party gehst.

An einem Morgen, an dem du nicht aus dem Bett kommst.

Nachts, wenn quälende Gedanken und Sorgen dich nicht einschlafen lassen.

Wenn Migräne oder Kopfschmerzen im Anzug sind, dann versuch es einmal damit und verwende dabei unterschiedliche Temperaturkombinationen. Höchstwahrscheinlich wird die Verkrampfung sich lösen, ohne daß du Tabletten zu Hilfe nehmen müßtest.

Diese Anleitung fördert nicht nur innere Schönheit, indem sie die häßlichen Gefühle vertreibt, die die Schönheit verderben, sie ist auch ausgezeichnet für die Haut, beseitigt Falten, indem sie die Blutzirkulation im Gesicht anregt und verleiht diesem eine Frische. Sie ist überdies besonders wirksam für Lippen und Mund. Denk daran, deine Lippen unter Wasser frei und locker zu lassen und mache einen Haufen Lärm beim Blubbern. Ein guter Sturm im Wasserglas reinigt oft die Atmosphäre.

Vielleicht hast du gegen bestimmte Anleitungen eine auffallende Aversion. Frage dich warum, allerdings nicht gerade dann, wenn du die Anleitung durchführst. Geh den Gründen für deine Aversion neugierig nach.

15
GIB ETWAS UMSONST

Im Jahre 1940, als Italien überraschend in den Zweiten Weltkrieg eintrat, befand ich mich gerade auf einer Konzerttournee durch die Vereinigten Staaten. Ich war damals eine blutjunge Violinistin.

Es wurde sehr schwierig, den Atlantik zu überqueren, und außerdem war es gefährlich. Mein Vater telegrafierte mir, ich solle in den USA bleiben. Ihm war es lieber, seine Tochter, selbst für lange Zeit, in der Ferne zu wissen, als sie dem Risiko eines U-Boot-Angriffs auszusetzen.

Mein Leben wurde durch dieses Ereignis von Grund auf verändert. Ich war in Amerika quasi gestrandet, und nach dem Angriff auf Pearl Harbor wurde ich zur feindlichen Ausländerin erklärt. Doch im Verhalten meiner amerikanischen Freunde und Bekannten änderte sich dadurch nicht das geringste. Dabei könnte ich ein Buch darüber schreiben, was es bedeutet, eine fremde «Feindin» in Amerika zu sein. Für mich war zwar die ganze Welt zusammengefallen, meine Karriere war dahin, trotzdem aber stammen die tiefsten und schönsten Erfahrungen meines Lebens, dank der Großzügigkeit meiner amerikanischen Freunde, gerade aus jener Zeit.

Ich möchte dir einen scheinbar nebensächlichen, für mich damals aber sehr wichtigen Vorfall erzählen. Es war Sommer, und ich war in einer kleinen Stadt in Arkansas bei Freunden zu Besuch. Jedermann trug makellos weiße Schuhe. Ich hatte vorher noch nie in einem amerikanischen Haushalt gelebt und hatte daher nicht die geringste Idee, wie er funktioniert. Wieso es alle fertigbrachten, ihre Schuhe so blendend weiß zu erhalten, war mir ein Geheimnis. Abends stellte ich die Schuhe, wie ich es von Europa her gewöhnt war, vor die Tür und hoffte, sie am nächsten Morgen sauber vorzufinden. Doch nichts geschah. Die Schuhe wurden einfach wieder in mein Zimmer zurückgestellt.

Ich war noch sehr jung und schüchtern; den größten Teil meines Lebens hatte ich mit Geigenspielen zugebracht. In anderen Dingen war ich ganz und gar unerfahren.

Allmählich wurden meine Schuhe immer schmutziger. Wie hielten meine Bekannten die ihren nur so sauber? Ich konnte es mir nicht erklären. Normalerweise hätte ich einfach jemanden gefragt, doch meine Lage war nicht normal und ich war dazu – aus Angst – gar nicht imstande. Ich hatte schon lange keine Nachrichten mehr von meiner Familie erhalten, und in den Zeitungen hatte ich gelesen, daß meine Heimatstadt bombardiert worden war. Wenn man deprimiert ist, ist man nicht sehr erfinderisch.

Ich war völlig niedergeschlagen. Eines Nachmittags, während ich mich mit meiner Freundin über meine Lage unterhielt, brach ich in Tränen aus: «Zu allem Unglück werden meine weißen Schuhe jetzt auch noch immer schwärzer.»

Meine Freundin, eine gescheite junge Frau, sagte nichts. Als ich später in mein Zimmer kam, waren meine Schuhe strahlend weiß. Ich lief zu meiner Freundin, um sie zu fragen, wer die Schuhe geputzt habe und wieviel ich dafür bezahlen, ob ich nicht wenigstens ein Trinkgeld geben müßte.

Sie lachte. «Du brauchst niemanden dafür zu bezahlen – *ich* habe sie geputzt.» Und dann fügte sie beiläufig hinzu: «Hast du denn nicht gewußt, daß ich leidenschaftlich gern Schuhe putze?»

Dieser Augenblick also lieferte die Grundidee zu dieser Anleitung. Und hiermit gebe ich meine damalige Erkenntnis an dich weiter:

Gib umsonst ohne Erwartung

Das ist unmöglich!

Man kann doch nicht etwas umsonst geben. Das ist wahr, denn egal wie der Mensch, dem man etwas gibt, auf unsere Gabe reagiert, der

einfache Akt des Schenkens allein bringt einem schon eine Gegengabe. Das hat mit Moral oder Pflicht nicht das geringste zu tun. Wenn ich etwas geben kann, ohne dabei an eine Gegengabe zu denken, bedeutet dies, daß ich es mir *leisten* kann. Ich werde durch den Akt des Gebens reicher.

Die meisten zwischenmenschlichen Beziehungen sind ein Austausch, ein Handel. Man handelt mit Gefälligkeiten, mit Freundlichkeiten, mit Aufmerksamkeiten; man handelt auch mit Unfreundlichkeiten, Feindseligkeiten, Vernachlässigungen. Das menschliche Wesen ist auch eine Reaktionsmaschine, und gewöhnlich ist seine Reaktion qualitativ genauso wie der auslösende Moment. Der Wilde in uns neigt dazu, Gewalt mit Gewalt und Freundlichkeit mit Freundlichkeit zu vergelten. In der vielschichtigen Welt, in der wir leben, geht dieser Handel nicht ganz so einfach vor sich. Meistens gibt man, um etwas dafür zu bekommen, wenn es auch nicht notwendigerweise etwas Gleichwertiges und von demselben Menschen sein muß, dem man etwas gegeben hat. Häufig kalkuliert man bewußt oder unbewußt die Gegengabe gleich mit ein. Häufig erwartet man für das, was man gegeben oder getan hat, ein Leben lang Dankbarkeit oder Anerkennung. Und häufig ist man hinterher enttäuscht oder desillusioniert. Die Gegengabe entspricht nicht den Erwartungen.

Das Rätsel hat eine einfache Lösung: Der Gebende mißt sein Geschenk mit einem anderen Maßstab als der Empfangende. Jeder Mensch hat andere Wertvorstellungen als sein Mitmensch und auch andere Bedürfnisse. Es ist so, wie wenn du und ich, die wir auf zwei verschiedenen Kontinenten leben, versuchen würden, einander Land zu verkaufen, und du mir einen Kilometer Strand am Meer verkaufen wolltest, während ich natürlich davon ausgehe, daß wir von einer amerikanischen Meile sprechen. Stell dir meine Enttäuschung bei der Entdeckung vor, daß das Land nur knapp über die Hälfte so lang ist wie erwartet...

Beim Kauf und Verkauf achtet man meist sorgfältig auf die Maße; was Ländereien, Güter und Geld betrifft, gibt es da einigermaßen feste Regeln; und wenn man trotzdem ein schlechtes Geschäft macht, hat man sich das gewöhnlich selbst vorzuwerfen.

Doch in unserem Falle des Gebens sind die Maße subjektiv. Nur ich selbst weiß, was ich an Zeit, Umständen und Gefühlen in mein Geschenk investiert habe. Nur der Empfänger wiederum weiß, was mein Geschenk ihm bedeutet.

Und was geschieht, wenn deine Reaktion weniger anerkennend ausfällt, als ich mit Recht glaubte erwarten zu dürfen? Ich ärgere mich, fühle mich beleidigt; ich sehe mich als das Opfer deiner oder der Gedankenlosigkeit der Welt. Ich fühle mich verkannt und unterbewertet; es schmerzt mich, und ich bin verbittert. Ich sage: «Sieh dir mal an, was ich dir alles gegeben habe, und was bekomme ich dafür? Nichts.»

Diese Art des Gebens ist kein Geben, sondern ein Handel. Wenn man es als Geben ansieht, ist man auch dazu verurteilt, eventuell Enttäuschungen und die schmerzlichen, schädigenden Gefühle zu erleiden, die damit verbunden sind.

Die andere Art des Gebens ist das Geben um seiner selbst willen. Daran sind keine Bedingungen geknüpft, es ist mit keinerlei Erwartungen, weder offenen noch versteckten, verbunden. Ein Mensch, dem das Geben Spaß macht, ist gewöhnlich mit dem Akt des Schenkens schon zufrieden und glücklich. Das Schenken ist ihm Belohnung genug. Wenn er trotzdem eine Gegengabe erhält ist es ein unerwartetes Glück.

Mit dieser Anleitung will ich dich dazu auffordern, freiwillig und bewußt etwas zu geben, ohne dafür eine Gegengabe zu erwarten.

Und dies sind die vorbereiteten Schritte dazu.

Erkenne den Unterschied zwischen:

Etwas mit der bewußten oder unbewußten Erwartung einer Gegengabe geben und

etwas freiwillig geben, ohne eine Gegengabe zu erwarten.

Frage dich:

Habe ich in der Vergangenheit schon einmal etwas gegeben und nichts dafür erhalten? Fühlte ich mich dabei betrogen?

Habe ich gegeben, um etws dafür zu erhalten, oder habe ich wirklich etwas gegeben?

Wenn ich wirklich etwas umsonst geben wollte, warum habe ich mich dann geärgert, als ich nichts dafür bekam?

Nimm all deine Gefühle wahr, wenn du dich jetzt darauf vorbereitest, etwas umsonst zu geben.

Magst du dich? Dann mag dich! Kommst du dir wie ein Dummkompf vor. Dann komm dir wie ein Dummkopf vor.

Ärgerst du dich über diese Anleitung? Oder über seine Autorin? Dann ärgere dich.

Erkenne, daß du dabei bist, etwas Unmögliches zu tun. Geh und tu es. Geh frei und unbeschwert daran, etwas umsonst zu geben.

Dir steht eine große Auswahl an Möglichkeiten zur Verfügung. Bemühe dich nicht allzu sehr, dabei anonym zu bleiben oder unbedingt jemanden zu finden, der dein Geben nicht anerkennen wird. Anders ausgedrückt: Gib dir keine große Mühe, nichts zu bekommen, wenn du gibst – das ist sowieso unmöglich. Denn irgendwie wirst du trotzdem etwas bekommen, wenn nicht von den andern, dann von dir selbst. Denke also nicht so sehr darüber nach, sondern geh leicht und unbeschwert daran heran und:

Gib etwas umsonst.

Hier sind einige Möglichkeiten für die unmögliche Aufgabe, jemandem etwas umsonst geben zu wollen:

Bring jemandem Blumen, der sonst nie Blumen bekommt.

Frag jemanden nach seiner Meinung in einem Gebiet, das er sehr gut kennt.

Lade jemanden ins Theater ein.

Errate die Bedürfnisse eines andern und erfülle sie.

Hilf einem angeheirateten Verwandten, ohne Bedingungen daran zu knüpfen.

Laß dir von deinen Eltern helfen, und zwar so, wie sie es wollen, nicht wie du es willst.

Koche jemandem sein Lieblingsgericht.

Laß dir von deinem Kind helfen, auf seine Art, nicht auf deine.

Ruf einen einsamen, alten Menschen an.

Mach ein besonders liebenswürdiges Kompliment.

Gestatte jemandem, daß er zwei Stunden lang mit dir redet. Sag dabei niemals «ich».

Putze jemandem die Schuhe.

Und füge deine eigenen Ideen hinzu!

Der Entwicklungsprozeß, der uns von innen heraus wachsen läßt, ist es, der die uns innewohnenden Fähigkeiten freilegt – und nicht eine automatische, eifrige Unterwerfung unter vorgegebene Muster. Betrachte diese Anleitungen nicht als vorgegebene Muster, sondern als nützliche, vielseitige Hilfsmittel.

16
ALS WÄR'S DAS ERSTE MAL ODER TÄGLICH FÜNF MINUTEN SCHÖNHEIT

In dieser Anleitung geht es um Schönheit – um das *Erleben der Schönheit.*

Selbst wenn du dafür nur ein paar Sekunden Zeit hast, wirst du dich hinterher entspannt und freier fühlen. Und wenn du es dir zur Gewohnheit machen kannst, gehörst du zu den ganz fortschrittlichen Menschen. Je unnatürlicher, gehetzter und freudloser dein Leben ist, desto mehr wirst du aus dieser Anleitung gewinnen.

Es ist eine Anleitung für die reine Freude.

Um sie gut und sorgfältig durchzuführen, brauchst du täglich nicht mehr als fünf Minuten. Hast du so viel Zeit übrig, um Schönheit zu erleben?

Der Hunger nach Schönheit ist fast so verbreitet wie der nach Liebe. Häufig dürstet man nach Schönheit, ohne sich dessen bewußt zu sein. In unserer heutigen Welt der Verkehrsstaus und künstlichen Blumen können unsere Sinne kaum noch etwas unverfälscht, rein erfahren, und das Traurige an dieser Tatsache ist, daß wir unseren Mangel nicht einmal mehr empfinden.

Die Verkümmerung der Sinne und die Steigerung der Wahrnehmung sind Themen eingehender Untersuchungen sowohl von Wissenschaftlern, Psychologen wie auch Künstlern. Es besteht eine enge, wiewohl geheimnisvolle Verbindung zwischen unserem momentanen Zustand und unserer Wahrnehmung. Durch Universitätskurse, Laborexperimente, Drogen, Fasten, alte religiöse Übungen versucht man zu verstehen, wie unsere Wahrnehmung auf die äußere Welt reagiert, und wie unser Organismus als Ganzes wiederum auf diese Wahrnehmung reagiert. Über diese faszinierenden Forschungen werden Bände geschrieben.

Aber wir wollen hier nicht theoretisieren, sondern handeln. Meine Anleitung verlangt nicht von dir, zu fasten, Drogen zu nehmen oder jahrelang zu studieren. Sie will dich nicht in Experimente verwickeln. Sie fordert dich lediglich dazu auf, täglich fünf Minuten, nur fünf Minuten lang, dich voll deiner Wahrnehmung zu widmen.

Eines solltest du dabei allerdings *nicht* tun. Du sollst nicht nachdenken, beschreiben, nicht vergleichen. Du sollst nicht in Begriffen denken. Laß alle Begriffe sausen, laß sie links liegen. Laß sie hinter dir zurück und betritt die Welt der reinen Empfindung.

Such dir jede beliebige Art von Schönheit aus, der du besonders zugetan bist, es muß sich allerdings um eine natürliche Schönheit handeln. Such dir jedoch eine Schönheit aus, die außerhalb von dir vorhanden ist, nicht eine, die nur in dir, in deiner Erinnerung oder in deiner Phantasie existiert. Entschließe dich durch irgend einen deiner Sinne fünf Minuten lang Schönheit aufzunehmen.

Wende dich am Anfang nur einem einzigen deiner Sinne zu, nur dem Geschmack, dem Tastsinn, dem Sehen oder dem Hören. Stellt sich mehr als eine Empfindung ein, dann verdränge sie nicht gewaltsam aus deinem Bewußtsein, schenke ihr aber auch keine besondere Aufmerksamkeit: Laß sie einfach sein. Konzentriere dich auf den einen Sinn, für den du dich entschieden hast.

Und dann halte dich an folgende Anweisungen:

Wähle die Art von Schönheit, mit der du dich heute in Verbindung setzen willst.

Leere deinen Kopf von allen Gedanken.

Benenne, beschreibe nichts, ordne nichts ein.

Beziehe dich nicht auf andere, vergangene oder zukünftige Schönheiten.

Empfange Schönheit so, wie sie ist.

Nimm beispielsweise einen Geschmack, den Geschmack eines Apfels. Beiß in den Apfel hinein. Schmecke ihn, ohne dabei an irgendeinen anderen Apfel zu denken. Schmecke allein die *Apfelhaftigkeit*.

Oder erfahre Schönheit durch den Geruchssinn: Atme den Duft einer Blume ein. Atme ihn ein, ohne daran zu denken, daß es der stärkste, der süßeste oder gar der beste Geruch ist. Beschreibe, vergleiche ihn nicht und wäge ihn nicht ab. Geh vollständig in dem Duft auf.

Beschließe, Schönheit zu sehen. Sieh dir die Possierlichkeit eines jungen Hundes an. Denk nicht darüber nach, wie er aussehen oder sich verhalten wird, wenn er ausgewachsen ist. Schau ihm jetzt zu, schau ihn so voll und ganz an, daß in deinem Gehirn nur noch Platz für diesen jungen Hund ist, so wie er in *diesem* Augenblick ist.

Lausche dem Regen – lausche ausschließlich.

Lausche dem Wind – lausche ausschließlich.

Lausche dem Rauschen des Meeres – lausche ausschließlich.

Wenn du Schönheit durch deinen Tastsinn erfahren willst, dann berühre nur. Bewege deine Hand nicht; laß sie auf dem ruhen, was sie gerade berührt – und nimm es in dir auf.

Wenn du dieser Anleitung folgst, dann:

Setz dich bequem hin.

Bewege dich sowenig wie möglich.

Bleib still.

Wenn du diese Anleitung gut ausführen kannst, und sei es nur für wenige Augenblicke, dann wirst du ein großartiges Gefühl der Befreiung von deinem gewöhnlichen Alltagsich erleben.

Diese Anleitung ist dreitausend Jahre alt; Shiva gab ihn der Göttin Parvati. Shiva sagte:

«Betrachte, oh Strahlende, *als wär's das erste Mal,* einen schönen Menschen oder einen gewöhnlichen Gegenstand.»

Als wär's das erste Mal – darauf kommt es an.

Was ist «normal»? Denk an eine Zeit zurück, wo du dich einmal auf einem Höhepunkt gefühlt hast, wo dein ganzer Organismus stark und ausgeglichen und voll pulsierenden Lebens war: Betrachte diese Zeit als *normal.* Sieh diesen Höhepunkt als deinen wahren natürlichen Zustand an.

17 LUFT, WASSER, NAHRUNG

Liebe, Freude, Frieden – die Früchte des Geistes. Luft, Wasser, Nahrung – die Wurzeln des Körpers.

Wenn die Wurzeln abgeschnitten werden, stirbt der Baum. Ein weniger schwerwiegender Eingriff wird den Baum nicht gerade absterben lassen, aber sein Wachstum beeinträchtigen oder stören. Er wird kaum noch Früchte tragen können. Das bedeutet also weniger Liebe, weniger Freude und keinen Frieden.

Alle meine Anleitungen verfolgen das Ziel, dir den Weg zu Liebe, Freude und Frieden frei zu machen.

Voraussetzungen dafür ist ein Körper, der funktionsfähig ist. Seine Funktionsfähigkeit wird manchmal durch Gedanken und Gefühle beeinträchtigt, manchmal auch durch physische Ursachen, und zu den wichtigsten physischen Ursachen zählen schlechte Luft, schlechtes Wasser und schlechte Ernährung.

Luft, Wasser und Nahrung sind längst zu einem traurigen Thema geworden, weil wir diese Grundlagen des Lebens verschmutzt und vergiftet haben.

Die Luft, die wir atmen, ist durch Auto- und Industrieabgase und durch das gefährlichste aller Gifte, durch den radioaktiven Staub aus radioaktiven Niederschlägen verpestet worden.

Das Wasser wird von industriellen und städtischen Abfällen verunreinigt.

Den Nahrungsmitteln werden giftige Chemikalien in Form von Pestiziden und Insektiziden zugeführt, ihre Aufbereitung entfernt häufig die eigentlich lebenswichtigen Elemente, die Vitamine und Minerale, von denen die Gesundheit abhängt.

Allmählich erkennt man den Schaden, den die Einmischung in die Natur verursacht. Wissenschaftler warnen immer eindringlicher, und man beginnt nun auf sie zu hören. Die Enthüllungen von Rachel Carson in ihrem Buch *Der stumme Frühling* haben schon vor Jahren viele Menschen von der Tatsache überzeugt, die Landwirten und Herstellern von organischen Lebensmitteln schon lange bekannt ist, daß nämlich mit den Nahrungsmitteln, die wir täglich zu uns nehmen, noch schlimmerer Unfug getrieben wird als mit der Luft und dem Wasser. Die chemischen Gifte, die Pflanzen und Nahrungsmitteln beigefügt und mit denen unsere Haustiere gefüttert werden, haben schon längst ein derart gefährliches Quantum erreicht, daß die Regierungen endlich Schritte unternehmen und die Verwendung von Chemikalien unter Kontrolle bringen sollten.

Doch mit oder ohne Kontrollmaßnahmen: Wir müssen einfach Luft atmen, Wasser trinken, Nahrung zu uns nehmen; jedoch wie wir das tun, das liegt teils an uns selbst. Die damit verbundenen umfangreichen Probleme gehen allerdings über den Rahmen dieses Buches hinaus. Meine Anleitung will nur in Erinnerung rufen, daß man durchaus gesund sein kann, wenn man sowohl seinem Körper, als auch seiner Psyche die nötige Aufmerksamkeit schenkt.

Man kann sich beispielsweise über natürliche Ernährungsmöglichkeiten unterrichten; das nötige Material steht zur Verfügung. In Reformhäusern, Buchhandlungen und öffentlichen Büchereien gibt es eine große Auswahl an Fachbüchern und -zeitschriften zum Thema natürliche Ernährung.

Hin und wieder vertreten einzelne Autoren entgegengesetzte Standpunkte, doch man braucht ja nicht gerade Verfechter der einen oder anderen Diät zu werden. Vielen Diäten, die vielleicht für die eine oder andere Krankheit gut sein mögen, mangelt es dennoch an bestimmten lebensnotwendigen Grundnahrungsstoffen. Starrköpfigkeit auf dem Gebiet der Ernährung ist unbekömmlich.

Wenn du dich ein wenig mit dem Thema natürliche Ernährung

beschäftigt hast, wirst du feststellen, daß es ein paar Grundprinzipien gibt, denen auch die meisten Fachleute zustimmen.

Dabei handelt es sich um folgendes:

Kauf nach Möglichkeit immer Nahrungsmittel ein, die organisch angebaut und nicht bearbeitet, verfeinert, behandelt, in Dosen abgefüllt oder vorgekocht worden sind.

Wähle Nahrungsmittel, die du genießt.

Koche sie auf kleinem Feuer. Verkochte Nahrung enthält keine lebenden Substanzen mehr.

Lerne Aufschriften lesen.

Dazu gleich ein Beispiel: abgepacktes Brot einkaufen.

Wie kaufst denn du dein Brot ein?

In einem Supermarkt habe ich 56 verschiedene Brotsorten gezählt. Worauf sollte man neben Preis und Geschmack noch achten? Sei bei jedem Etikett mit langen, komplizierten Begriffen mißtrauisch.

Die Lebensmittel stehen in den Verkaufsregalen, damit man sie kaufen und essen kann, und nicht damit bloß Chemieprofessoren die Aufschriften verstehen. Wenn ein Brot Mehl, Wasser, Honig, Salz und Hefe enthält, dann darf man wohl davon ausgehen, daß es gut ist.

Kaufe nach Möglichkeit nur Lebensmittel ohne Konservierungsmittel und ohne Zusätze.

Kaufe weise ein – doch behalte deine Weisheit für dich.

Man schneidet sich nur ins eigene Fleisch, wenn man beim Servieren einen Vortrag übers Essen hält!

Wenn du eine gesunde Mahlzeit vorbereitet hast, dann vergiß ihre Vorzüge in punkto Nährwert, wenn du das Essen auf den Tisch bringst. Viele Menschen langweilt es, wenn man ihnen vorhält, was für ein «gesundes» Essen man ihnen vorsetzt.

Gib einem sorgfältig vorbereiteten Gericht einen besonderen Glanz:

Sag beispielsweise: «Das Rezept kommt direkt aus Paris. Ich habe es von Jacqueline, und die hat es vom Chefkoch des *Ritz*. Und stellt euch vor, sie mußte schwören, es an niemanden weiterzugeben! Mir hat sie es natürlich gleich nach ihrer Rückkehr verraten!»

Das ist doch viel aufregender als etwa der Hinweis: «Hier hab ich ein Gericht, das ist besonders gut gegen Arterienverkalkung.»

Wie man persönlich zum Essen eingestellt ist, geht häufig auf die Erfahrungen zurück, die man in der Kindheit gemacht hat – ob man viel zu essen bekam oder aber zu wenig, und auch wie einem das Essen vorgesetzt wurde.

«Iß Leber – Leber ist gut für dich.»

«Ich mag aber keine Leber.»

«Iß sie trotzdem, sie tut dir gut.»

Iß Fisch – Fisch ist Gehirnnahrung. Iß Spinat – der macht dich stark. Iß Wurzelgemüse. Mach dir nichts aus dem Geschmack, iß es, es ist *gut* für dich. Gutes Essen und gutschmeckendes Essen werden einem lebenslänglich vergällt, weil sie mit dem elterlichen Etikett «Das ist gut für dich» verbunden sind.

Wenn du vermeiden willst, daß deine Kinder eine derartige Einstellung zum Essen bekommen, daß sie ihre Unbefangenheit dem Essen gegenüber verlieren, dann nimm den Rat einer erfahrenen Mutter an. Sie führt ein unbekanntes Gericht bei ihrem Kind folgendermaßen ein:

Sie erwähnt niemals den Namen.

Sie sagt: «Iß dies mal – probier mal das!»

Und wenn das Kind sagt: «Das mag ich nicht», dann antwortet sie: «Heute schmeckt es dir wohl nicht, morgen oder nächste Woche kannst du es ja noch einmal probieren. Das nächste Mal wird es ganz anders schmecken, es kommt dann von einem anderen Baum, aus einem anderen Garten!»

Auf diese Weise bleibt das Gericht für das Kind etwas Wandelbares. Es reagiert auf den Geschmack, nicht auf den Namen.

Es ist eine alte Lebensweisheit, daß Erwachsene in Gegenwart von Kindern niemals Bemerkungen über das Essen machen sollten. Kinder reagieren ganz automatisch auf diese Bemerkungen und übernehmen dann oft die Einstellung der Erwachsenen.

Je weniger bei Tisch über das Essen geredet wird, desto besser.

Ich bin sicher, daß es dem allgemeinen Wohlbefinden nur guttun würde, wenn eine Familie die ersten zehn Minuten einer Mahlzeit schweigend zubrächte. Man sollte es einmal ausprobieren!

Man ißt, weil man Hunger hat – ja, aber auch aus anderen Gründen. Wenn du das nächste Mal in ein Restaurant eingeladen wirst, leg dir folgende Fragen vor:

Warum bestelle ich bestimmte Gerichte und Getränke?
Um meine Wünsche zu befriedigen?
Meinem Gastgeber zuliebe?
Um meine Ernährungsbedürfnisse zu befriedigen?
Weil ein Feinschmecker sie wählen würde?
Um etwas Neues auszuprobieren?
Weil es teuer ist?
Weil es billig ist?
Um meine gute Erziehung zu zeigen?
Um über meinen Mangel an guter Erziehung hinwegzutäuschen?
Um den Oberkellner zu beeindrucken?
Weil ich hungrig bin?

Essen ist häufig mit Emotionen verbunden, und das ist kein Wunder. Als Kind wurde einem meist alles von ein und derselben Person gegeben: Essen, Sorgfalt und Liebe. So mancher seelische Hunger verwandelt sich in einen körperlichen. Man ißt oft nur, weil man einsam ist oder Angst hat, oder weil man sich langweilt. Deshalb ist Übergewicht auch ein so verzwicktes Problem.

Eine der großen Tragödien in unserer heutigen Welt ist die ungleiche Verteilung der Nahrungsmittel. Millionen von Menschen sterben, weil sie zu wenig zu essen haben; viele wiederum sterben, weil sie einfach zu viel essen. Herzkrankheiten und eine Reihe von anderen physischen und psychischen Krankheiten hängen eng mit Übergewicht zusammen.

In den meisten Fällen hat Geisteskrankheit psychische oder genetische Ursachen. Aber sie kann auch auf Grund von Ernährungsmängeln auftreten. Persönlichkeitsveränderungen können von einer Schilddrüsenunterfunktion herrühren, die im allgemeinen auf einen Mangel an Jod zurückgeht. Das trifft auch für Pellagra (lombardischer Aussatz) zu, eine Krankheit, die bei einem Mangel an Vitamin B auftreten kann.

Auch andere Ernährungsmängel verursachen schwerwiegende psychische Störungen.

In einem Artikel mit dem Titel «Ist Geisteskrankheit geistig bedingt?» im *Journal of Psychology* führt Dr. G. Watson die folgenden Störungen auf falsche Ernährung zurück: Verfolgungswahn, Geistesverwirrung, Gedächtnisschwund, Depression und Angstzustände. Alle diese Krankheiten und andere, im engeren Sinn psychische Störungen konnten nur durch Ernährungskorrekturen behoben werden.

Noch interessanter ist die Tatsache, daß solche Störungen bei normalen Versuchspersonen schon durch Ernährungsexperimente hervorgerufen werden konnten, bei denen man bestimmte Substanzen fortließ.

Man hat aufschlußreiche Untersuchungen über die Frage des Blutzuckers angestellt, wie Dr. E. M. Abrahamson in seinem interessanten Buch *Body, Mind and Sugar* berichtet. Niedriger Blutzucker, der durch übermäßigen Gebrauch von Cola-Getränken, Süßigkeiten und ähnlichen Nahrungsmitteln ohne Nährwert auftreten kann, hat ein Nachlassen der Energie und des geistigen Wohlbefindens zur Folge und kann auch zu Verbrechen und Alkoholismus führen.

Häufig haben mir Menschen, die ihre Probleme mit mir diskutierten, berichtet, daß sie Beruhigungsmittel nehmen.

Ich frage sie gewöhnlich, wann sie die Tabletten nehmen: Im Durchschnitt drei Stunden nach dem Essen, stellte es sich heraus, zu einem Zeitpunkt also, da der Blutzuckerspiegel sehr niedrig ist und Nervosität, Spannungszustände, Ärger und besonders Unentschlossenheit gewöhnlich sehr ausgeprägt auftreten.

Geist und Körper brauchen in solchen Augenblicken keine Beruhigungsmittel, sondern Treibstoff – guten, natürlichen Treibstoff –, der das Blut stärkt und die Energiequellen der Zellen auffüllt.

Ich habe jedesmal geraten, eine Ernährungsumstellung vorzunehmen, statt der Beruhigungsmittel hochgradig energiehaltige Nahrung zu sich zu nehmen, beispielsweise Käse und Obst, die zusammen den Energiehaushalt hervorragend aufladen, oder aber eine Banane oder eine Handvoll Mandeln und Rosinen.

In den meisten Fällen waren die Beruhigungsmittel bald vergessen, weil sie sie einfach nicht mehr gebraucht wurden.

Wenn du zur Arbeit oder zur Schule fährst, wenn du mit den Kindern spazierengehst, wenn du ins Büro oder aufs Land oder anderswohin fährst, nimm eine Dose mit guten Sachen zum Knabbern mit, beispielsweise getrocknetes Obst wie Feigen, Datteln und Pflaumen oder Mandeln und Erdnüsse und andere Nüsse. Das sind nicht nur ideale Nahrungsmittel, reich an Grundnahrungselementen, sie sorgen auch für sofortige Energie, die du in der aufreibenden Verkehrsschlacht so nötig brauchst. Dann giert man nicht nach Anregungsmitteln, ist nicht von den Raststätten an der Straße abhängig, von ungesunden Torten und Eisbechern, sondern kann die Energie und geistige Beweglichkeit des Fahrers und der Mitfahrer mit Hilfe einer kleinen Speisekammer im Handschuhfach aufrechterhalten.

Die erste Zelle hat sich im Wasser gebildet. Die neun Monate unseres Lebens vor der Geburt verbringen wir in einem weich gepolsterten Wasserbett. Nach Millionen von Jahren der Evolution besteht das Gewicht des menschlichen Körpers immer noch zu siebzig Prozent aus Wasser. Das Wasser in unserem Körper, so nehmen die Wissenschaftler an, enthält denselben Prozentsatz an Salz wie das Urmeer, in dem vor drei Milliarden Jahren das Leben entstand.

Der Einsatz von Wasser beim Heilen von Krankheiten ist weitaus älter als jede Pille. Das Buch über Wasserkuren von Sebastian Kneipp hat in den USA allein in den ersten acht Jahren fünfzig Auflagen erlebt und wird noch immer neu aufgelegt. Kneipps Methoden haben Tausenden von Menschen, die an einer Vielzahl von Krankheiten litten, geholfen.

In einigen meiner Anleitungen spielt Wasser eine Rolle, manchmal ganz konkret, manchmal nur in der Vorstellung. Wasser ist gut für die Haut; es wirkt entspannend auf Muskeln, Nerven und Geist; Schwimmen hat man als das perfekteste Körpertraining bezeichnet. Wasser ist schön für Augen und Ohren; denk nur an das Rauschen eines Flusses, des Meeres.

Setz dich in die Nähe eines Springbrunnens, wann immer du die Möglichkeit dazu hast. Noch besser ist es natürlich, zu Hause einen eigenen Springbrunnen zu haben. Ein kleiner Heimspringbrunnen ist durchaus erschwinglich. Das Wasser, das daraus aufschießt und wieder ins Becken zurückfällt, erzeugt in kleinen Tropfen negativ geladene Ionen.

Was sind negativ geladene Ionen? In letzter Zeit hat man viel darüber gehört, denn man hat herausgefunden, daß sie für unser Wohlergehen entscheidend sind und durch die Luftverschmutzung verlorengehen. Ionen sind positiv oder negativ geladene Teilchen; und sie sind ein natürlicher Bestandteil der Luft. Normalerweise halten sie einander die Waage, doch wenn die Balance gestört wird, wie das beispielsweise durch Schmutzpartikel in der Luft der Fall ist, oder wenn das Barometer fällt, dann gewinnen die positiv geladenen Ionen die Oberhand, und man fühlt sich benommen, schläfrig und reizbar.

Negativ geladene Ionen wirken anregend und energiespendend. Einige Wissenschaftler vertreten den Standpunkt, daß sie Schmerzen lindern können. Viele Leute haben zu Hause oder im Büro kleine elektrisch betriebene Ionisierungsgeräte oder in die Klimaanlage eingebaute ionisierende Vorrichtungen.

Wenn Wasser in einzelne Tropfen zerfällt, gibt es negativ geladene Ionen an die Luft ab. Aus diesem Grund fühlen wir uns an der See oder in der Nähe eines Wasserfalls belebt. Die alten Perser, die Araber und die Mauren in Spanien hatten in ihren Gärten immer einen Springbrunnen – natürlich hatten sie nie etwas von negativ geladenen Ionen gehört, doch wußten sie, daß ein Springbrunnen erfrischend wirkt. Du kannst deinen eigenen kleinen Springbrunnen besitzen; er wälzt immer die gleiche kleine Wassermenge um und reichert die Luft, die du atmest, mit erfrischenden und energiespendenden, negativ geladenen Ionen an.

Hast du heute schon geatmet?

Stell dir diese Frage. Frag einen Freund, und zwar so: «Die folgende Frage mußt du entweder mit Ja oder Nein beantworten. Du darfst dabei nicht lange nachdenken. Antworte blitzschnell mit Ja oder Nein: Hast du heute schon geatmet?»

Du wirst überrascht sein, wie viele Menschen mit Nein antworten.

Auch wenn du dir selbst die Frage stellst, wirst du dich wahrscheinlich über die Antwort wundern.

Atmen kann entweder ein bewußter oder ein unbewußter Vorgang sein. Es ist eine der wenigen lebensnotwendigen Funktionen, die wir selbst steuern können. Wie oft vergessen wir diese erstaunliche Tatsache!

Eine bewußte und gekonnte Kontrolle des Atmens kann viele psycho-physische Probleme lösen. Die Yoga-Lehre hat viele Richtungen, doch jede Richtung legt Wert auf die Kunst des Atmens, in der die Yogis große Meister sind.

Selbst eine begrenzte Beschäftigung mit der Atemkontrolle hat einen überaus nützlichen Einfluß auf unser Leben.

Viele meiner Anleitungen fordern dich dazu auf, bewußt, beziehungsweise in einer bestimmten Weise zu atmen. Auf Seite 43 stehen ein paar allgemeine Regeln für richtiges Atmen. Ich möchte sie an dieser Stelle durch einige spezielle Hinweise für bestimmte Situationen ergänzen:

Wenn du abgespannt, wütend oder bekümmert bist, dann halte einen Moment lang inne. Leg alle deine Probleme, jeden deiner Gedanken beiseite. Nimm drei lange, tiefe Atemzüge. Schau zu, daß es vollkommene Atemzüge sind. Atme zuerst ganz aus, bis keine Luft mehr in deinen Lungen ist. Und dann, aber erst dann, atme ein: lang und tief, und durch die Nase. Fülle deine Lungen vollständig mit Luft und halte die Luft an. Dann atme wieder aus, aus, aus. Tu das dreimal hintereinander und wende dich anschließend der Situtation zu, mit der du dich auseinandersetzen mußt. Nun wirst du dazu viel besser in der Lage sein.

Wenn man dich warten läßt, besonders dann, wenn du auf etwas Unangenehmes wartest, das dich ängstlich macht oder angespannt: Denke nicht ans Warten oder an das, worauf du wartest, sondern konzentriere dich für einige Minuten auf die Art und Weise, wie du atmest. Denk an nichts anderes; konzentriere dich aufs Atmen. Beobachte ganz bewußt, wie du die Luft einatmest, wie du sie anhältst, wie du sie ausstößt. Achte besonders auf die Momente zwischen diesen drei Vorgängen, auf jene Bruchteile von Sekunden, in denen du wieder einatmest, die Luft anhältst oder ausatmest.

Wenn du weniger rauchen willst: Jedesmal, wenn du den Wunsch hast, dir eine Zigarette anzuzünden, halte zunächst inne und nimm ganz konzentriert fünf lange, langsame Atemzüge.

Jedesmal, wenn du müde, nervös oder abgespannt bist, ob es dir bewußt ist oder nicht, kannst du dich folgendermaßen erfrischen: Bring dich zum Gähnen, indem du ein paarmal tief einatmest und dich räkelst. Gähnen ist der Reflex des Körpers, mit dessen Hilfe er müde Zellen durch Zuführung von Sauerstoff ins Blut erfrischt und die Blutzirkulation anregt. Nebenbei: Gähnen ist auch sehr gut für die Haut, weil es besonders die Blutzirkulation im Gesicht anregt.

Die Stimme eines Menschen sagt viel über seinen psycho-physischen Zustand aus. Wie häufig erkennt man schon an der Stimme, ob jemand gespannt, wütend, ängstlich oder deprimiert ist – oder aber glücklich und voll guter Nachrichten. Die Stimme wird vom Atem gebildet. Gesangsunterricht wäre daher für uns alle gut, unabhängig von Talent und Ehrgeiz. Denn beim Gesangsunterricht würden wir auf unsere Art zu atmen aufmerksam gemacht werden und lernen, richtig zu atmen. Denk stets daran, deine Stimme durch richtiges Atmen zu unterstützen; nicht nur die Stimme wird davon profitieren, sondern dein ganzer Körper, deine Persönlichkeit und dein Geist, deine Stimmung und dein Gefühl.

Entdecke deine *wahre* Stimme.

Unsere Art zu atmen beeinflußt unsere Geisteshaltung; das ist eine schlichte Tatsache. Gute Atemgewohnheiten bewirken gutes Denken und gute Gefühle; schlechte Atemgewohnheiten bewirken schlechtes Denken und unbefriedigende Gefühle.

Richtige *Respiration* ist die Voraussetzung für hohe *Aspirationen* und kreative *Inspiration.*

Das Leben wird uns immer vor Probleme stellen. Meine Anleitungen schaffen sie nicht aus der Welt; sie sollen lediglich dazu beitragen, deine Reaktion auf Probleme und deine Einstellung dazu verändern. Mit diesen Anleitungen wirst du sie besser bewältigen können.

18
WEG MIT DEN WÖRTERN

Stell dir vor, du bist durstig und durchquerst eine Wüste. Dein Durst ist so groß, daß du für Wasser sogar dein Leben hergeben würdest. Denn wenn du nicht sofort Wasser bekommst, bist du sowieso bald tot.

Sprich das Wort «Wasser» laut aus. Schreib es in den Sand. Sieh es vor dir: W–A–S–S–E–R.

Löschen die Buchstaben deinen Durst? Rettet die Wiederholung des Wortes dich vor dem Verdursten? Natürlich nicht.

Das Wort «Wasser» ist ein willkürliches Zeichen, ebenso wie der Klang, den wir erzeugen, wenn wir es aussprechen, und die Symbole, mit denen wir es schreiben. Die Flüssigkeit, die den Durst löscht und von der unser Leben buchstäblich abhängt, ist etwas ganz anderes, sie unterscheidet sich grundlegend von dem Begriff W–A–S–S–E–R. Stell dir noch einmal vor, daß du durch die Wüste läufst und beinahe vor Durst umkommst. Plötzlich tropft etwas Kühles und Feuchtes auf deine Haut, es gleitet deine ausgedörrte Kehle hinunter. Die kühle Flüssigkeit ist nicht «Wasser», sie ist nicht das Wort; sie ist weder ein Zeichen noch ein Symbol. Sie ist das Geheimnis unmittelbarer Erfahrung und das, wofür das Wort «Wasser» steht.

Wörter sind Erfindungen des Menschen – manchmal wunderschöne, doch manchmal auch außerordentlich gefährliche Erfindungen. Dank der Wörter können wir uns wie Menschen benehmen, manchmal sogar wie Engel. Doch dank der Wörter können wir uns auch so schlecht wie Teufel und dümmer als stumme Tiere benehmen.

Unsere Gefühle unterliegen ständig Veränderungen und sind unendlich vielschichtig, doch die Wörter, mit denen wir sie beschreiben, sind festgelegt und starr. Unser Leben ist wie Quecksilber, unser Wortschatz wie Stahl. Manchmal gelingt es einem großen Dichter, das Wesen des Lebens in Worte zu fassen. Wir gewöhnlichen Sterblichen sind dazu kaum in der Lage.

Den Einfluß, den Wörter auf unser emotionelles Verhalten haben, haben fast alle Zivilisationen erkannt.

Dorothy Lee, die Anthropologin, die sich eingehend mit den Oglala-Indianern in den Vereinigten Staaten beschäftigt hat, berichtet, daß diese Indianer ihre Kinder zunächst in direkten Kontakt mit dem Leben bringen und dann erst mit der Sprache vertraut machen. Sie schreibt:

«Die Mutter bringt ihr neugeborenes Kind erst einmal mit der Natur in Berührung, was durchweg den ganzen Zeitraum der Kindheit umfaßt. Sie trägt das Kleinkind mit sich herum und weist es lediglich auf die Dinge in der Natur hin, ohne den Phänomenen einen Namen zu geben. Erst wenn das Kind unmittelbare Erfahrungen gesammelt hat, erst sehr viel später also, sagt ihm die Mutter die entsprechenden Begriffe dazu.»[1]

Zu unserem eigenen Nutzen sollten wir uns bemühen, die Zusammenhänge zwischen Wörtern und Erfahrungen herauszufinden. Es ist überraschend, wie weitgehend eine künstliche Anhäufung von Konsonanten und Vokalen mit Gefühlen belastet sind. Bist du davon nicht überzeugt?

Du kannst es dir durch ein kleines, wenngleich unbequemes Selbstexperiment beweisen. Trink eine Zeitlang einmal nichts, iß auch kein Obst und kein Gemüse, was ja zum größten Teil aus Flüssigkeit besteht, und zwar so lange, bis du richtig durstig bist – so durstig, daß du dir vorstellen kannst, wie einem Menschen zumute ist, der in der Wüste ausgesetzt ist. Und dann, wenn du verzweifelt durstig bist, wirst du wahrscheinlich in der Lage sein, das Element Wasser unabhängig von dem Wort W–A–S–S–E–R zu begreifen.

Wenn du dieses Experiment nicht machen willst, dann warte einfach ab, bis du einmal sehr durstig bist. Trink nicht sofort etwas. Sprich mehrmals das Wort «Wasser» aus und stell fest, ob es deinen Durst löscht.

Die folgende Anleitung ist zwar nicht so drastisch wie die Lage eines Verdurstenden in der Wüste, aber sie ist aufschlußreich und hat ihre Vorteile.

Stell eine Liste zusammen, in die du die für dich heiligsten und vulgärsten Begriffe einträgst. Begriffe, die in dir starke Reaktionen hervorrufen. Wirst du bei einem dieser Begriffe rot? Mußt du weinen? Wirst du wütend? Bekommst du Magenschmerzen oder einen steifen Hals?

Hier folgt eine Liste von Begriffen, die wahrscheinlich für die meisten von uns gefühlsmäßig stark belastet sind:

Gott	Papa	Sünde
häßlich	Vater	schmutzig
Bruder	Lehrer	Dummkopf
Schwester	geh weg	verrückt
Sex	nicht jetzt	Schwein
		Hintern
schweig	hoffnungslos	das geht dich nichts an
Baby	hoffnungsvoll	
Hölle	Freude	Hure
Pfarrer	unmöglich	Schlampe
Kirche	Erde	gehorsam
Doktor	Frieden	ungehorsam
schlecht	Geld	Strolch
gut	egoistisch	Feigling
Mutter	nie	gelb
Mama	immer	

Füge dieser Liste deine eigenen belasteten Begriffe oder Wörter bei.

Wähle ein Wort aus, das für dich stark mit Macht oder Gefühlen verbunden ist.

Wiederhole dieses Wort immer wieder, bis es ein Gefühl, möglicherweise eine Erinnerung, oder andere Wörter oder Gedanken in dir hervorruft. Es ist gut, wenn Erinnerungen, Gedanken und Bilder in dir aufsteigen. Wehre dich nicht dagegen. In dieser Anleitung aber sollst du vor allem dem Gefühl folgen.

Laß das Gefühl sich ganz in dir ausbreiten. Wenn das Wort oder die Wörter davon aufgeschluckt werden, dann laß das Gefühl sie aufschlukken. Laß das Gefühl seinen Höhepunkt erreichen.

Wenn es seinen Höhepunkt erreicht hat, dann laß es zu einer Handlung werden, setze es körperlich um. Die Handlung kann so gewalttätig sein wie Steine zerschlagen – oder so zart wie eine Katze mit einer Pfauenfeder streicheln. Es kann eine so nützliche Handlung sein wie Rasenmähen, oder eine für die Allgemeinheit so nutzlose wie verzweifeltes Schluchzen; du kannst Fingermalen, einen wilden Tanz aufführen oder den Fußboden in der Küche aufwaschen.

Gib dem Gefühl und der Handlung keinen Namen. Fühle und handle, ohne zu benennen.

Wiederhole diesen Ablauf mit demselben Wort, bis es zu einem nützlichen Hilfsmittel geworden ist und nicht länger ein Tyrann ist, der dich in der Hand hat.

[1] A. H. Maslow, *New Knowledge in Human Values*

Einige Leiden sind unvermeidlich; andere dagegen werden von uns Menschen selbst verschuldet. Wir selbst sind die Ursache. Diese Anleitungen sollen dir helfen, unnötiges Leiden zu vermeiden, das unvermeidliche aber hinzunehmen und umzuwandeln. Nutze deine Probleme; nutze deine Leiden. Laß dich nicht von ihnen benutzen.

19
WIRF NICHT MIT WÖRTERN UM DICH

Weg mit den Wörtern! habe ich dir in der vorhergehenden Anleitung geraten. Wirf auch nicht mit ihnen um dich.

Wörter sind machtvoll; man muß sorgfältig mit ihnen umgehen. Unter gewissen Umständen kann ein beiläufiges Wort wie eine Rakete einschlagen. Wörter können in ein verletzbares Gemüt wie Pfeile mit Widerhaken eindringen. Sind sie erst einmal eingedrungen, lassen sie sich nur unter den größten Schwierigkeiten wieder entfernen.

Die Hauptopfer dieser unbeabsichtigten Pfeile sind alle Menschen, die krank sind oder unter körperlicher oder geistiger Anspannung stehen, alle, die nur halb bei Bewußtsein, bewußtlos sind oder schlafen, besonders jedoch Kinder.

Kinder lassen sich leichter beeinflussen als Erwachsene, sie nehmen alles sehr viel wörtlicher. Ich kannte einmal ein kleines Mädchen, das zufällig gehört hatte, die Nachbarn hätten ihre Köchin «gefeuert»; noch Wochen danach war das Mädchen entsetzt: die netten Leute von gegenüber hatten also ihre Köchin in Brand gesteckt!

Ein Freund von mir erinnerte sich an eine Begebenheit aus seiner Kindheit. Wenn er etwas besorgen sollte, dann warnte seine Mutte ihn stets vor den Gefahren beim Überqueren der Straße: «Vergiß nicht, rauf und runter zu gucken, wenn du über die Straße läufst.» Als gehorsamer Junge blickte er, wenn er an den Bordstein trat, rauf – zum Himmel – und runter – auf die Erde. Nur aus reinem Selbsterhaltungstrieb sah er dann auch noch nach links und rechts. Er erzählte mir:

«Manchmal guckte ich nicht rauf und runter, doch dann kam ich mir sehr ungezogen vor. Erst Jahre später, nachdem wir aus der Gegend weggezogen waren, begriff ich plötzlich, was meine Mutter gemeint hatte. Wenn ich mich damals strikt an ihre Anweisungen gehalten hätte, wäre ich wahrscheinlich eines Tages überfahren worden.»

Ein Kind wird häufig irgendeine beiläufig aufgeschnappte Bemerkung über sich ganz wörtlich auffassen. Eine müde, ärgerliche Mutter sagt in Johnnys Beisein: «Johnny ist immer krank.» Wenn der Junge Glück hat, hat diese Bemerkung keinerlei Folgen. Aber eine solche doppeldeutige Bemerkung, aus der alle Sorgen der Mutter sprechen, hätte sich bei ihm auch wie ein Serum negativ auswirken und seinem Organismus einen psychosomatischen Schaden einimpfen können.

Noch stärker wirken doppeldeutige oder negative Worte auf ein verwirrtes, ängstliches Kind. Einmal kam eine etwa fünfunddreißigjährige Frau zu mir und klagte darüber, daß man sie immer für eine Lügnerin halte. «Nur Sie selbst können mit Sicherheit wissen, ob diese Anschuldigung stimmt», erwiderte ich ihr. Darauf gab sie zurück, sie wäre auch nicht ganz sicher. Sie wüßte nur, daß sie von Zeit zu Zeit tatsächlich ganz grundlos lüge. Sie wußte auch, daß das Lügen gar nichts einbrächte und daß sowieso alles bald ans Licht käme.

Wir beschäftigten uns eingehender mit diesem Sachverhalt. Da erzählte sie mir von einem außerordentlich schmerzlichen Vorfall, der sich ereignet hatte, als sie acht Jahre alt gewesen war. Und während sie mir davon erzählte, durchlebte sie das Ganze noch einmal. Ihr Vater hatte sie damals zu Unrecht der Lüge bezichtigt und sie aufgefordert, es doch einzugestehen. Als sie darauf ihre Unschuld beteuerte, war er wütend geworden; er hatte sie mit seinem Gürtel verprügelt und dabei immer wieder gedroht: «Ich werde dir das Lügen schon noch beibringen! Ich werde dir das Lügen schon noch beibringen!»

Das war ihm in der Tat gelungen. Noch als erwachsene Frau hielt sie sich an diesen unsinnigen Befehl, der ihr unter Schmerzen und Ängsten eingeprügelt worden war, und noch dazu von jenem allmächtigen, strafenden Giganten, ihrem Vater. Sie wuchs voller Haß gegen ihren Vater auf; zur negativen Energie des Schuldgefühls kam also noch der Zwang zu lügen hinzu, und das hatte nun 27 Jahre lang angehalten.

Ähnliche Störungen können Worte auch bei Erwachsenen auslösen. Auf der bewußten Ebene sind wir relativ vernünftig, doch auf der Ebene des Unbewußten nehmen wir alles genauso wörtlich wie ein Kind und lassen uns auch genauso beeinflussen. Wenn wir krank sind oder starken negativen Emotionen unterliegen, auch in Situationen körperlicher oder geistiger Überbeanspruchung oder wenn wir nahe daran sind, das Bewußtsein zu verlieren, ist unser Verstand teilweise ausgeschaltet: Unser Unbewußtes nimmt alles auf, was in Hörweite gesagt wird, und registriert es.

Seit Hippokrates kennt jeder gute Arzt den therapeutischen Wert von Vertrauen und Hoffnung und weiß, wie gefährlich es sich für einen Kranken auswirken kann, wenn dieser irgendein hingeworfenes Wort falsch auslegt, das womöglich in bester Absicht ausgesprochen wurde.

Nehmen wir beispielsweise eine Frau, die kurz vor einer Operation steht. Es ist keine schwerwiegende Operation, doch die Patientin macht sich Sorgen. Die Wirkung der Betäubungsmittel hat schon eingesetzt. Ein wohlmeinender Pfleger versichert ihr: «Sie brauchen sich keine Sorgen zu machen – in weniger als zwei Stunden ist alles vorbei.»

Was kann an dieser Bemerkung falsch sein? Wenn die Frau bei vollem Bewußtsein gewesen wäre, hätte sie diese Worte wahrscheinlich beruhigend gefunden. Doch sie ist nicht mehr bei vollem Bewußtsein; Krankheit und Furcht haben dem Unbewußten den Weg freigemacht, und sie nimmt alles ganz wörtlich. «In weniger als zwei Stunden ist alles vorbei!» Für das Unbewußte heißt das, in weniger als zwei Stunden ist *für mich* alles vorbei – in zwei Stunden *bin ich tot!* Alles vorbei ... Alles vorbei ... Mit diesem trüben und schwächenden Gedanken wird sie in den Operationssaal gebracht.

Zum Glück spricht sie mit dem Narkosearzt über ihre Befürchtungen, der sie sofort begreift und mit sorgfältig abgewogenen und beruhigenden Worten beruhigt.

Jeder gute Narkosearzt kennt die Wirkung, die Worte auf einen ängstlichen, halbbetäubten oder schon ganz betäubten Patienten haben können. Man weiß heute, daß das Hörvermögen noch lange, nachdem das Schmerzempfinden betäubt ist, weiterbesteht. Dr. Milton J. Marmer, ein Narkosearzt in Los Angeles, hat diesen Tatbestand in seinem

Buch *Hypnosis in Anesthesiology* erklärt. Eine Operation ist ein besonderer Fall von körperlicher und geistiger Anspannung. Und das trifft, wenn auch in geringerem Maße, auf andere extreme Situationen ebenfalls zu, beispielsweise bei Schmerzen, Überanstrengungen, in Schocksituationen.

Überleg dir einmal, was du in solchen Fällen laut von dir gibst; überlege dir die möglichen Doppeldeutigkeiten; überleg dir, welchen Eindruck deine eigenen Worte auf dich selbst haben würden: «Schlüpfe in die Haut des anderen».

Einige Beispiele:

Wenn man sich über seine Kinder ärgert, über den eigenen Mann, über die eigene Frau, sagt man etwa: «Von dir habe ich auch nichts anderes erwartet!»

Zu einem Menschen, der gerade irgendeine Panne erlebt hat, einen Fehlschlag, eine Niederlage: «Das sieht dir ähnlich; dir passieren ja immer solche Sachen! Du hast IMMER *Pech!»*

«Immer vergißt du deine Lektionen!»

«Du kannst dich ja nie an etwas erinnern!»

«Du bist ja wirklich ein Unglücksrabe!»

Laß diese Sätze einmal tief in dich eindringen – probier ihre Wirkung an dir selber aus – «Schlüpfe in die Haut des anderen».

Diese Anleitung ist denkbar einfach: Sag so etwas niemals IN GEGENWART VON VERLETZTEN, KRANKEN, AUFGEWÜHLTEN, OHNMÄCHTIGEN ODER SCHLAFENDEN MENSCHEN, GANZ GLEICH WIE ALT SIE SEIN MÖGEN. Sag überhaupt nichts.

Schweigen kann großartig sein, besonders in Gegenwart eines Menschen, mit dem man sich gut versteht und zu dem man ein gutes

Verhältnis hat. Aber es gibt auch Menschen, bei denen Schweigen Alarm auslöst. Denen tut es gut, wenn man sie tröstet und ihnen Mut macht. Kinder und Erwachsene, die in Schwierigkeiten sind, wollen wissen, daß jemand sich um sie kümmert und daß Hilfe in der Nähe ist. Manchmal sind Worte tatsächlich sehr wohltuend. Sprich in einem solchen Fall sehr wenig und deutlich und sag nur Dinge, die unmißverständlich sind.

Am besten ist es, wenn du fragst: «Was ist passiert?»

Ich möchte dich jedoch warnen: Vielleicht bekommst du eine wütende Antwort. Die Wut richtet sich nicht gegen dich – du bist nicht gemeint. (Dies ist eine weitere Gelegenheit, dich und deine Muskeln an jene Anleitung zu erinnern!) Laß dir von dem betreffenden Menschen alles erzählen, was er dir erzählen will. Gib keinen Kommentar dazu; hör lieber zu.

Wenn die Frage «Was ist passiert?» nicht ganz zur Situation paßt und es für den betreffenden Menschen am besten ist, nicht darüber zu reden, dann tröste ihn mit einigen Worten, die unter keinen Umständen falsch aufgefaßt werden können, beispielsweise:

«Es wird alles wieder gut.»

«Damit wirst du sicher fertig.»

«Das passiert nicht noch einmal.»

«Das bringen wir schon in Ordnung.»

«Das ist nicht so schlimm wie es aussieht.»

«Das ist nicht schlimm.»

«Das geht vorüber.»

Es ist gut, mehr als eine Anleitung zur selben Zeit auszuführen. Die Anleitungen unterscheiden sich grundlegend voneinander, sie sind so widersprüchlich wie unsere eigenen Stimmungen, Wünsche und Bedürfnisse. In der einen heißt es: «laß dich fließen und tu nichts», in der nächsten: «tu sofort etwas»; die eine fordert dich auf: «sei vollständig dich selbst», die nächste aber «schlüpfe in die Haut des andern». Wenn du mehr als einer Anleitung folgst, klärst du mehr als eine deiner vielen Facetten.

20
LIED OHNE WORTE

Worte sind gute Diener, doch schlechte Meister. Viele von uns sind zu Sklaven von Worten geworden, und wir sind uns ihrer Tyrannei nicht einmal bewußt. Wir tun alles, wozu die Worte uns auffordern. Wir werden zu dem, wozu sie uns verführen wollen. Wir fühlen, was zu fühlen sie uns gebieten, und fast nie sind es unsere eigenen Worte, sondern sie stammen von anderen Menschen.

Wir benennen alles mit Worten, und zwar ohne Unterschied. Wir wenden das Wort *Liebe* auf unser Gefühl für den geliebten Menschen an, aber auch auf ein Kleid, ein Getränk, auf Gott oder auf unser neues Auto. Häufig fällt es uns schwer, einen schönen Sonnenuntergang zu betrachten, ohne daß wir in laute Worte ausbrechen, wie schön er ist.

Aber außer dem Lärm der Worte, den wir selbst verursachen, hämmert fortgesetzt der Wortlärm auf uns ein, der für unsere moderne Welt so typisch ist. Aldous Huxley schrieb in *Die ewige Philosophie:*

«Das 20. Jahrhundert ist unter anderem auch das Zeitalter des Lärms. Physischer und geistiger Lärm; überhaupt der Lärm des Habenwollens – hier halten wir den Rekord in der Geschichte. Und das ist kein Wunder: Denn alle Mittel unserer fast ans Wunderbare grenzenden Technologie wurden in die Schlacht gegen die Stille geworfen. Die populärste und einflußreichste aller neueren Erfindungen, das Radio (und seit er das geschrieben hat, gibt es zusätzlich noch das Fernsehen), ist nichts als ein Kanal, durch den vorfabrizierter Lärm in unsere Heime strömen kann. Und dieser Lärm dringt natürlich tiefer vor als nur bis zum Trommelfell. Er beeinflußt und zerstreut den Verstand – mit Nachrichten, sinnlosen Informationshäppchen, mit aufreizender oder sentimentaler Musik, immer wieder gebrauchsfertig servierten Dramen, die keinerlei Läuterung bewirken, sondern nur das ständige Verlangen nach neuen, sofort genießbaren Zerstreuungen. Und wo, wie in den meisten Ländern, die Rundfunkanstalten davon leben, daß sie Reklamezeiten verkaufen, da wird der Lärm von den Ohren über die Phantasie, den Intellekt und das Gefühl bis ins Mark des Ego gesenkt und erzeugt nur neue Bedürfnisse, neue Wünsche.»

Hier folgt nun eine Anleitung, um das «Mark des Ego» von der Tyrannei der Worte und der blumigen Etiketts zu befreien. Ein Etikett liefert scheinbare Einordnungen für die Erfahrungen, ordnet sie in Schubladen ein. Aber das wirkliche Leben läßt sich nicht in Schubladenfächer einordnen.

Mit Hilfe dieser Anleitung kannst du das Wunder unmittelbarer Erfahrung, direkten Gefühls und direkter Empfindung ohne Zuhilfenahme von Worten neu entdecken. Beiß, schmecke, kose, küsse, höre, siehe, fühle und erfahre – innerlich dabei vollkommen schweigsam.

Inneres Schweigen ist Schweigen ohne Worte. Denn auch Schweigen kann vor unausgesprochenen Worten dröhnen. Unser sogenanntes Schweigen ist meist mit Namen, Zahlen, Daten, Orten und Aufgaben ausgefüllt, an die wir uns gerade erinnern müssen. Wir lassen vergangene und imaginäre zukünftige Dialoge in uns ablaufen.

Inneres Schweigen kann dir helfen, Ruhe zu finden. Es kann dein Vergnügen steigern, deine Schmerzen besänftigen.

Wenn du nach der folgenden Methode trainierst, macht Übung dich zum Meister.

Zieh dich irgendwohin zurück, wo du allein und ungestört bist. Mach es dir bequem, setz dich oder leg dich hin.

Fühle, was im Augenblick in dir ist. Wenn du willst, fühle auch eines der Gefühle, die dich in letzter Zeit gequält haben.

Gib dem Gefühl keinen Namen. Belaste es nicht mit Worten.

Laß dich vollkommen davon erfüllen. Laß dich ganz davon durchdringen. Doch beobachte es, als wärst du ein Außenstehender.

Setz oder leg dich in innerem Schweigen hin, laß das Gefühl wie einen Strom aus Schweigen, wie ein Lied ohne Worte durch deinen Körper ziehen.

Wenn dabei Erinnerungen auftauchen – Gesichter, Orte, vergangene Ereignisse –, misch dich nicht ein. Dräng sie nicht beiseite und dring auch nicht weiter in sie vor. Betrachte sie einfach nur und laß sie vorüberziehen.

Das Gefühl, das du dabei erfährst, läßt sich nicht benennen. Es gibt keine Worte dafür und du sollst dich auch gar nicht bemühen, welche zu finden. Beobachte es nur, wie du einem Kätzchen beim Spielen, Herumspringen und Herumwälzen und Herumpurzeln zusehen würdest. Doch nicht alle unsere Stimmungen sind so verspielt. Wenn wir manchmal in uns hineinsehen, dann bemerken wir etwas, das eher einem gereizten Stier gleicht. Dann sieh dir diesen Stier an! Seine Gewalttätigkeit, seine Kraft, Brutalität, seine Großartigkeit und seine Verzweiflung.

Du bist der Beobachter. Du beobachtest das Gefühl, ob es nun freundlich oder gewalttätig, gut oder schlecht, schön oder häßlich ausfällt, als wäre es nicht dein eigenes, sondern als wäre es «dort draußen» und nicht «in dir drinnen». Du siehst zu, wie es durch dich hindurch und an dir vorbeifließt.

Wie stark das Gefühl ist und wie es beschaffen ist, hat hierbei keinerlei Bedeutung.

Du beurteilst es nicht, du hast keine Meinung darüber.

Du vergleichst es nicht und wägst es nicht ab, du stimmst ihm weder zu, noch lehnst du es ab.

Du sitzt einfach da und gestattest dem namenlosen Gefühl, es selbst zu sein, bis es sich zwangsläufig in etwas anderes verwandelt oder verschwindet.

Wenn du dich mit dieser Anleitung gut vertraut gemacht hast, wirst du mit Schmerzen besser fertig werden. Nimm zur Übung einen leichten Schmerz und gehe folgendermaßen vor:

Erkenne den Schmerz an. Er ist da.

Mach dir jedoch klar: Du selbst bist nicht der Schmerz.

Leugne sein Vorhandensein nicht. Doch da du weißt, daß du selbst nicht der Schmerz bist, kannst du ihn beobachten, betrachten, seinen Verwandlungen zusehen.

Sondere dich von ihm ab, sieh ihm als Zuschauer zu.

Sage dir: «Da ist ein Schmerz. Ich bin nicht dieser Schmerz.» (Eine weitere Anleitung zu diesem Thema heißt «Prajña JETZT».)

Sobald du dich von dem Schmerz absondern kannst, bist du auf dem Weg zur Linderung. Wahrscheinlich wirst du in einen heilenden, befreienden Schlaf sinken.

Ehrlichkeit sich selbst gegenüber ist eine wesentliche Voraussetzung, um diese Anleitungen erfolgreich zu praktizieren. Sei also ganz aufrichtig beim Üben. Der erste Schritt ist die Erkenntnis, daß du kein statisches, sondern ein lebendiges und dynamisches Wesen bist, das zur Selbsterforschung in der Lage ist und sich ändern kann.

21

RE-HÖ-HA

Nein, das ist nicht irgendeine Abkürzung. Es ist etwas Unmittelbares und Nützliches, und es steht Dir jederzeit zur Verfügung. Re-Hö-Ha ist die Abkürzung für «Reden-Hören-Handeln».
Re – wir reden mit uns selbst.
Hö – wir hören uns selbst zu.
Ha – wir handeln entsprechend.

Re-Hö-Ha ist eine unserer machtvollsten Fähigkeiten. Soweit wir wissen, ist sie ausschließlich menschlich. Tiere hören auf ihre Sinne, auf ihren Instinkt, und richten sich danach. Sie gehorchen, domestiziert und trainiert, auch unseren Befehlen. Sie folgen ihren körperlichen Bedürfnissen und gehorchen ihnen, während wir diese direkten Informationen, die Instinkte, nur allzu oft ignorieren. Statt dessen hören wir auf unsere inneren Befehle, ob sie nun vernünftig sind oder nicht, und befolgen sie.

Wir reden, hören und handeln ganz automatisch, häufig unbewußt und manchmal mit katastrophalen Folgen. Wir reden fast ununterbrochen, denn wenn wir nicht gerade laut sprechen, so tun wir es doch in Gedanken. Wir selbst sind unsere besten Zuhörer; wir hören niemals auf. Selbst wenn wir schlafen, scheint manches darauf hinzudeuten, daß ein Teil von uns noch weiterredet und ein anderer Teil zuhört. Wir sind vierundzwanzig Stunden, Tag und Nacht, unser eigenes Publikum.

Unser Re-Hö-Ha wird auch von unseren Mitmenschen umgesetzt, wie auch wir auf ihre Hinweise hin handeln. Die modernen Verkaufsmethoden machen sich in schlauer Weise die menschliche Beieinflußbarkeit zunutze, man denke nur an das wehrlose Publikum vor dem Fernsehapparat.

Re-Hö-Ha macht uns auch für das Böse zugänglich. Hitler hat gezeigt, daß die Manipulation des Verstandes durch ständiges Wiederholen rhythmischer Schlagworte zum Massenmord führen kann. In seinem Roman *Eiland* hat Aldous Huxley die Möglichkeiten dieser Kraft aufgezeigt, wenn sie einmal zum Nutzen der Menschheit eingesetzt wird.

Ein eindringliches Beispiel für die enorme Wichtigkeit von Re-Hö-Ha ist jene Frau, die in den ersten sieben Jahren ihres Lebens auf seine Vorteile verzichten mußte – Helen Keller. Bis zum Alter von sieben Jahren wußte das blinde und taube Mädchen nicht, daß es überhaupt so etwas wie Wörter gibt, geschweige denn, daß man sie aussprechen, hören und sehen kann; sie war wie ein rohes, einsames und wildes Tier in Einzelhaft. Ihre einzige Beziehung zur Außenwelt bestand im Berühren und Schmecken. Doch dann geschah etwas Außergewöhnliches.

«Ich ging mit meiner Lehrerin Anne Sullivan den Pfad zum Pflegeheim entlang. Wir waren vom Duft des Geißblattes fasziniert, der uns zur Brunnenstube lockte, die davon ganz überwuchert war. Jemand hatte das Wasser angestellt, und meine Lehrerin hielt meine Hand unter den Wasserstrahl. Während das kühle Naß sich über die eine Hand ergoß, buchstabierte mir Anne in die andere das Wort *Wasser*, erst langsam, dann schnell. Ich stand regungslos da, meine ganze Aufmerksamkeit richtete sich auf die Bewegung ihrer Finger. Plötzlich überfiel mich das geheimnisvolle Bewußtsein von etwas Vergessenem, die Erregung über einen wiederkehrenden Gedanken, und irgendwie enthüllte sich mir das Geheimnis der Sprache. In diesem Moment wußte ich, daß *Wasser* jenes wundervolle, kühle Etwas war, das über meine Hand lief. Jenes lebendige Wort weckte meine Seele, erfüllte sie mit Licht, Hoffnung und Freude und befreite sie.»

Im Gegensatz zu Helen Keller kommt die Mehrheit der Kinder mit der angeborenen Fähigkeit zum Erlernen und Verstehen von Sprache auf die Welt. Wir benutzen Sprache auf vielerlei Art und Weise: Um unsere Erfahrung in vernünftiger Weise zu organisieren; um mit anderen Menschen in Verbindung zu treten; und mit uns selbst zu reden – kurz, um Gebrauch von unserer Re-Hö-Ha-Fähigkeit zu machen. Der Mensch ist ein vielschichtiger Organismus mit gewaltigen und breitgestreuten Fähigkeiten, die er oft brachliegen läßt. Wir können uns entscheiden, welche unserer Fähigkeiten wir bis zu einem Höchstmaß entwickeln und welche wir verkümmern lassen wollen. Re-Hö-Ha ist ein wirksames Mittel dafür.

Wenn wir Re-Hö-Ha klug einsetzen, können wir auch in äußere Situationen eingreifen, denn Situationen haben fast immer etwas mit *unseren* Gefühlen, Worten und Handlungen zu tun, die durch Re-Hö-Ha direkt beeinflußt werden können. Zunächst einmal müssen wir die Macht von Re-Hö-Ha begreifen, dann können wir uns entscheiden, wie wir es nutzen wollen, statt *von ihm* ausgenutzt zu werden.

Angenommen beispielsweise, ich wäre häufig müde. Es hat nicht viel Sinn, wenn ich mir einrede, ich sei frisch und energisch, wenn das offensichtlich nicht den Tatsachen entspricht. Wenn ich mir andererseits vorhalte «Ich bin immer müde», dann fördere ich nur diesen Zustand, der wahrscheinlich doch nur vorübergehend ist. Es ist also besser, wenn ich meine Re-Hö-Ha-Kraft so einsetze, daß meine Müdigkeit nicht stärker, sondern geringer wird. Anstatt zu sagen: «Ich bin immer müde», sollte ich mir sagen: «Ich kann mich vollkommen ausruhen.»

Ein weiteres Beispiel: Es gibt Menschen – vielleicht kennst du einen –, die irgendwie zu der Überzeugung gelangt sind, daß niemand sie mag. Ein solcher Mensch kann wirklich unleidlich sein. Er sagt sich also: «Niemand mag mich!» Jeder neuen Bekanntschaft gegenüber ist er abwehrend, widerborstig, als wollte er damit sagen:: «Du wirst mich sowieso nicht mögen, also sorge ich auch dafür, daß du Grund dazu hast!» Auf diese Weise gibt er den Antipathien gegen seine Person neue Nahrung und kann also weiterhin behaupten: «Niemand mag mich.» Wenn er einmal seine Lage realistisch betrachtete, würde er sicherlich dahinterkommen, daß er selbst es ist, der sich die möglichen Sympathien verscherzt. Wenn er *seine* Haltung den Menschen gegenüber änderte, würden auch die Mitmenschen *ihre* Haltung ihm gegenüber ändern. Ein Moment der Selbsterkenntnis würde ihm also zeigen, daß an seiner gegenwärtigen Einsamkeit zum größten Teil das eigene destruktive Re-Hö-Ha die Schuld trägt

Diese Anleitung ist ein Vorschlag, wie man unsinniges Reden durch sinnvolles Reden ersetzen kann. Zwar ändern wir uns laufend, aber es liegt in unserer Macht, diese Veränderungen zu beeinflussen und zu steuern. Wohl läßt sich manches in unserem Leben nicht mehr ändern, doch wir können unsere Einstellung zu diesen Fakten modifizieren. Re-Hö-Ha ist immer funktionsbereit, entweder für uns oder aber gegen uns.

Sich zu lange zuviel Unsinn einzureden wird fast immer seine Spuren hinterlassen. Man muß den selbstzerstörerischen Wiederholungen Einhalt gebieten und sich mit problematischen Situationen aufrichtig auseinandersetzen. Nur so kann man schöpferischer damit umgehen und konstruktive Wege beschreiten, ohne die Wahrheit zu verzerren.

Diese Anleitung hat zweierlei zum Ziel:

Sie will den Automatismus durchbrechen, wonach wir uns ständig Wortklischees mit negativen Folgeerscheinungen einreden.

Sie will klarstellen, daß wirkliches Leben nicht statisch, sondern fließend ist und daß man es verändern kann.

Die Anleitung stimmt in manchen Punkten mit anderen Methoden der positiven Selbstveränderung überein. Soviel ich weiß, unterscheidet sie sich aber in folgenden Punkten davon:

In dieser Anleitung benutzen wir nicht nur Worte, sondern auch Musik, Rhythmus, und – was sehr wichtig ist – Muskeln.

Meine Anleitung fordert dich auf, die unmittelbare Realität nicht zu leugnen.

Nehmen wir ein extremes Beispiel: Ich hasse einen Menschen, behaupte aber, daß ich ihn liebe. Das erzeugt in meinem Inneren einen schrecklichen Konflikt. Stell dir einmal vor, was mit deinem Auto passieren würde, wenn du mit aller Kraft aufs Gaspedal und gleichzeitig auf die Bremse treten würdest. Der Wagen wäre wahrscheinlich völlig ruiniert. Uns macht es vielleicht nicht ganz kaputt, aber sicher haben wir dann keine Energie mehr, um das häßliche Gefühl zu überwinden. Es ist keine spirituelle Leistung, zu sagen, daß ich liebe, wenn ich hasse, es ist aber sehr wohl eine spirituelle Leistung, dieses Gefühl zuzugeben und zu sagen: «Ich tue alles, was ich kann, um den Haß durch Verständnis und Rücksicht zu ersetzen.» Es ist eine spirituelle Leistung, den verhaßten Menschen nicht zu verurteilen. Es ist eine spirituelle Leistung, dem verhaßten Menschen nicht durch Taten, Gedanken oder Worte Schaden zuzufügen. Und es ist natürlich eine spirituelle Leistung, dem verhaßten Menschen etwas Gutes anzutun; das kann den Haß sogar augenblicklich auflösen.

Bei dieser Anleitung müssen wir aufpassen, daß wir uns nicht selbst betrügen. Ausgeglichene Menschen sind wahrscheinlich nicht mehr als andere mit Intelligenz, Charakter und Talent ausgestattet; nur *betrügen sie sich weniger.*

Was du auch vervollkommnen willst, sei es deine Gesundheit, deine Fähigkeit, mit anderen Menschen auszukommen, dein Gedächtnis oder deine Schlagtechnik beim Golf, die Methode ist immer dieselbe: Du benutzt dazu immer dein Re-Hö-Ha.

Halte dich an folgende Anleitungen:

Stelle eine Liste von Charakterzügen oder Verhaltensmustern oder Arbeitsweisen auf, die du verändern möchtest. Fast alles kann verändert werden, außer unveränderbaren Tatsachen: wenn du beispielsweise braune Augen hast und lieber blaue hättest, so werden sie auch durch das ausdauerndste Re-Hö-Ha nicht blau werden. Du kannst aber deine Einstellung zu deinen braunen Augen ändern und dankbar für sie sein.

Befasse dich jeweils nur mit einer Veränderung. Bleib dabei, bis du Erfolg hast. Erst dann wende dich der nächsten zu. Versuche nicht, zwei Dinge gleichzeitig zu verändern.

Kleide das, was du erreichen willst, in einen Satz. Sage nur Dinge, die möglich sind.

Sage sie in der Gegenwarts-, nicht in der Zukunftsform.

Mit unserem Re-Hö-Ha beeinflussen wir unser Unbewußtes, das nicht argumentiert, kritisiert oder auswählt, sondern ganz wortwörtlich gehorcht. Wenn du beispielsweise sagst: «Von morgen an will ich diese oder jene Gewohnheit aufgeben», dann verschiebst du diesen Vorsatz auf ein ewiges Morgen. Dasselbe geschieht mit so vielen guten Vorsätzen: Sie gelten immer erst ab morgen! Doch wenn du sagst: «Hier und jetzt beschließe ich...» dann bekommt der Vorsatz sofortige Wirksamkeit.

Der Impuls, etwas zu ändern, geht vom Bewußtsein aus, sinkt ins Unbewußte und kommt wieder ins Bewußtsein zurück, in einem ewigen fröhlichen Karussell; konstruktiv oder destruktiv, ganz wie du willst. Wenn du dir einen Satz ausdenkst, kann es hilfreich sein, wenn du dir überlegst, wie du zu einem Kind sprechen würdest. Angenommen, du wolltest deine Schüchternheit überwinden: wie würde der überzeugendste, logischste, bejahendste Satz lauten, den du einem Kind beibringen würdest, um es von *seiner* Schüchternheit zu befreien? Benutze diesen Satz dann für dich! Brauche Wörter aus deinem alltäglichen Wortschatz. Bilde einen kurzen, eindeutigen Satz, der dir ganz natürlich vorkommt und an den du dich vielleicht erinnern kannst.

Mit Re-Hö-Ha kann man sich mit «du», «ich», mit dem eigenen Vornamen oder auch direkt anreden, indem man die Betonung auf die Handlung legt und «es» sagt. Zum Beispiel: «Es wird besser.»

(Zur Erklärung: In den ersten Jahren der Kindheit sprechen wir von uns häufig nicht als «ich», sondern in der dritten Person – «Mary möchte ein Bonbon», und diese Gewohnheit aus der Kindheit setzt sich bei vielen unbewußt auch später fort. Beim bewußten Umgang mit Re-Hö-Ha müssen wir die Möglichkeit in Betracht ziehen, daß wir uns noch immer mit dem Namen identifizieren, der für uns in der Kindheit benutzt wurde. Das kann auch ein Kose- oder Spitzname sein.)

Wenn du einen Satz gefunden hast:

Suche dir eine rhythmische Melodie aus und singe den Satz im Rhythmus dieser Melodie.

Sing den Satz laut, wenn du allein bist, oder leise, wenn nicht.

Sing den Satz rhythmisch zu den Bewegungen, die du bei einer Muskelübung machst, beispielsweise beim Anspannen deiner Bauchmuskeln, oder wenn du läufst, Seil springst, Eier schlägst, ruderst, auf einen Punchingball einschlägst – eben bei jeder Handlung, die sich rhythmisch ausführen läßt.

Wiederhole den Satz mit Musik, in Gedanken oder leise.

Wiederhole nicht nur die Worte, sondern auch die Körperbewegungen, in dem Rhythmus, für den du dich entschieden hast. Spanne schlaffe Muskeln an, während du den Satz rhythmisch wiederholst.

Wiederhol ihn, wenn du dich tagsüber ausruhst und entspannst und, das ist wichtig, bevor du abends einschläfst. Wenn du dich ausziehst oder entspannst oder schlafen gehst, solltest du den Satz nicht singen, ihn vielleicht nur stumm oder leise mit einem gleichmäßigen, monotonen Murmeln wiederholen, bis du eingeschlafen bist.

Der Zeitraum zwischen Wachen und Schlafen ist für den Einsatz von Re-Hö-Ha sehr wichtig. Dann haben wir noch Kontakt zu unserem Bewußtsein, spinnen aber bereits Fäden zum Unbewußten. Das Unbewußte kritisiert nicht und ist auch nicht selektiv, sondern aufnahmebereit und offen für alle Suggestionen. Es ist neutral wie ein Tonband. Das Unbewußte nimmt alles auf. Deshalb sollten die Worte, die du dir sagst, *klar, direkt* und *konstruktiv* sein und keinerlei Mißverständnisse aufkommen lassen.

Sing den Satz, wenn du morgens aufwachst und dich anziehst. Singe ihn, wenn du zur Arbeit, zum Einkaufen, zu einem Rendezvous oder sonst einer Verabredung gehst.

Wenn man den Satz varriiert und zu verschiedenen Zeiten vor sich hin sagt, erreicht man seinen Körper auf verschiedenen Ebenen:

Wenn wir Worte und Muskeln rhythmisch synchronisieren, beeinflussen wir unser physisches Selbst.

Wenn wir in einem entspannten Zustand zu uns sprechen und uns dabei zuhören, dann erreichen wir jene Stufe des eigenen Wesens, wo die Tagträume stattfinden.

Wenn wir im Grenzbereich zwischen Wachen und Einschlafen mit uns reden, erreichen wir die tieferen Schichten unserer Psyche und können ihr Anweisungen erteilen.

Dieses Vorgehen auf verschiedenen Ebenen gleichzeitig ist äußerst wirksam. Es ist übrigens genauso wirksam, ob es nun im guten oder schlechten Sinn gehandhabt wird.

Wichtig ist dabei, daß man klar und deutlich, unmißverständlich und positiv mit sich spricht und sich nie Dinge sagt, die doppeldeutig und NICHT WAHR *sind.*

Sobald dein Re-Hö-Ha dich mit einem Karussell negativer Annahmen beeinflussen will, ersetze diese sofort durch deinen ausgewählten positiven Satz.

Wenn möglich, atme ein paarmal langsam und tief durch, bevor du den Satz wiederholst.

Die Atemübung, die ich auf Seite 43 vorgeschlagen habe, ist deshalb so wichtig, weil du dich dabei aufs Atmen konzentrieren mußt, wodurch dem unbewußten Re-Hö-Ha automatisch Einhalt geboten wird. Außerdem macht sie dein Körper-Bewußtsein aufnahmebereit und trägt dazu bei, daß deine Selbstanweisungen sehr viel wirksamer werden.

Dr. Rolf Alexander macht in seinem Buch *Creative Realism,* in dem das Thema dieser Anleitung ausführlich behandelt wird, den Vorschlag, den Satz auf einen Zettel zu schreiben und nachts mit einem Gummiband am Handgelenk zu befestigen.

Hier einige Beispiele für Sätze, die dir helfen können, den für dich passenden zu formulieren:

Es fällt dir immer leichter, Entscheidungen zu treffen.
Es macht immer mehr Spaß, neue Leute kennenzulernen.
Höre *jetzt* auf, Unsinn zu reden.
Veränderung ist möglich.

Das verändert sich.
Ich kann mich verändern.
Verändere (deine Einstellung) *jetzt.*
Hier und Jetzt beschließe ich, zu ...
Höre *jetzt* damit auf.
Fange *jetzt* an, zu ...
Du brauchst das (die Zigarette, das Glas Wein, das Bonbon) nicht.
__________ (dein Rufname) schafft das.

Unser Re-Hö-Ha ist mächtig, aber kein Allheilmittel. Benutze diese Anleitung mit anderen zusammen, um eine vollständigere Wirkung zu erzielen. Hinweis: Wenn du feststellen willst, wie effektiv diese Methode ist, probier sie mit einem Kind aus. Bei einem Kind wirkt alles schneller. Nach kurzer Zeit schon wirst du die Wirkung feststellen.

Geh nach der folgenden Methode vor:

Wenn du dein Kind zu Bett bringst, laß es einen Satz wiederholen. Ein solcher Satz, den mir eine liebevolle, kluge Mutter verriet, lautete folgendermaßen: «Es macht Spaß, gut und glücklich zu sein und andere glücklich zu machen.»

Es ist nicht etwa nötig, die Anleitung oder den dahinter verborgenen Sinn mit dem Kind zu besprechen. Achte vielmehr darauf, im Beisein des Kindes *nicht* darüber zu sprechen. Das Kind soll denken, es sei ein amüsantes Spiel, das du vor dem Schlafengehen und nach dem Erwachen mit ihm spielst. Zuerst sagst du den Satz gemeinsam mit dem Kind; es wird ihn schon bald auswendig können; selbst wenn es noch nicht richtig sprechen kann, laß es den Satz sagen, je jünger, desto besser. Verbring ein paar Minuten am Bett deines Kindes, spiel ruhig und schläfrig das Spiel, gut und glücklich zu sein und andere glücklich zu machen. Spiel dasselbe Spiel mit Schwung, wenn das Kind morgens aufwacht.

Re-Hö-Ha ist außerordentlich wirkungsvoll bei Kindern. Achte darauf, *wie du* damit umgehst, wenn deine Kinder in der Nähe sind.

[1] Harper and Row, 1962

Denke nicht, die Anleitungen
seien entweder für deinen Geist,
deine Seele oder
deinen Körper bestimmt.
Sie sind es für dich,
als ungeteilte Einheit.

22
SEI EIN TIER

Geh in ein Zimmer, in dem du eine halbe Stunde oder auch länger allein und ungestört sein kannst.

Nimm etwas Einfaches zum Essen mit, Obst oder Brot, aber ohne Messer, Gabel und Löffel.

Zieh dich nackt aus und
sei ein Tier.

Du kannst heute bezaubernd und sinnlich wie eine Taube sein wollen oder unbesiegbar wie ein Tiger und deinen Gegner verschlingen. Du kannst eine Gazelle sein, flink und scheu, ein drolliger, plumper Bär oder ein gutmütiger Elefant. Oder möchtest du heute lieber eine Schlange sein? Wie gut es deiner Wirbelsäule tut, wenn du dich geräuschlos und lauernd durch den Urwald schlängelst! Möchtest du ein Kolibri sein, der in der Luft schwebt, pfeilschnell schwirrt und auf wunderbare Weise das Gleichgewicht hält, während er Nektar aus einer Blüte saugt?

Ist das Meer dein Element? Du kannst ein riesiger, fauler Wal sein, der langsam und majestätisch die See durchpflügt – oder ein sagenhafter Delphin, der sich spielerisch in den Wassern tummelt. Vielleicht bist du auch gerade in der Stimmung, ein Hai zu sein. Dann *sei* ein Hai! Sei hier, in deinem privaten Reich, ganz bewußt ein Hai – das ist auf jeden Fall besser, als wenn du es draußen in der Welt voller Menschen unbewußt bist.

Alle Lebewesen auf dem Land, im Wasser und in der Luft stehen dir zur Verfügung, Tiere aus der Vergangenheit, der Gegenwart und der Zukunft. Du kannst ein prähistorisches Tier sein oder eins aus der Gegenwart, aus der Zukunft, von einem ganz anderen Planeten. Deiner Phantasie sind keine Grenzen gesetzt. Du hast die Wahl.

Entscheide dich für eins der abertausend Lebewesen, das deiner Laune gerade entspricht.

Werde dieses Tier.
Ahme seine Laute nach.
Mache all die Laute, die dein Tier macht.
Versetz dich in seine Gefühlswelt.
Fühle, wie es fühlt.
Wie es denkt.
Friß, wie es frißt.

Grab dich in die Erde ein, tauche in die See. Schwing dich in die Lüfte empor. Klettere, schwebe, krieche, tarne dich, hüpf und fliege! Du bist eines der Geschöpfe der Natur. Sei das Tier, das du gerne bist, das du sein möchtest!

Und nun verwandle dich in eins der verhaßten und verachteten Tiere.
Sei ein Tier, das Furcht einflößt.
Kämpfe mit deinem Feind. Vernichte ihn. Friß ihn auf.

Kinder geben sich diesem Spiel mit dem größten Vergnügen und ganz selbstverständlich hin. Spiel es mit ihnen, aber nur, wenn du dich zwanglos hineinfinden kannst. Zwing den Kindern keinesfalls deine eigenen Hemmungen auf. Du darfst nicht überrascht sein, wenn die Kinder starke, wilde Tiere sein wollen; laß sie im Kampf gewinnen; laß dich von ihnen auffressen. Deine Kinder werden sich hinterher wohler fühlen, anhänglicher und auch zärtlicher sein – und dir geschieht dasselbe.

Man kann diese Anleitung auch zu Musik durchführen. Wähle Musik, die zu dem betreffenden Tier und zu deiner Stimmung paßt.

Die Anleitungen zeigen dir den Weg zur Selbsterkenntnis, und von der Selbsterkenntnis dazu, dein Leben selbst in die Hand zu nehmen. Aber lies sie nicht nur. Tu und sei sie.

23
EISWÜRFEL IM FLUSS

Auch fließende Gewässer können zu Eis erstarren. Selbst die Niagarafälle gefrieren, wenn die Temperatur tief genug gesunken ist. Dasselbe gilt auch für das Leben. Wenn man seine Temperatur zu tief absinken läßt, beginnt es zu gefrieren. Im Leben eines jeden gibt es kleine, gefrorene Bereiche, wie Eiswürfel.

Man verändert sich unablässig wie ein fließendes Gewässer in einer sich ständig wandelnden Welt. Alles Festgelegte, Unveränderliche und Gefrorene ist ohne Leben. Die wahre Natur des Lebens ist seine Mobilität, seine Veränderlichkeit und Flexibilität. Ein gefrorener Fluß kann nicht mehr fließen. Ebenso blockieren oder behindern die Froststellen in uns selbst den ungehemmten Fluß unseres eigenen Lebens. In jedem dieser Eiswürfel ist ein Teil unserer Energie eingefroren, ein Teil unseres Lebenspotentials.

Wie kann ein solcher Eiswürfel in unserem Leben aussehen?

Als siebenjähriges Kind konnte ich einmal die Frage meines Lehrers einfach nicht beantworten, weil ich es im Beisein der ganzen Klasse tun sollte. Damals waren der Klassenraum und die Kinder, die sich an meiner Verlegenheit weideten, und auch der Lehrer, der mir allmächtig wie der liebe Gott vorkam und eine offenbar lebenswichtige Frage gestellt hatte, meine ganze Welt. Ich versagte, und etwas in mir gefror. Jedem einigermaßen empfindsamen Kind wird ähnliches passieren. Ein kleiner Eiswürfel setzt sich fest und wird zum Bestandteil des ganzen Lebens. Selbst nach vielen Jahren beeinträchtigt der Eiswürfel immer noch den Kontakt mit den Menschen, wenn er mich nämlich in jene schrecklich gefrorene, sprachlose Verlegenheit des siebenjährigen Kindes bringt. Brächte man ihn an die Wärme und das Licht des Lebens, dann würde er schmelzen.

Wie kann ein solcher Eiswürfel in unserem Leben aussehen?

Zum Beispiel, ein uns nahestehender Mensch stirbt. Der Tod ist etwas derart Endgültiges, wie kann man ihn akzeptieren? Wie soll das Leben nur weitergehen, wenn ein für uns so wichtiger Mensch nicht mehr da ist? Und so, aus dem Wunsch heraus, mit dem geliebten Menschen zusammen zu sterben, gefriert unbewußt ein Teil von uns, so fest, daß sogar die Tränen versiegen. Tränen aber, die nicht fließen, sind gefrorene Tränen, unsichtbar, schwer und kalt. Manchmal merken wir, daß etwas in uns gefroren und leblos ist, doch oft merken wir es nicht. Manchmal ist nicht nur die Liebe zu dem Dahingegangenen, die uns erstarren läßt, es kann auch Reue sein, weil unsere Liebe gemischt war. Denn oft enthält auch die größte Hingabe ein Gran Verbitterung oder Abneigung – Gefühle, mit anderen Worten, der Nicht-Liebe. Der Tod kann diese widersprüchlichen Regungen in uns gefrieren lassen.

Wie kann ein solcher Eiswürfel in unserem Leben aussehen?

Es kann der weit zurückliegende Augenblick sein, da man als Baby die Arme nach Mama ausstreckte und diese es nicht bemerkte. Oder wo sich das Kind leidenschaftlich nach einer väterlichen Liebkosung sehnte, der Vater sich aber gerade eine Zigarette anzündete. Eine Berührung durch die starke Hand des Vaters hätte hier einem dringenden Bedürfnis nach Sicherheit abhelfen können, aber die Hand rührte sich nicht. Der kindliche Organismus nimmt so etwas automatisch und unbewußt in sich auf – Millionen von Zellen reagieren auf die Liebesverweigerung. Meist geht so etwas schnell vorüber; manchmal jedoch, einer besonderen Situation wegen oder weil die Erfahrung sich häufig wiederholt, gefriert etwas, und als Erwachsener hat der Betreffende dann Schwierigkeiten, seinen Gefühlen freien Lauf zu lassen. Jedesmal, wenn ein herzliches Gefühl sich meldet und ausdrücken will, halten ihn Unbehagen oder eine unbestimmte Versteifung davon ab. Will der Betreffende dann seine Gefühle ausdrücken, tut er es so ungeschickt, daß er – immer wieder – auf Nichtbeachtung, Unverständnis oder Ablehnung stößt.

Wie kann ein solcher Eiswürfel in unserem Leben aussehen?

Ein einziges Wort kann die Ursache sein – ein Wort, das vor langer, langer Zeit in uns gefror. Zum Beispiel das Wort Doktor. Was für ein magisches Wort! Welche Macht in ihm steckt! Vor langer, langer Zeit fiel einmal ein kleiner Junge vom Baum; er war sehr erschrocken, weil er sich dabei verletzt hatte und blutete. Größer als seine Schmerzen und seine Angst war aber die Angst, die er bei seinen Eltern wahrnahm. Schrecklicher als der Anblick seines blutenden Knies war es für ihn, Angst bei einem Erwachsenen, dem sein Vertrauen gehörte, zu sehen. Und dann ruft der allmächtige Erwachsene einen anderen Mächtigen an, den Doktor: «Einen Doktor – wenn wir nur einen finden könnten! Hol einen Doktor – der Doktor kann helfen. Du mußt nett zu ihm sein; der Doktor wird die Sache in Ordnung bringen.» In der Vorstellung des Kindes ist der Doktor der Retter. Das bleibt unbewußt auch beim Erwachsenen so, der auf den Titel «Doktor», nach dem vorgegebenen Schema reagiert, nämlich daß der Doktor Rat weiß, daß er helfen kann. Wenn der Doktor damals nicht gekommen ist oder versagt hat, so führt das zu einer Gegenreaktion – die aber ebenso konditioniert und unrealistisch ist. Ohne weitere Überlegung wird dann das Urteil gefällt, daß jeder, der Doktor ist, entweder unzuverlässig ist oder aber einem nicht helfen kann – und außerdem auch noch Geld verlangt.

Das Wort «Doktor» ist nur eines der *vielen* Wörter, um das sich leicht Eis ansetzt. Alle Wörter aus der Berufswelt oder den gehobenen sozialen Schichten können Ansatzpunkte für eine Verhärtung des Gefühlslebens sein. So zum Beispiel Pfarrer, Minister, Bankier, Graf, Polizist, General, Direktor, Ausschußvorsitzender, usw. Viele Menschen lassen sich nicht nur von Titeln und Positionen einschüchtern, sondern sogar von den imposanten Uniformen, die die damit verbundene Macht symbolisieren.

Zusammenfassend läßt sich sagen, daß Eiswürfel den Energie- und Lebensfluß hemmen; sie verwirren unser Denken, schränken unsere Wahrnehmung ein und vermindern unsere Fähigkeit zu verstehen, uns zu freuen, zu lieben. Sie sind gefühlsmäßige Reaktionen aus der Vergangenheit, die an einer Stelle eingefroren und dort steckengeblieben sind. Zu jener Zeit hatte die Reaktion eine bestimmte Berechtigung. Dieselbe Reaktion ist aber in der Gegenwart vollkommen unsinnig.

Diese Anleitung zielt darauf ab, diese gefrorenen Gefühle aus der Vergangenheit aufzutauen und die darin gefangene Energie für das Leben im Hier und Jetzt freizusetzen.

Eingefrorene Gefühle aus der Vergangenheit zeigen sich auf verschiedene Weise; wir können sie in Gruppen wie etwa die folgenden aufteilen:

Wortsperren	körperliche Sperren
Wahrnehmungssperren	Kommunikationssperren
geistige Sperren	Gefühlssperren

Vielleicht kannst du etwas mit diesen Begriffen anfangen, wenn du diese Anleitung ausprobierst und die «Eiswürfel» in dir zu entdecken suchst; du kannst natürlich auch weitere Kategorien aufstellen, in denen derartige Sperren auftauchen. Schreib sie auf; wahrscheinlich haben sie für dich eine ganz besondere Bedeutung.

Bevor du mit dieser Anleitung beginnst, werde dir über folgendes im klaren und triff eine entsprechende innere Abmachung mit dir:

Erstens, daß du, wie beinahe alle andern, heute darunter leiden oder in deinen Reaktionen eingeschränkt sein kannst, weil ein Teil von dir in einer vergangenen Reaktion eingefroren ist.

Zweitens, daß du in deiner Suche ehrlich sein und allfällige Eiswürfel, auf die du stößt, auflösen wirst.

Das mag dir sonderbar und überflüssig erscheinen; es ist jedoch eine Tatsache, daß wir uns sehr an unsere gefühlsmäßigen Verhaltensmuster gewöhnen und uns nur äußerst ungern von ihnen trennen, auch wenn wir wissen, wie unvernünftig sie sind und wieviel sie uns in vielen Beziehungen kosten.

Hier nun die Anleitung:

Sorge dafür, daß du mindestens eine Stunde lang allein und ungestört an einem ruhigen Ort sein kannst.

Diese Anleitung läßt sich auf zwei Arten durchführen. Wähle die, die dir besser entspricht.

Entweder:

Stelle dir einen dahinfließenden Fluß vor.
Stell ihn dir so lebhaft wie möglich vor.

Schau ihm eine Weile zu, wie er so ruhig und heiter dahinfließt.

Jetzt siehst du, wie einige Eiswürfel vorbeifließen. Hole den nächsten heraus. Ist er unangenehm kalt? Halte ihn einen Augenblick in der Hand, halte ihn ins Licht, und laß ihn dann fallen.

Was hast du in jenem Eiswürfel gesehen? Einen Menschen? Ein Wort? Ein Ereignis? Dich selbst?

Oder:

Denke an eine unerwünschte Stimmung, in die du regelmäßig gerätst, wenn du mit einer bestimmten Person zusammen bist. Denke an eine Reaktion, die in einer bestimmten Situation, oder wenn du bestimmte Worte hörst, immer wiederkehrt. Solche wiederkehrenden Stimmungen oder Reaktionen sind gefrorene Gefühlswürfel.

In beiden Fällen:

Wann hast du jenen Eiswürfel zum ersten Mal erlebt? Erst kürzlich? Vor langer Zeit? Es spielt keine Rolle, wann es war. Durchlebe jenen Moment nochmals, in dem ein Stück Gefühl einfror.

Nimm dir jeweils nur einen einzigen dieser Augenblicke, nur eins der Ereignisse, nur einen der Eiswürfel vor. Erlebe ihn noch einmal voll und ganz. Wiederhole die Wörter, die damit verbunden sind.

Denk nach und sprich sie laut aus.
Denk nach und sieh das Ereignis vor dir.
Denk nach und riech es.

Denk nach und schmeck es.
Erlebe, was du tust.
Erlebe es so intensiv wie möglich.

Nimm wahr, was mit deinem Körper geschieht, wenn du deine Aufmerksamkeit auf jenen Menschen, jene Situation, jenes Wort, jenen Satz oder jenen Vorfall lenkst.

Spürst du, daß deine Muskeln sich dabei verkrampfen?

Spürst du, daß deine Temperatur sich verändert?

Hast du das Gefühl, daß dein Körper überhaupt an deiner geistigen Aktivität mitmacht?

Und jetzt überlaße dich deinen Gefühlen. Bis zu diesem Augenblick hast du nachgedacht und Veränderungen an deinem Körper beobachtet. Jetzt werden deine Gefühle dein Wirklichkeitserlebnis vervollständigen. Wahrscheinlich werden es schmerzliche Gefühle sein; aber laß sie ungehindert zum Ausbruch kommen. Vielleicht willst du weinen, dann weine. Vielleicht willst du lachen, dann lache. Wenn du fluchen willst, fluche. Nur wenn du deinem Gefühl freien Lauf läßt, kannst du das Eis zum Schmelzen bringen. Wenn sich das betreffende Gefühl durch andere Anleitungen, beispielsweise «Der Punchingball» oder «Blubbere dich frei» ausdrücken läßt, dann mache von diesen anderen Anleitungen Gebrauch. Wiederhole diesen Ablauf so lange, bis du dieses Ereignis ohne irgendwelche körperlichen oder emotionellen Verkrampfungen erleben kannst. Und dann «Banne die Geister».

Wenn du vergangene, zu Eis erstarrte Emotionen auflöst, setzt du die darin gefangenen Energien frei und kannst sie dann nutzen.

Wenn du Spannungen in deiner Umgebung oder in dir selbst spürst, wenn du in einer schwierigen Situation bist, wenn Geschehnisse, Gefühle oder Worte gegen dich sind – oder zu sein scheinen – wenn du durch Dinge, die gerade geschehen, etwas in dir erstarren fühlst, dann frage dich: *Bin ich eben dabei, einen neuen «Eiswürfel» zu bilden?*

Mann kann diese Anleitungen
lesen –

man kann sie
verstehen –
kennen –
mögen –
analysieren –
erfahren.

Die Anleitungen erfahren ist der wahre, schöpferische Weg, um ihren Wert zu erkennen.

24
NOTFALL

Häufig zeigen sich unsere schöpferischen Kräfte auf geradezu wunderbare Weise, wenn wir uns in einer Notsituation befinden.

Eine schwache Frau kann den Mut eines Tigers und die Kraft eines durchtrainierten Athleten aufbringen, wenn es darum geht, jemanden zu retten, den sie liebt. Ein Autofahrer kann im Bruchteil einer Sekunde unbewußt alle jene Reaktionen aufbringen, um einen Unfall zu vermeiden, für die er sonst wochenlanges Nachdenken und Üben gebraucht hätte.

Bei einer Überschwemmung, einer Feuersbrunst oder einem Krieg vollbringen viele durchschnittliche Menschen oft wahre Heldentaten.

Notsituationen bewirken tiefgreifende Veränderungen in unserem Charakter; alles Gewöhnliche, Nichtsagende und Unbedeutende ist dann wie weggefegt.

Wahrscheinlich hast du es schon erlebt, daß jemand – vielleicht warst du es sogar selbst – eine körperliche oder geistige Glanzleistung vollbracht hat, die eine Situation, oder ein Leben gerettet hat?

Viele gute Seiten werden in uns wach, wenn Not am Mann ist. Wie können wir diesen Zustand künstlich erzeugen, um – aber ohne echte Gefahr – das in uns angelegte schöpferische Potential auszuschöpfen? Es ist unmöglich, dies vollkommen zu erreichen. Es ist aber nicht unmöglich, eine künstliche Notsituation herbeizuführen, die gefahrlos und wirksam ist. Das Wichtigste, was wir brauchen, ist LUFT. Alles, was uns vom Atmen abhält, gefährdet unser Leben und wird als Notfall erlebt.

Probier es einmal aus. Atme tief, sehr tief ein. Fülle deine Lungen bis zum Bersten. Halte den Atem so lange wie möglich an, und dann noch ein bißcher länger. Dann laß die Luft langsam entweichen. Pumpe deine Lungen leer: Laß auch die kleinste Luftblase heraus, bis du ganz leer bist. Und dann, wenn du absolut leergepumpt bist, verharre in diesem Zustand. Atme nicht ein – noch nicht! – noch immer nicht! – gewähre dir keinen Atemzug, bleib leer bis du es gar nicht mehr aushalten kannst – und DANN laß die Luft in dich einströmen!!

In diesen Sekunden, in denen du absichtlich zu atmen aufhörst, befindest du dich mehr oder weniger in einer Notlage. In diesen wenigen endlosen Sekunden scheinen alle deine abermillionen Zellen «Luft, Luft, Luft!» zu schreien. (Tatsächlich geht es ihnen aber noch nicht so schlecht; ihr herrisches Verlangen ist ein Reflexmechanismus, der automatisch auf den Kohlenstoffpegel im Blut reagiert. Aber die Wirkung ist so ungestüm wie ein Chor von abermillionen Zellen.)

Während dieser wenigen Sekunden, in denen du keine Luft mehr in dir hast, zählt nichts anderes mehr als das Atmen.

Denk jetzt an die Angelegenheit, an die Frage oder an das Problem, das dich gerade beschäftigt. Drück es mit einem einzigen Wort aus. Zum Beispiel:

Beruf	Einsamkeit
Gesundheit	Geld
Ehefrau	Schmerz
Ehemann	Zeit

Damit hast du all deine Sorgen und Probleme in einem Wort zusammengefaßt. Dieses Wort steht für all deine Gedanken oder Gefühle, die dich im Augenblick beunruhigen.

Halte dich an den folgenden Ablauf und überleg ihn im Liegen:

Drücke deine Frage, deine Sorge oder dein Problem in einem einzigen Wort oder Namen aus.

Indem du innerlich dein Wort wiederholst, fülle deine Lungen bis zum Bersten.

Indem du innerlich dein Wort wiederholst, halte die Luft in deinen Lungen so lange an, bis es dir unangenehm wird.

Indem du innerlich dein Wort wiederholst, laß die Luft durch deinen Mund entweichen, alle Luft, jeden letzten Rest.

Indem du innerlich dein Wort wiederholst, vergewissere dich, daß gar keine Luft mehr in deinen Lungen ist; stoße den allerletzten Rest aus, indem du den Buchstaben «s» so lange als möglich ertönen läßt.

Indem du innerlich dein Wort wiederholst, ziehe deinen Bauch ein und spanne die Muskeln an.

Paß auf. Man hat ganz natürlich die Tendenz, durch die Nase einzuatmen, ohne es zu merken.

Indem du innerlich dein Wort wiederholst, bleibe leer und regungslos, so lange es irgend geht – und während deine Zellen nach Luft schreien, wiederhole innerlich dein Wort – und wenn du es wirklich nicht mehr länger aushältst, dann atme ein! Laß die langersehnte Luft in dich hereinströmen wie einen strahlenden Energiefluß, der jede Zelle in deinem Körper mit neuem Leben versorgt.

Warum das alles? Welches Ergebnis steht zu erwarten? Folgende Dinge können eintreten:

Unter diesen Umständen, wenn es quasi um «Leben und Tod» geht, wird dein Problem aller Wahrscheinlichkeit nach andere Proportionen annehmen. Während du dich derartig auf dein Problem konzentrierst, lenkst du dein Unbewußtes darauf, und dadurch wird es dir aus der Tiefe deines Bewußtseins heraus in völlig neuem Licht erscheinen.

Körperlich wie psychisch wird sich die Wirkung dieser Art zu atmen bald zeigen. Du wirst feststellen, daß du geistig aktiver und energischer geworden bist, daß du dich körperlich wohler fühlst und daß deine Lebenskräfte wie erneuert scheinen. Der gewöhnliche, automatisch ablaufende Atemvorgang kann in einen höchst bewußten Akt verwandelt werden.

Auch für Menschen, die im Augenblick keine speziellen Probleme haben, ist diese Anleitung ausgezeichnet. Probier es einmal aus!

Anmerkung: Übertreibe aber nicht! Falls du eine Herz- oder Lungenschwäche hast, solltest du vorher einen Arzt konsultieren.

Nach einer längeren, ernsthaften Beschäftigung mit den Anleitungen wirst du dich selbst nicht mehr so wichtig nehmen, denn wenn du einmal deine Probleme gelöst hast, dann vergißt du dich selbst und gehst auf andere Dinge, andere Menschen zu.

25
ZÜCHTEST DU HEUTE DEINE NEUROSE VON MORGEN?

Verlierst du *immer* etwas?
Vergißt sie *immer* ihre Verabredungen?
Machen deine Kinder *immer* dieselben Fehler?
Ist er (sie) am Sonntag *immer* gereizt?
Wirst du *immer* ausgenützt?

Alle diese Dinge mögen häufig vorkommen. Wenn wir immer wieder sagen, daß sie *immer* vorkommen, setzen wir bewußt oder unbewußt voraus, daß sie unausweichlich geschehen werden. Und das wird aller Wahrscheinlichkeit nach der Fall sein. Die Glieder dieser unheilvollen Kette sind folgende:

In der Vergangenheit ist irgendein Vorfall häufig passiert.

Wir gewöhnen uns daran, zu behaupten, daß dieser Vorfall immer passiert.

Das Wiederholen dieser Behauptung wirkt auf uns wie eine unbewußte Suggestion.

Diese Suggestion wiederum führt dazu, daß wir bewußt oder unbewußt die Unausweichlichkeit des Vorfalls als gegeben annehmen.

Indem wir den Vorfall als unausweichlich annehmen, fühlen wir uns von jeder Verantwortung dafür befreit.

So leisten wir bewußt oder unbewußt Mithilfe; im Grunde tun wir auf diese Weise alles, damit der Vorfall immer wieder passiert.

Sowohl im Kleinen wie im Großen werden solche zwanghaften Verkettungen unterstützt. Neurosen von morgen werden sowohl kollektiv als auch individuell gefördert. Demagogen, manipulierte Nachrichten und falsche oder unvollständige Informationen können ganze Völker zur Selbstzerstörung führen. Wir wollen uns hier jedoch nur damit beschäftigen, wie wir unsere individuellen Neurosen züchten. Es gibt drei Möglichkeiten:

Ich züchte heute *meine* Neurose von morgen.

Ich züchte heute die zukünftige Neurose *anderer Menschen.*

Ich lasse es zu, daß andere Menschen *meine* Neurose von morgen züchten.

Wie kann man seine eigene Neurose von morgen züchten? Ein Beispiel:

Ich vergesse häufig Verabredungen.

Ich rede mir ein, daß ich Verabredungen *immer* vergesse.

Ich führe keine Agenda, in die ich meine Verabredungen eintrage.

Wenn ich ein Tagebuch führe, schaue ich nicht hinein.

Das Ergebnis ist natürlich, daß ich Verabredungen vergesse – und mich mit einem süßen Lächeln entschuldige: «Sehen Sie, so bin ich nun einmal! Ich vergesse meine Verabredungen immer!» Und auf diese Weise hat sich der Teufelskreis einmal mehr geschlossen; ich verstärke die Abfolge der Zwänge. Außerdem verärgere ich alle Leute, mit denen ich zu tun habe, und liefere ihnen ein Bild von mir, das mich als kindisch und verantwortungslos ausweist.

Noch ein Beispiel: Ich bin zu jemandem unfreundlich gewesen. Ich entschuldige mich nicht und mache nichts wieder gut. Ich unternehme einfach nichts, um das Geschehene aus der Welt zu schaffen. Ich denke nur ständig und betroffen über meine Unfreundlichkeit und die möglichen Folgen nach. Ich nähre also ein Schuldbewußtsein, unter dem ich bis in alle Ewigkeit leiden werde. Einmal mehr hat sich der Teufelskreis geschlossen.

Oder: Ich finde von meinen Sachen nichts wieder. Ich hebe alles so unsystematisch auf, daß eine heillose Unordnung herrscht. Trotzdem verliere ich weiterhin alles mögliche Wichtige, und alles fliegt so wahllos in meiner Wohnung herum, daß nur ein Hellseher es wiederfinden könnte. Wieder hat sich der Teufelskreis geschlossen.

Ich habe Schwierigkeiten beim Einkaufen zu finden, was ich will. Es fängt damit an, daß ich mir sage, ich werde nichts finden, und so rede ich mir ein, daß ich es nicht schaffen werde, das Gewünschte einzukaufen. Dann gehe ich in ein Geschäft, das höchstwahrscheinlich das, was ich suche, nicht führt; und so komme ich heim und erkläre, ich habe nichts gefunden. Und einmal mehr hat sich der Teufelskreis geschlossen.

In meinem Beruf fallen häufig Arbeitsessen mit meinem Vorgesetzten an. Ich arbeite gewissenhaft, brauche aber sein Lob, weil ich mich sonst verunsichert fühle, und daher strengen mich diese Arbeitsessen ziemlich an. Ich verkünde also, daß ich mit dem Chef essen gehen werde und bekomme prompt eine Magenverstimmung. Man sollte meinen, daß ich, da ich meine Nervosität vor dem Essen kenne, Vorsicht bei der Bestellung walten lasse und nur leicht verdauliche Gerichte auswähle; daß ich außerdem wenig, und das Wenige langsam esse. Weit gefehlt; ich bestelle schweres, «männliches» (d. h. gebratenes) Essen, schlinge es in großen Brocken herunter und habe am Nachmittag elend unter den Folgen zu leiden, alles widert mich an, und ich verbringe einen traurigen Abend. Die Einladungen zu diesen Essen kann ich zwar nicht ablehnen, doch mein Verhalten dabei könnte ich ändern, denn in der oben geschilderten Weise schmiede ich bloß weitere Glieder dieser zwanghaften Verkettung.

Wie züchtet man Neurosen anderer Menschen? Eltern tun das manchmal ganz unbewußt. Angenommen, mein Kind hat keinen großen Appetit. Ich mache mir deswegen Sorgen; ich spreche darüber, beklage mich, äußere laut meine Sorge. Das erzeugt natürlich keinen besseren Appetit bei den Mahlzeiten, und das Kind ißt noch weniger als sonst. Ich drohe mit Strafen und verspreche Belohnungen. Das Kind merkt aber, daß es mich in der Hand hat, daß sein Verhalten bei Tisch auf mich Eindruck macht. Es handelt natürlich nicht bewußt. Es würde sich selbstredend anders verhalten, aber wenn ich tagtäglich meine Besorgnis zeige, wird es wahrscheinlich immer in der gleichen Weise reagieren und mir Anlaß zu neuen Sorgen geben. Folglich werde ich wieder auf eine Art reagieren, die dem Appetit des Kindes und seiner Einstellung dem Essen gegenüber abträglich ist. Anstatt als Nahrungs- und Lustquelle zu dienen, wird das Essen so mit negativen Gefühlen durchsetzt, daß Nahrung an sich beim Kind negative Gefühle auslöst.

Bei manchen Erwachsenen lassen sich auftretende Verdauungsschwierigkeiten oft auf einen solchen Teufelskreis aus der frühen Kindheit zurückführen und damit beseitigen.

Weitere Beispiele:

Ich biete jemandem, der keinen Alkohol trinken sollte, verführerische Drinks an. Wahrscheinlich bin ich stolz darauf, eine so großzügige Gastgeberin zu sein. In Wirklichkeit aber mache ich mich einer plumpen Lieblosigkeit meinem Gast gegenüber schuldig.

Dasselbe passiert mit Leuten, die abnehmen wollen. Nur zu oft habe ich es erlebt, daß man die verführerischsten dickmachenden Leckerbissen Menschen anbietet, die gerade bei einer Abmagerungskur sind. Auf diese Weise züchtet man künftige Neurosen anderer Menschen heran.

Es ist leicht, einen Angestellten zu verunsichern, indem man häufig über die Notwendigkeit, Ausgaben und Personal einzusparen spricht – nicht mit ihm, aber so, daß er es hören kann.

Oft leisten sich Ehemänner ihrer in ihrer Bekleidung nicht sehr sicheren Frau gegenüber Bemerkungen, wie elegant sich andere Frauen anziehen, und das für gar nicht viel Geld. Auch Ehefrauen können ihren Mann, der vielleicht kein allzu großes Gehalt bezieht, unsicher machen, indem sie ihm dauernd vorhalten, wieviel Geld heutzutage beinahe ein jeder verdienen kann.

Wenn man jemandem eine dringend erwartete Nachricht vorenthält, so kann auch das eine Neurose erzeugen. Besorgnis und Angst, die durch Schweigen noch genährt werden, wachsen ins Unermeßliche. Selbst wenn dann schließlich eine gute Nachricht eintrifft, ist der bereits angerichtete Schaden damit nicht ganz wettgemacht. Dasselbe gilt für ein Kind, das schwach im Rechnen ist. Man sollte es nicht in *Gegenwart von anderen* abfragen. Wahrscheinlich wird es nur falsche oder aber überhaupt keine Antworten geben. Dieses demütigende Versagen kann tiefe Spuren im Kind hinterlassen; es kann für alle Zeiten Schwierigkeiten haben, die eng mit diesem frühen, scheinbar unbedeutenden Erlebnis zusammenhängen.

Es ist nicht schwer, schon vorhandenen Neurosen immer wieder neue Nahrung zu geben. Manche Menschen tun das aus kalter Berechnung und mit wahrhaft teuflischem Gespür für die Schwächen des anderen. Es ist ja so leicht, den Krebsschaden der Angst, das Geschwür des Minderwertigkeitskomplexes zu fördern – so einfach, den Partner wehrlos zu machen, indem man ihn an seiner schwächsten Stelle, sei sie körperlicher oder geistiger Art, angreift. Und oft heißt es dann sogar: «Mein Lieber, ich tue das ja nur, um *dir* zu helfen.» Noch häufiger geschieht das Unheil ohne böse Absicht, aber die Folgen sind natürlich genauso schmerzhaft und zerstörerisch.

Wie nun ist es möglich, daß andere *meine* Neurosen züchten? Man nehme nur die eben genannten Beispiele und vertausche die Rollen. Ich beispielsweise bin nun derjenige, den die Gastgeberin mit Drinks und Leckerbissen traktiert, ich bin der nervöse Angestellte; die Ehefrau, die Schwierigkeiten mit ihrer Garderobe hat, oder der Ehemann, den sein Einkommen bedrückt.

Ideal geeignet für diese Fälle ist die Anleitung: «Du bist gar nicht gemeint.» Im Verein mit dieser und der nun folgenden Anleitung wird uns bewußt werden, daß wir uns von niemandem eine Neurose aufschwatzen lassen müssen. Wir brauchen nicht auf eine automatisch zerstörerische Weise auf zerstörerisches Verhalten anderer Menschen zu reagieren. Wir selbst sind imstande, unsere eigenen neurotischen Kettenreaktionen und auch die anderer zu durchbrechen. Wenn wir schädliche Energie in nützliche umwandeln, können wir stärker und zugleich gütiger werden.

Die Grundregel für dieses Rezept lautet: Beobachte, wie du dich anderen und dir selbst gegenüber verhältst – mach es dir ganz bewußt. Es verstößt gegen unsere menschlichen Grundregeln, anderen Böses anzutun. Aber abgesehen von moralischen Aspekten, handeln wir außerdem auch gegen unsere eigenen Interessen. Die Neurose, die wir in anderen züchten, schlägt unweigerlich auf uns selbst zurück. Aus plumpem, autoritärem Verhalten entstehen Haß und Widerstand; aus sexueller Unterdrückung und Unzufriedenheit Aggression, nervöse Spannungen und deren Folgen; aus religiösem oder ideologischem Fanatismus entwickeln sich Bigotterie und Ignoranz. Wenn wir Neurosen oder Furcht in anderen nähren, ist es fast unausbleiblich, daß wir früher oder später selbst unter deren Wirkung zu leiden haben.

Für diese Anleitung gelten folgende Regeln:

Rufe dir alle unangenehmen Vorfälle oder Reaktionen ins Gedächtnis, die dich immer wieder quälen.

Stelle sie in einer Liste zusammen.

Wähle einen Punkt aus, den du unbedingt loswerden möchtest. Zum besseren Verständnis nennen wir ihn «Vorfall».

Es gibt mindestens einen Faktor, der bei jedem Auftauchen von «Vorfall A» wiederkehrt. Es kann ein Wort, ein Gedanke, eine körperliche Empfindung, eine Person, ein Ort sein – oder irgend etwas anderes.

Vor allem jedoch gibt es ein Gefühl, das immer vorhanden ist, bevor «Vorfall A» eintritt. Dieses Gefühl kann entweder ganz konkret oder aber verschwommen, leicht zu beschreiben oder aber schwer definierbar sein.

Über dieses Gefühl müssen wir uns klarwerden.

Die folgenden Fragen werden dir dabei helfen:

Was fühle, denke, tue oder sage ich jedesmal, bevor «Vorfall A» eintritt?

Wer ist dabei anwesend?

Was wird dabei gesprochen oder getan?

Was geschieht mit meiner Beziehung zu dem oder den betreffenden Menschen?

Verschafft mir die Situation irgendeine sichtbare oder verborgene Befriedigung, oder ziehe ich einen Vorteil daraus?

Wie reagiert mein Körper und wie fühlt er sich vor dem «Vorfall A» an?

Was ist das Gemeinsame an allen diesen «Vorfällen A», und welches Gefühl ist immer damit verbunden?

Such dieses Gefühl; lokalisiere es in deinem Körper-Bewußtsein.

Dann nutze dieses Gefühl und wandle es um. Jede der folgenden Anleitungen kann dir dabei helfen: «Die Kunst, Energie umzuwandeln», «Blubbere dich frei» «Der Punchingball» und «Re-Hö-Ha». Sie eignen sich wohl am besten dafür, aber möglicherweise paßt eine andere Anleitung besser auf eine besondere Situation.

Der beste Zeitpunkt, diese Anleitung durchzuführen, ist unmittelbar nach dem Eintreten von «Vorfall A».

Wenn du plötzlich merkst, daß es soweit ist oder gleich soweit sein wird, daß sich «Vorfall A» wiederholt, dann *halte alles an*.

Hör auf zu denken, zu sprechen und zu handeln!

Richte statt dessen deine ungeteilte Aufmerksamkeit auf das Gebaren deines automatisierten Ich! Erlebe, wie es dich dazu bringen will, jene Worte zu sprechen; dein Mund ist nahe daran – aber du gestattest es ihm nicht. Erlebe, wie dein Körper dich zu bestimmten Bewegungen verleiten will; es gelingt ihm beinahe – aber du verhinderst es. Dieser Automatismus hat dich so lange beherrscht! Er hat hundert –, ja vielleicht schon tausendmal jene Worte, jene Reaktionen ausgelöst. Aber du brauchst dich jenem Orchester aus Gefühlen, Gedanken und den konditionierten Reflexen nicht zu beugen. Natürlich will das Orchester wieder dasselbe alte Stück, denselben alten, abgenützten Unsinn spielen, den es ohne Dirigenten herunterspielen kann. Aber heute ist plötzlich ein neuer, kraftvoller Dirigent da: *Du selbst nämlich.* Und du dirigierst ein neues, unbekanntes, frisches Stück. Überrasch das Orchester damit! Überrasch alle Welt damit! *Du* bist der Dirigent; du veränderst die alte Melodie. *Du* verwandelst den Teufelskreis in eine Spirale mit Aufwärtsbewegung.

Anfangs wirst du die für die einzelnen Anleitungen angesetzte Zeit voll brauchen. Diese wenigen Stunden sollten dir nicht leid tun. Denk an die Jahre, die du daransetzt, um deine Karriere, dein Heim, deine Umgebung, dein ganzes *äußeres* Leben aufzubauen. Jetzt brauchst du nur einen Bruchteil dessen, um dich selbst aufzubauen. Nur wenn du ein gut integrierter Mensch bist, kannst du die Lebensumstände genießen, die du dir geschaffen hast. Wenn du die Anleitungen an dir ausprobiert und in dich aufgenommen hast, wirst du immer weniger Zeit dafür brauchen und sie in deinem *Alltag* anzuwenden wissen.

26
DEINE PHANTASIE GEHÖRT DIR

«Sag, kannst du es sehen ...?» fragt der Verfasser von *The Star-Spangled Banner*, der amerikanischen Nationalhymne.

Wir wollen ein wenig bei dieser Frage verweilen. Was *siehst* du, wenn du – als Amerikaner – die Nationalhymne singst?

Kannst du das Licht bei Tagesanbruch, den grünlichen Himmel, das goldene Glühen hinter den Bergen, die schwarzen Silhouetten der Bäume und Häuser, die rosig überhauchten Wolken visualisieren. Kannst du das Rot der Streifen einer im Wind wehenden amerikanischen Flagge tatsächlich sehen? Oder die weißen Sterne auf dem dunklen Grund?

Manche Menschen können diese Dinge mit ihrem inneren Auge ebenso deutlich sehen wie mit den Augen des Körpers. Andere sehen nur verschwommen, nur mit Schwierigkeiten. Und einige behaupten steif und fest, sie sähen überhaupt nichts.

Vielen fällt es schwer, mit dem inneren Auge zu sehen, sie haben aber keine Schwierigkeiten, mit dem inneren Ohr zu hören, mit der inneren Nase zu riechen, den inneren Fingerspitzen zu fühlen und in Gedanken mit der Zunge und dem Gaumen zu schmecken. Vielleicht gehörst du auch dazu. Möglicherweise kannst du zwar nicht das Alpenglühen sehen, dafür aber das Krachen und Prasseln des Feuers hören; du kannst den Rauch der Kanonen riechen und die Kühle des Morgenwindes auf deinem Gesicht spüren.

Wir alle wissen, daß solche Vorstellungen immer mehr sind als nur

«Vorstellungen». Sie sind begleitet von Empfindungen und Erinnerungen. Sie wecken Assoziationen. Sie lösen Gedankengänge aus. Sie lösen plötzliche Einsichten aus.

Psychologen unterscheiden zwischen «reproduzierender Phantasie» – dem Wiederaufleben vergangener Wahrnehmungen von bestimmten Objekten – und «schöpferischer Phantasie» – der Fähigkeit, Bilder vergangener Wahrnehmungen auf eine neue, fruchtbringende, eben auf schöpferische Art zu verbinden.

Wir sehen also, daß das Wort «Phantasie» einen sehr ausgedehnten Bereich geistiger Aktivität umfaßt. Am unteren Ende dieses Spektrums steht die einfache Fähigkeit, irgendein vertrautes Objekt mit dem inneren Auge zu sehen; am oberen Ende finden wir die großartigsten Werte der schöpferischen Phantasie auf dem Gebiet der Künste und Wissenschaften.

Schöpferkraft ist jedoch nicht ausschließlich das Monopol der Shakespeares und Einsteins dieser Welt. Es gibt auch eine Wissenschaft des intelligenten Lebens, eine Kunst des wahren Menschseins, Gebiete, in denen wir alle schöpferisch sein können und sollten.

Die Anwendung unserer Phantasie ist Teil des Gesamtbereichs der *Kunst zu sein.* Sich in die Phantasie anderer versetzen zu können, ist ein Teil der *Kunst mit anderen Menschen zu sein.* Ich schlage ein Spiel vor, mit dessen Hilfe du erkennen kannst, wie es um die Phantasie anderer steht. Du kannst es allein, mit einem oder mehreren Freunden oder auf einer Party für Kinder oder Erwachsene ausprobieren. Es wird dir die vielen Variationsmöglichkeiten der menschlichen Phantasie vor Augen führen. Es wird dich und deine Freunde unterhalten.

Fordere sie auf, die Augen zu schließen, innerlich leise die Nationalhymne zu singen und nachher die Augen wieder zu öffnen.

Dann fragst du: Was hast du erlebt? Was hast du gesehen, gedacht, dir vorgestellt und gefühlt, als du dir bei deinem inneren Gesang zuhörtest?

Die Antworten werden überraschend weit auseinandergehen.

Für den einen ist es absolut natürlich, daß er alles wie wirklich vor sich gesehen hat, während der nächste deine Frage für einen Scherz halten wird.

Der eine reagiert mit seiner Einbildungskraft lediglich auf die Musik und beachtet die Worte gar nicht, während beim anderen die Worte allein Bilder und historische Situationen wachrufen.

Manchmal wird die Nationalhymne ausschließlich körperlich empfunden, indem der Zuhörer alles sozusagen am eigenen Leib erlebt.

Andere mögen in ihre eigene Situation und persönlichen Gefühle vertieft sein, die die Hymne in ihnen wachruft. Wieder andere reagieren vielleicht nicht persönlich darauf, sondern fühlen sich von jener starken, bewegenden allgemeinen Gefühlswelle getragen, die Blaskapellen und patriotische Lieder gewöhnlich aufkommen lassen.

Und die ganze Zeit über geschieht nach außen hin nichts; schweigend erlebt ein jeder in seinem inneren Universum die Töne und Worte und all die Assoziationen, die die Nationalhymne wachruft.

Es ist schwierig, sich vorzustellen, wie die Phantasie anderer Menschen arbeitet. Das erfordert nicht nur eigene Phantasie, sondern auch Einfühlungsvermögen in die Reaktionen anderer. Jemand, dessen Phantasie mit körperlichen Empfindungen verknüpft ist, kann schwer verstehen, daß für jemand anderen körperliche Empfindungen nur in der Wirklichkeit der Gegenwart existieren. Andererseits mag für gerade jene Person die Erinnerung an eine vor zwanzig Jahren erblickten Farbe heute noch genauso lebhaft sein wie damals.

Phantasie kann gelenkt werden, und das ist eines der Ziele dieser Anleitung.

Deine Phantasie gehört dir.

Sie gehört dir, nicht du ihr.

Phantasie ist eine geheimnisvolle Gabe, deren Herr, nicht deren Sklave wir sein sollten.

Stell dir vor, was das Leben ohne Phantasie wäre! Es gäbe keinen Michelangelo oder Leonardo, keinen Edison, keine Verbrecher und keine Heiligen, keinen Mozart, keine Atomkraft.

Genies und Heilige sind das Produkt eines Zusammenwirkens von Phantasie und gutem Willen, Talent, Disziplin und anderen fruchtbaren Eigenschaften. Auf der Gegenseite erzeugt das Zusammenwirken von Phantasie, Ignoranz und böser Absicht, Angst oder Neid eine abscheuliche Ausgeburt aller möglichen Formen des Bösen.

In einem Artikel über die Psychologie der Phantasie schreibt Frank Baron: «Wenn wir uns Göttlichkeit vorstellen, schreiben wir ihr das Vermögen zu, *uns* kraft des eigenen Willens und der Vorstellung erschaffen zu haben. Seitdem der Mensch sich seiner selbst bewußt ist, beinhaltet die Phantasie eine Art von Geheimnis und Zauber und erscheint als Prozeß, den wir nicht völlig ergründen können.»[1]

In dieser Anleitung geht es nicht um Extremformen der Phantasie, wie sie sich – zusammen mit vielen anderen Faktoren – in Heiligen oder Verbrechern, Genies oder Wahnsinnigen manifestieren. Hier haben wir es mit dem Gebrauch der Phantasie im Alltag zu tun.

Wie jede andere Fähigkeit, kann auch Phantasie erstickt und ausgehungert oder aber angeregt und genährt werden.

Manche Menschen sagen: «Ich habe einfach keine Phantasie.»

Sei nicht voreilig; gibt dich nicht zu rasch auf. Manchmal ist Phantasie vorhanden, aber in einer staubigen Dachkammer abgestellt worden. Dafür gab es einmal gute Gründe; eben jene Menschen, die sich für phantasielos halten, können gerade die phantasiebegabtesten sein. Als Kinder hatten sie vielleicht eine so reiche, ausschweifende Phantasie, daß sie die Wirklichkeit vernachlässigten und verdrehten, sehr zur Verwirrung der Erwachsenen.

Das brachte vielleicht Schwierigkeiten mit sich, einen Klaps und den Vorwurf: «Du bist ein kleiner Lügner!»

Ohne sich darüber im klaren zu sein, was es damit anrichtete, mochte ein solches Opfer seiner blühenden Phantasie finden, der Preis für ein phantasievolles Leben sei zu hoch; daher wurde die Welt der Phantasie auf den Dachboden gebracht und ein Schild an die Tür genagelt. Die Worte auf dem Schild mögen jeweils verschieden sein, aber ihre Bedeutung überall mehr oder weniger dieselbe: «Vorsicht – nicht berühren!», «Du bist böse», «Du bist ein Lügner», «Du sagst niemals die Wahrheit!», «Du bist verrückt und phantasierst dauernd!» Außer der Erinnerung an solche Worte spielt auch die Erinnerung an die Schande und die körperlichen Schmerzen bei der Tracht Prügel eine Rolle. Gewöhnlich geben Menschen mit solchen Erlebnissen ihre schlechten Erfahrungen unbewußt an ihre Kinder weiter.

Es gibt natürlich überzeugende Gründe dafür, sich vor der Phantasie zu hüten. Sie ist eine Gabe sowohl destruktiver, als auch kreativer Möglichkeiten. Folgende Beispiele aus dem Alltag sollen destruktiv angewandte Phantasie verdeutlichen:

Eine Ehefrau meint, daß ihr Mann geizig ist, und beklagt sich darüber – in Wahrheit hat er ihr immer sein gesamtes Einkommen ausgehändigt.

Ein Ehemann lebt in der ständigen Furcht, seine Frau könnte ihn verlassen – Tatsache ist, daß sie schon seit zwanzig Jahren mit ihm zusammenlebt.

Eine überängstliche Mutter bildet sich ein, ihr erwachsener Sohn sei unfähig, seine Lebensprobleme zu bewältigen – faktisch aber verläuft sein Leben ganz glatt, und er ist glücklich und zufrieden.

Neben der Phantasie spielen bei solchen Fehleinschätzungen natürlich noch andere Faktoren eine Rolle. Aber an allen ist fehlgeleitete Phantasie entscheidend beteiligt.

Die Phantasie ist mächtig. Wenn sie fortwährend in falschen Bahnen verläuft, führt sie schließlich ihre negativen Wahngebilde tatsächlich herbei.

Ein Mann, der es leid ist, ständig für geizig gehalten zu werden, hört vielleicht auf, seiner Frau sein ganzes Geld zu geben. Und eine Frau, die unter der ständigen Eifersucht ihres Ehemannes lebt, wird sich schließlich gegen ihn auflehnen und ihn verlassen. Dann kann das jeweilige Opfer solcher Situationen feststellen: «Ich hatte doch recht!» Wahrscheinlich wäre es richtiger zu sagen: «Ich habe es soweit gebracht, jetzt geschieht mir recht!»

In jeder Propaganda – ob sie nun einem guten oder schlechten Zweck dient – haben die Mittel des Propagandisten die Aufgabe, die Phantasie der Öffentlichkeit zu wecken, anzuregen und zu lenken. Die großen Industrien geben Millionen für Werbezwecke aus, um die Phantasie der potentiellen Käufer in Gang zu setzen und über die Phantasie Besitzerwünsche zu wecken.

Wenn man einmal über die guten Seiten der Phantasie nachdenkt, stößt man auf die Tatsache, daß fast alles Gute teilweise ein Werk der Phantasie ist. Von gewaltigen Brücken bis zu Entdeckungen auf dem Gebiet der Chemie, von schöner Musik bis zu eindrucksvollen Erzählungen, von guten Suppen bis zu Sozialreformen – bei allen Errungenschaften des menschlichen Geistes nimmt die Phantasie einen Ehrenplatz ein.

Diese wundervolle Fähigkeit sollten wir zu unserem Vorteil verwenden. Wenn du zum Beispiel mit deiner Figur oder deiner Haltung nicht zufrieden bist, dann tue folgendes über einen längeren Zeitraum hinweg mehrmals täglich; es kostet dich nur ein paar Sekunden:

Schließe deine Augen; stell dir einen Spiegel vor.

Projiziere in diesen Spiegel das Bild der Figur, die du gerne hättest und auch haben kannst; projiziere dich in den Spiegel in der Haltung, die du haben möchtest und kannst.

Wenn du so verfährst, steht zu erwarten, daß deine Figur und deine Haltung der gewünschten immer ähnlicher wird. (Strebe aber nichts Unmögliches an; lies noch einmal die Anleitung «Re-Hö-Ha» nach.)

Wir sollten uns im Gebrauch der Phantasie üben, solange es uns gutgeht, damit wir sie anwenden können, wenn das einmal nicht der Fall ist.

In der Medizin ist die Phantasie immer schon zu allen Zeiten benutzt worden – manchmal im Guten, manchmal im Bösen. Ein Beispiel für den guten Gebrauch der Phantasie ist das Placebo. In der medizinischen Fachsprache nennt man eine Tablette ohne aktive Wirkstoffe Placebo. Man sagt dem Patienten, daß die Tablette ihm helfen werde, obwohl sie in Wirklichkeit nichts enthält, was seinen körperlichen Zustand verändern könnte. Bei kluger Anwendung können Placebos höchst wertvoll sein, nicht nur für Diagnosen, sondern auch, weil der Patient gesund werden kann, ohne starke Mittel zu nehmen.

Zwischen 25 und 35 Prozent aller Patienten mit körperlichen Schmerzen fühlen sich nach der Einnahme von Placebos völlig schmerzfrei, obwohl sie keinerlei Wirkstoffe zur Schmerzlinderung bekommen haben. Weitere 30 Prozent verspüren teilweise Besserung. Etwa ein Drittel reagiert nicht darauf.

Worin besteht der Unterschied zwischen diesen beiden Gruppen?

Auch das stattlichste Aufgebot von Wissenschaftlern und Forschern könnte die Frage heute nicht erschöpfend beantworten. Man kann jedoch feststellen, daß die Gruppe, die positiv auf Placebos reagiert, folgende Eigenschaften aufweist:

Eine lebhafte Phantasie;

Eine Phantasie, die gelenkt werden kann (durch die Worte des Arztes: «Diese Tablette wird Ihnen helfen!»; und

eine organische Verbindung zwischen den psychischen und physiologischen Vorgängen; wie diese Verbindung nun genau funktioniert, ist noch ein Rätsel.

Die glücklichen Menschen, die positiv auf Placebos reagieren, beweisen auf einfachste Art, daß Körper und Geist eins sind.

Menschen, denen ihre Vorstellungskraft Spaß macht und die sie lenken können, werde ihre Freude an der folgenden, leicht anzuwendenden Anleitung haben.

Aber glaub nicht, es sei nur für Phantasiebegabte geeignet! Im Gegenteil, gerade die Menschen, die meinen, sie seien *phantasielos*, können aus der Anleitung den größten Nutzen ziehen.

Vorher aber eine Warnung: Je mehr wir unsere Phantasie einsetzen und ihr freien Lauf lassen, desto eindeutiger müssen wir uns der Wirklichkeit bewußt bleiben, desto wachsamer müssen wir Schein und Sein zu trennen wissen.

Es ist ein Irrtum zu glauben, Phantasie sei unvereinbar mit der Wirklichkeit. Die fruchtbarste Phantasie macht ja gerade Gebrauch von Tatsachen und verbindet sie in schöpferischer Weise. Die Menschen hatten jahrtausendelang Äpfel zu Boden fallen sehen und die Bewegungen des Mondes beobachtet. Dann verband Newton diese beiden scheinbar zusammenhängenden Beobachtungen und wandte seine Vorstellungsgabe an, um die allumfassende Gravitationstheorie zu entwickeln. Auf gleiche Weise schaffen Heilige und Dichter aus dem Chaos von Erinnerungsbruchstücken und vorhandener Wirklichkeit eine ästhetische, intellektuelle oder moralische Ordnung.

Stellen wir uns einmal eine Tatsache wie einen griechischen Säulengang aus unvergänglichem Marmor vor. Von Säule zu Säule schwingen sich Kletterrosen, die sich im Winde wiegen, deren Wurzeln erdverhaftet sind, deren Duft in die Lüfte steigt und deren Ranken die starken Säulen umschlingen. Marmor und Rosen, Wirklichkeit und Vorstellung: Aus ihrer Umarmung entspringt schöpferisches Leben.

Und nun die Anleitung:

Wenn du glaubst, keine Phantasie zu haben, denk an jemanden, der deiner Meinung nach damit begabt ist.

Schlüpfe in seine Haut.

Wenn du dich dem Bereich «Phantasie» gegenüber irgendwie unbehaglich fühlen solltest, geh zur Anleitung «Weg mit den Wörtern» zurück und benütze dabei die folgenden Sätze:

«Das bildest du dir alles nur ein!»
«Du bist ein Lügner!»
«Laß diese Flunkereien!»
«Phantasiere nicht dauernd!»

Du kannst aber auch jedes Wort und jeden Satz benutzen, der deiner Ansicht nach mit der Gabe der Erfindung und Phantasie verbunden ist. Die Verbindung darf auch oberflächlich oder gar verborgen sein, Hauptsache, sie besteht für dich.

Du kannst auch der Anleitung «Re-Hö-Ha» folgen.

Aber auch viele andere Anweisungen in diesem Buch werden dir helfen, deine Phantasie in Gang zu setzen, zu lenken und zu genießen.

Mach dir keine Sorgen, wenn du deine Phantasie nicht sofort benutzen und lenken kannst. Sie hat ja so lange in Fesseln gelegen! Was müßtest du nicht alles tun, wenn du ein Glied, das lange Zeit in Gips gelegen hat, wieder gelenkig machen wolltest?

Erstens müßtest du dich entschließen, den Gips abzunehmen. Zweitens müßtest du das nötige Werkzeug dafür beschaffen.

Drittens müßtest du dich um den armen Exgefangenen kümmern, ihn an die Sonne setzen und ihn trainieren.

Jeder, der schon einmal sechs oder acht Wochen lang einen Gipsverband getragen hat, weiß, wie lange es dauert, bis man wieder Kraft hat und sich frei bewegen kann.

Dasselbe gilt für die Phantasie. Entschließ dich erst einmal, sie vom Gips zu befreien. Dann besorge das notwendige Werkzeug für das Abschlagen des Gipses. («Weg mit den Wörtern» ist eines davon. Durch diese und weitere Anleitungen wirst du den Gips schneller loswerden und dich im Gebrauch deiner Phantasie stärken.) Und schließlich, gib deiner Phantasie Licht und Luft und Zeit zum Üben. Steuere sie, genieße sie – und spiel mit ihr!

Wenn du fühlst, daß deine Phantasie frei ist, ganz dir gehört und nicht umgekehrt – dann fang an, mit ihr zu spielen. Hier sind einige Möglichkeiten; probier sie aus und denk dir weitere aus!

Tu, was die Schöpfer von Märchen und Mythen zu tun pflegten. Erfinde Kentauren, Meerjungfrauen, Drachen, elefantenköpfige Götter. Erfinde Hexen, die auf Besenstielen reiten, turbangeschmückte Orientalen auf fliegenden Teppichen.

Betrachte eine Wand, an der ein Bild hängt. Schließe die Augen und stell dir die Wand ohne das Bild vor.

Betrachte das Zimmer, in dem du dich befindest und stell in Gedanken die Einrichtung um. Stell dir das Zimmer in anderen Farben vor. Stell dir vor, wie das Zimmer in einem anderen Haus oder in einem anderen Land aussehen würde.

Dann versetz dich in deine Kindheit oder in weniger weit zurückliegende Jahre zurück und durchlebe noch einmal ein schlimmes, erschreckendes Erlebnis. Beispielsweise kannst du dir eine unangenehme Diskussion mit jemandem vorstellen, der dich zu beherrschen suchte.

Tu das folgendermaßen:

Stelle dir die betreffende Person mit einem lächerlichen Hut vor.

Stelle sie dir nicht einzeln, sondern in sechsfacher Ausführung vor: sechs absolut lächerliche Figuren anstelle einer einzigen, furchterregenden.

Stell dir diese ernste, würdevolle, unerschütterliche Person vor, die sich dir so überlegen fühlt, wie sie unter dem absoluten Zwang leidet, sich in der Nase zu bohren, während sie dich streng darüber belehrt, wie du dich zu benehmen hast.

Nur die Unendlichkeit und die Ewigkeit setzen der Phantasie Grenzen. Du kannst deine Phantasie in die Vergangenheit oder in die Zukunft schweifen lassen; du kannst alte Bilder zerstören, die dich bedrückt haben, aber auch neue erschaffen, die dich erfreuen.

Hier sind einige mögliche Spielarten.

Spiele sie! Genieße sie! Erfinde weitere! Manche mögen dir kindisch vorkommen, und sie sind es auch. Sie kommen ja geradewegs aus der Kindheit, aus der Zeit, als deine Phantasie frei und ungebunden war. Sie können dir helfen, jene Freiheit wiederzuerlangen. Stelle dir vor:

Alle deine Gelenke bewegen sich in makellosen Kugellagern, die mit wohlriechendem, kostbarem, goldfarbenem Öl gesalbt sind. Alles ist glatt, rund, golden.

Oder folgendes:

Du und alle Menschen haben eine Sonnenblume in ihrer Wesensmitte. Laß diese Sonnenblume genau im Sonnengeflecht sein. Und dann: fühle deine goldene, leuchtende, kraftspendende Sonnenblume genau in deiner Wesensmitte!

Und jetzt sieh diese goldene, leuchtende, kraftspendende Sonnenblume genau in der Mitte von allen anderen. Die unendliche, goldene Sonnenblume – sie hat eine Mitte und strahlt über ihre eigene Mitte hinaus.

Nun geh hinaus in die überfüllte, verbitterte, übermüdete Welt voller gieriger und ängstlicher Menschen und sieh und fühle, in deiner Phantasie, die Sonnenblume in deiner und aller anderen Menschen Mitte.

Du sprichst mit anderen Menschen und spürst deine Sonnenblume und die der anderen. Und dann fangen die Sonnenblumen an, miteinander zu sprechen. Ganz unabhängig davon, was ihr einander oberhalb des Sonnengeflechts sagt, ob es angenehm klingt oder nicht, ob gereizt oder unaufrichtig, die Sonnenblumen bleiben miteinander im Gespräch – in Verbindung von Sonnengeflecht zu Sonnengeflecht.

Vielleicht will dein Gesprächspartner nur etwas von dir erreichen – die Sonnenblumen bleiben im Gespräch miteinander; vielleicht langweilt dich dieses Gespräch zu Tode – aber Sonnenblumen kennen keine Langeweile. Vielleicht sprichst du mit jemandem, dem du sehr viel gegeben hast, und jetzt möchte er dir in diesem Gespräch nur schaden – aber Sonnenblumen können sich ein so trauriges, verworrenes Verhältnis einfach nicht vorstellen!

Wie dumm oder bösartig unsere wortreiche Unterhaltung auch sein mag – die Sonnenblumen verkehren stumm miteinander. Unserem Geschwätz zum Trotz verbinden sie sich miteinander wie Wassertropfen, die im selben Fluß fließen, in einem goldenen Strom der Verständigung von Sonnenblume zu Sonnenblume.

Diese Anleitung wandte ein berühmter Diplomat an, der auf diese Weise sicher durch internationale Intrigen hindurchsteuern und sich seine Gesundheit und Lebensfreude bewahren konnte. Erörtere dieses Rezept nicht mit anderen; befolge es einfach! Oder stell dir folgendes vor:

Wenn du gehst, bist du an einem Stern aufgehängt.

Dein Stern ist ein Magnet und kann deinen Körper heben.

Dein Kopf reagiert auf die unwiderstehliche Anziehungskraft deines Sternmagneten.

Sie befreit dich von aller Schwere in deinen Beinen – und du schwebst leicht und frei, getragen von deinem Stern, einher.

Nur du und dein Stern wissen das.

Erzähl niemandem von deinem Sternengeheimnis!

[1] The Psychology of Imagination. In: Scientific American, September 1958

Gewisse Anleitungen sind nicht einfach. Vielleicht lehnst du ab, was von dir verlangt wird. Diese Ablehnung hat zwei Seiten: Sie schützt dich davor, mehr zu unternehmen als du bewältigen kannst, aber sie begrenzt auch den Nutzen, den du aus den Anleitungen ziehen könntest. Sei dir deiner Ablehnung bewußt; gib ihr nicht nach, bekämpfe sie aber auch nicht. Folge der Anleitung weiter, mit vollkommener Ehrlichkeit und Bewußtheit.

27
HILF MIR, DENN ICH BENEIDE DICH

Es gibt viele Arten von Neid.

Die Armen in den Slums von Kalkutta oder Palermo beneiden die Reichen von Manhattan oder Hollywood. Gegen diese Art von Neid kann man nichts tun, man kann allenfalls seine Ursachen beseitigen. Eine andere Art von Neid ist der, den wir Menschen gegenüber empfinden, die von der Natur besser bedacht worden sind als wir. Es liegt auf der Hand, daß die Natur ihre Gaben nicht gleichmäßig verteilt. Viele Menschen sehen besser aus als wir, haben einen brillanteren Geist, haben mehr Talent. Dabei hat jeder von uns eine Aufgabe zu erfüllen. Die verlieren wir aber aus den Augen, wenn wir unsere Zeit und unsere Energie damit verschwenden, daß wir verächtlich auf die unter uns oder mit gleichbleibendem Verlangen auf die über uns blicken. Neid ist Vergleichen. Wer sich in dem ständigen Prozeß der Entwicklung befindet, zu sein und zu werden, wer er wirklich ist, der richtet seine Aufmerksamkeit auf die wahren Werte, und nicht auf die Erfolge anderer Menschen.

Doch wenn ein Kind, das sein Leben lang hungrig gewesen ist, zusehen muß, wie ein wohlgenährtes Kind sich mit Bonbons vollstopft, dann ist es nur natürlich, daß das hungrige Kind leidenschaftlich und gewaltsam dem wohlgenährten Kind die Bonbons wegnehmen will. Es hat keinen Sinn, dem hungrigen Kind zu erklären, daß es nicht die Schuld des anderen Kindes ist, wenn es zuviel ißt, oder ihm auseinanderzusetzen, daß sowohl überfütterte als auch unterernährte Kinder Opfer eines bestimmten sozialen Systems sind; und es hat auch keinen Sinn, ihm kluge Lebensregeln an die Hand zu geben – man sollte ihm erst einmal etwas zu essen geben.

Andererseits sollte man der Frau, die schon einen Nerz besitzt und eine andere beneidet, weil diese *zwei* Nerze im Schrank hat, auf keinen Fall noch einen Nerz schenken. Solch eine neidische Frau braucht vielmehr einen magischen Spiegel, in dem sie sich als die hilflose und hungrige Kreatur entdeckt, die den absurden Wunsch nach einem zweiten Pelzmantel aufkommen läßt. Magische Spiegel kann man nicht kaufen, doch glücklicherweise hat die Natur uns mit einem solchen ausgestattet. Aber es fällt uns schwer, in diesen magischen Spiegel zu blicken; und wenn wir schließlich die nötige Kraft dazu aufbringen, dann steht so viel zwischen unseren ehrlich bemühten Augen und der klaren Spiegelung darin: unsere Voreingenommenheit und unsere physiologischen Ängste, unsere psychologische und emotionelle Art sowie die Sozialstruktur, in der wir leben – fast alles steht zwischen uns und einer klaren Spiegelung. Fast alles – und dennoch nicht genug, um jenem Teil in uns Einhalt zu gebieten, dem doch nichts Einhalt gebieten kann!

Es ist schwer, in den magischen Spiegel zu blicken und zu sagen: «Ich sehe Neid.» Neid verbirgt sich unter vielen akzeptableren Deckmänteln, beispielsweise der Selbstverachtung, der berechtigten Entrüstung, der Schmeichelei.

Neid setzt sich aus verschiedenen emotionellen Bestandteilen zusammen, deren wichtigste folgende sind:

Angst,
der Wunsch, zu gewinnen,
der Wunsch, zu besitzen,
der Wunsch, anderen etwas wegzunehmen,
der Wunsch besser zu sein.

Aus dieser lückenhaften Liste kannst du bereits ersehen, daß der Neid, eines der grausamsten Ausdrucksmittel des Ego gegen sich selbst, mindestens ein Gutes in sich trägt, nämlich den Wunsch, besser zu sein. Der Wunsch zu besitzen ist an sich weder gut noch schlecht, denn erst, wenn dieser natürliche Drang unnatürliche Ausmaße annimmt, wird er schädlich.

Die beiden bösartigen Elemente sind: Angst, welche die Grundlage für fast alle negativen Emotionen ist, und der Wunsch, anderen etwas wegzunehmen, welches die spezifische und schlimmste Seite des Neides ist. Jagos Unglück war es, daß sein Neid auf Othello ihn dazu trieb, die Vernichtung eines Menschen zu betreiben, dessen einziges Verbrechen es war, glücklicher und talentierter als er selbst zu sein. Es war einfach haltlose Bösartigkeit, und sie hat dem Neidhammel keinen Vorteil eingebracht.

Ich selbst gehe folgendermaßen mit Neid um:

Definiere, was das Wort Neid für dich bedeutet, welche Gefühle, welche Erinnerungen, welche Gesichter und welche Stimmen das Wort «Neid» in dir wachruft. Es gibt drei Möglichkeiten:

Du wirst sofort erkennen, daß du jemanden beneidest oder einmal jemanden beneidet hast.

Du wirst unsicher sein.

Aber du kannst auch zu dem Schluß kommen, daß du nie jemanden beneidet hast oder beneidest. Wenn du ganz sicher bist, daß du überhaupt nicht neidisch bist, dann laß diese Anleitung links liegen.

Wenn du aber nicht sicher bist, wie es mit dir steht, dann versetze dich für die Zeit dieser Anleitung in die Lage, wie nach deiner Meinung ein neidischer Mensch denkt und empfindet. Wenn es dir leichtfällt, dann darfst du von der Voraussetzung ausgehen, daß du durchaus fähig bist, neidisch zu sein. Wenn du das Experiment als vollkommen fremd empfindest, dann übergehe diese Anleitung.

Gesteh dir ein, daß du neidisch bist.
Gib zu, auf wen du neidisch bist.

Fühle den Neid und den Menschen, der dich neidisch macht. Durchlebe noch einmal eine Zeit, in der du besonders neidisch warst. Vielleicht mußt du das Neidgefühl aus dir heraustreiben, indem du auf einen Punchingball einschlägst, indem du tanzt oder indem du es wie in «Blubbere dich frei» aus dir herausbläst.

Und dann sieh dir an, was von deinem Neid übriggeblieben ist, und zähl die einzelnen Bestandteile auf, aus denen er besteht. Angst, der Wunsch jemandem etwas wegzunehmen, der Wunsch zu besitzen, der Wunsch, besser zu sein, oder was dir sonst noch dazu einfällt, was nicht auf unserer Liste steht.

Dies ist eine der besten Gelegenheiten, das Prinzip der Umwandlung von Energie anzuwenden; nimm die negative Energie des Neides und setz sie dazu ein, die positiven Energien zu stärken. Wandle das schmerzliche Gefühl von Neid in eine kreative Handlung um, die deine ganze Aufmerksamkeit in Anspruch nimmt. Lies noch einmal das Kapitel «Die Umwandlung von Energie» und die Anleitung «Die Kunst, Energie umzuwandeln».

Inzwischen wirst du dich wahrscheinlich vom Schmerz des Neides befreit und ein gutes, interessantes Projekt begonnen haben, das dich zu einem glücklicheren, besseren und interessanteren Menschen macht. Wie großartig und leicht ist es doch, jene außergewöhnliche Kraft, die im Neid steckt, zu nutzen und in etwas Schönes, Angenehmes zu verwandeln, wie etwa Schwimmen, Tennis spielen, eine Skulptur modellieren, einen Baum oder Blumen pflanzen.

Nur selten übersteht der Neid diese «Behandlung»; wenn ja, dann kannst du noch einen Schritt weitergehen. Dazu brauchst du Mut, doch wirst du dafür unendlich entschädigt. Es handelt sich um folgendes: Geh zu dem Menschen, den du beneidest, und sag zu ihm: «Schau, ich beneide dich. Mag das nun einen realen oder imaginären Grund haben, meine Leiden sind jedenfalls real – sie lähmen mich, was schließlich weder dir noch sonst jemandem nützt. Mein Schmerz wird sich wie eine Infektion ausbreiten, wenn dagegen nichts unternommen wird. Offenbar bist du, wenn auch ohne dein Zutun, der Grund dafür – deshalb bist du auch derjenige, der mir helfen kann. Bitte, hilf mir.» So geht es. Du kannst es ruhig mit deinen eigenen Worten ausdrücken. Schlimmstenfalls passiert dir, daß man dich nicht versteht, doch deine Ehrlichkeit und dein Mut mit dem Gegenstand deines Neides zu sprechen, haben dich bereits freier und stärker gemacht. Es ist viel wahrscheinlicher, daß dein Gegenüber wohlwollend auf deinen Appell reagiert, möglicherweise kommt sogar eine angenehme und fruchtbare Beziehung dabei zustande. Wenn du dich aber jemals in der Lage deines Gegenübers befinden solltest, dann «schlüpfe in die Haut des anderen». Du wirst dabei feststellen, was es heißt, Neid zu empfinden, und was es bedeutet, tapfer damit hervorzutreten und um Hilfe zu bitten. Für den neidischen Menschen ist dieser Mut wertvoll. Es kommt nicht auf die Reaktion des anderen an, sondern auf dein Handeln, auf deinen aufrichtigen Mut, wenn du sagst:

Hilf mir, denn ich beneide dich.

Geh hin und tu es.

Außer deinem Schmerz hast du nichts zu verlieren.

Schmerz, Verwirrung, Angst – das alles kannst du durch deine Arbeit mit den Anleitungen mildern, klären und vertreiben.

Wenn du dieses Buch liest, suchst du ja etwas. Vielleicht ist es gerade dies.

28
ZÄRTLICH IST DIE NACHT

Ja, zärtlich ist die Nacht, wenn du erfüllt und dankbar neben dem Geliebten liegst.

Zärtlich ist die Nacht, wenn du ekstatisch dem Atem des Geliebten lauschst, wie er ruhiger und leiser wird.

Zärtlich ist die Nacht, wenn zwei als ein Wesen schlafen.

Dann brauchen wir keine Anleitungen.

Ist aber die Nacht einsam und schrecklich, will Zärtlichkeit wie ein leeres Wort erscheinen, saugt Schlaflosigkeit die letzten Überreste schwindender Kraft auf, die wir ja so nötig brauchen, offenbart die Nacht alle unsere Probleme, bietet aber keine Lösungsmöglichkeit, erscheint sie wie eine dunkle, graue Reise ohne Bewegung, ohne Sinn oder Ende...

Dann wird diese Anleitung dir helfen.

Man müßte eine ganze Enzyklopädie schreiben, nicht nur eine einzelne Anleitung, wollte man alle Gründe einer schlaflosen Nacht beschreiben und analysieren.

Die Gründe reichen von schlechter Verdauung bis zu ungelösten Lebensproblemen, von bitteren Gefühlen bis zu schlechter Ernährung, von unbequemen Schlafbedingungen bis zu einem überaktiven Gehirn oder einem Schlafpartner, der nicht zu einem paßt.

Die Anleitungen setzen sich mit vielen grundlegenden Ursachen auseinander, die eine schlaflose Nacht bewirken können, wie etwa Unruhe, Angst und Mangel an Liebe. Wenn dir bekannt ist, warum du nicht schlafen kannst, dann bin ich sicher, daß du unter den Anleitungen eine findest, die zu deiner Ursache paßt.

Diese Anleitung wendet sich an alle jene, und das sind tatsächlich viele, die nicht wissen, was es ist, das sie nicht zur Ruhe kommen läßt.

Das Einschlafen ist ein geheimnisvoller Vorgang. Der Körper schläft nicht; er muß sich nur ausruhen. Es ist unser bei Tage tätiges Bewußtsein, die Hirnrinde, die für sieben oder acht von vierundzwanzig Stunden zur Ruhe und zum Schweigen gebracht werden muß. Dennoch ist es häufig der Körper, und nicht das Gehirn, der uns vom Schlaf abhält.

Im wachen Zustand werden fortgesetzt Nachrichten – Nervenreize – zwischen Körper und Gehirn ausgetauscht. Das Gehirn sendet seine Befehle aus. Die Muskeln, die sich beim Bewegen anspannen und entspannen, geben dem Gehirn von ihrer Tätigkeit Rückmeldung. Auch die Sinne senden ihre Wahrnehmungen aus, Millionen von Wahrnehmungen. Das Gehirn ignoriert die meisten davon, weil sie bekannt sind und keinerlei Aufmerksamkeit erfordern.

Beim sanften, natürlichen Abgleiten in den Schlaf wird dieser Austausch zwischen Körper und Gehirn allmählich immer langsamer, wie die Unterhaltung zwischen zwei schläfrigen Menschen. Wenn unsere Schlafbedingungen gut sind, vermitteln uns unsere Sinne nur angenehme, beruhigende Nachrichten; unsere Muskeln entspannen sich und senden immer weniger Bewegungsnachrichten. Das Gehirn wiederum verläßt die Tagesaktivitäten und sendet den Muskeln auch immer weniger Meldungen. Und so stellt sich der Schlaf allmählich ein.

Wenn jedoch entweder das Gehirn oder der Körper sich weigern, ihre Aktivität zu verringern, dann bleiben wir wach.

Unsere Vorfahren hatten mit dem Einschlafen wahrscheinlich wenig Probleme, weil sie ihre Tage mit anstrengender körperlicher Arbeit verbrachten. Ihre müden Muskeln entspannten sich dankbar; ohne ihre Signale wurde die Hirntätigkeit langsamer und sie schliefen ein. Für uns, die wir unsere Tage hauptsächlich im Sitzen verbringen – am Schreibtisch, im Auto, in Zimmern, sind die Muskeln zwar häufig verkrampft, aber nicht müde, weder bereit, noch fähig, sich zu entspannen.

Und dann stellen sich die Gedanken ein, die uns sogar noch wacher machen, die unseren Muskeln unablässig beunruhigende Meldungen schicken, die deren Entspannung verhindern. Und dadurch wird der Zyklus der Schlaflosigkeit in Bewegung gesetzt, angespannte Muskeln erregen ruhelose Gedanken, ruhelose Gedanken erregen Spannungen in den Muskeln. Was können wir tun?

Wir müssen in den Dialog zwischen Muskeln und Gehirn eingreifen. Das kann entweder über die Muskeln oder über das Gehirn geschehen – oder über beides gleichzeitig.

Zunächst einmal sollten wir uns darüber im klaren sein, daß es nicht so sehr auf die Quantität des Schlafs ankommt, vielmehr auf die *Qualität*. Wir alle kennen die Nächte, in denen wir tief und wie betäubt geschlafen haben, aber nach dem Erwachen müder und deprimierter waren als vorher. Wie anders aber das köstliche Gefühl von Frische und Vitalität, das selbst der kürzeste Mittagsschlaf bewirken kann! Verbringt man die letzte Stunde vor dem Schlafengehen angenehm, profitiert man davon in zweifacher Hinsicht. Statt sich vor der Zeit des Wachliegens zu fürchten, wird man sie interessant und vielversprechend finden; gleichzeitig wird man hinterher feststellen, daß man besser geschlafen hat. Denn die Qualität des Schlafs hängt weitgehend vom Zustand des Körper-Bewußtseins während der letzten Stunde vor dem Schlafengehen ab. Je näher der Schlaf rückt, desto dünner wird die Trennwand zwischen dem Bewußten und Unbewußten, wodurch leicht störende Gedanken in die tieferen Regionen des Unbewußten vordringen können. Aus diesem Grund müssen wir besonders darauf achten, welche Gedanken und Gefühle wir zur Schlafenszeit haben. Bei Kindern ist das sogar noch wichtiger als bei Erwachsenen.

In dieser Anleitung stelle ich sieben Methoden vor, mit deren Hilfe man leichter einschlafen und besser schlafen kann. Manche lassen sich auch tagsüber anwenden. Ein kurzer Schlaf am Tage verdoppelt die Energiemenge des Körpers. Eine der lohnenswertesten Fähigkeiten, die man erlernen kann, ist die Fähigkeit, tagsüber kurz zu schlafen. Außer den hier vorgestellten Schlafanleitungen ist auch «Re-Hö-Ha» für die Überwindung der Schlaflosigkeit von großer Wirksamkeit. Dasselbe gilt für «Tanze nackt mit Musik», das auf den Schlaf vorbereitet, indem es den physischen Energien des Körpers eine neue Richtung gibt und die emotionelle Verkrampfung löst.

Es folgen hier nun mehrere vielerprobte Methoden zur Verbesserung des Schlafs. Jeder hat ihren eigenen Titel, was ein schnelles Nachschlagen ermöglicht. Probier sie einmal aus und denke dir auch selbst welche aus.

Wie es euch gefällt

Sobald du es dir im Bett bequem gemacht hast, bring das Geplapper deines Tagesgehirns zum Schweigen und stoß in die Welt der kreativen Imagination vor: Laß dich auf das Abenteuer eines Genußes für deine Muskeln und Sinne ein.

Laß dich von deiner Phantasie beispielsweise an den Meeresstrand tragen. (Das mache ich immer sehr gern)! Stell dir den Strand vor, wie die Wellen sanft über den Sand spülen. Fühl den weichen, feuchten Sand unter deinen Füßen. Das Wasser ist klar und durchsichtig und einladend. Du läufst gemächlich dahin; ganz allmählich beschleunigst du deine Schritte. Du läufst ohne Anstrengung dahin, ganz locker, immer schneller und schneller. Du beginnst zu rennen, du rennst auf dem feuchten Sand dahin; das klare, kühle Wasser spritzt bis zu den Knien, bis zur Hüfte an dir hoch. Wie einladend das Wasser ist, wie klar und angenehm temperiert – nicht zu warm, nicht zu kalt –, wie sauber und durchsichtig im Licht der Sonne! Kannst du etwa widerstehen? Nein. Du verläßt plötzlich den Strand und läufst ins Wasser. Du wirfst dich hinein; du schwimmst und springst und tanzt in dem vielfarbigen Wasser. Du tauchst bis auf den Grund, kommst an die Oberfläche und nimmst einen tiefen Atemzug, tauchst wieder bis auf den Grund und hebst eine kleine Muschel auf. Spüre die Muschel; betrachte sie – und laß sie wieder fallen. Dann schwimmst du aufs offene Meer hinaus – zuerst schnell, wie ein triumphierender Wettschwimmer, dann langsamer. Nach einer Weile legst du dich auf den Rücken und ruhst dich aus. Laß dich von der Spannkraft des Wassers, von seiner Kraft durchfluten. Entspanne deine Muskeln, die du vorher so großartig benutzt hast. Lieg auf dem Wasser wie auf deinem Bett. Schließ die Augen und laß dich von der Energie des Wassers und der Sonne tragen. Du treibst in flüssiger Energie dahin – frei und bequem –, während die Wellen dich allmählich wieder zum Strand zurückspülen. Du steigst aus dem Wasser, befriedigt und entspannt. Dein Geist und dein Körper strahlen. Du gehst irgendwohin, wo es schattig und ruhig ist, legst dich nieder und genießt die Dunkelheit nach dem grellen Licht der Sonne. Du liegst da, glücklich und ausgeglichen. Der Rhythmus der Wellen verbindet sich mit dem Rhythmus deiner Atemzüge. Schlaf hüllt dich ein.

Vielleicht ziehst du eine andere Form der Bewegung vor, vielleicht läufst du lieber Ski in deinen Lieblingsbergen, fährst lieber Rad oder wanderst. Tu, was du am liebsten tust.

Was möchtest du heute nacht träumen?

Leg dich genauso schlafen, wie du ein Kind schlafen legen würdest – keine brutalen, gewalttätigen Fernsehsendungen vorher, kein Streiten und kein Schimpfen, keine offen gelassenen Angelegenheiten. Es gibt gute Gründe für die harmonische, stille Einkehr zur Schlafenszeit. Man kann zu sich selber wie zu einem geliebten Kind sagen: «Was war das Schlimmste, was dir heute passiert ist?» Laß dir von dem Kind in dir erzählen, was passiert ist, unterbrich es nicht, weder mit Kritik noch mit Lob: Es ist geschehen – laß es gut sein. Man kann auch wie zu einem Kind sagen: «Was würdest du heute nacht gern träumen?» Hör wiederum ohne Kommentar zu, und sag schließlich: «Ja, jetzt kannst du einschlafen und den Traum träumen.» Das ist eine der besten Vorbereitungen auf den Schlaf, nicht nur für Kinder, auch für Erwachsene.

Nun sollte dergleichen für ein Kind nicht etwa zur festen Regel werden, ohne die es nicht mehr einschlafen kann; es ist nur eine der vielen Möglichkeiten, einem Kind «Gute Nacht» zu sagen. Auf jeden Fall sollte man nie zulassen, daß ein Kind verstört zu Bett geht. Wie gesagt, kurz vor dem Einschlafen ist die Trennwand zwischen dem Bewußten und Unbewußten sehr durchlässig, und wir wollen einem negativen Gefühl nicht erlauben, diese dünne Barriere zu durchbrechen und sich fest im Unbewußten einzunisten. Das gilt für den Erwachsenen genauso wie für das Kind.

Magische Wärme

Nun folgt ein Schlafrezept anderer Art, fast ausschließlich physischer, in gewisser Weise auch magischer Natur. Es wurde von dem berühmten Heilpraktiker und Hydrotherapeuten Sebastian Kneipp eingeführt, der seine Patienten durch die verschiedensten Wasserbehandlungen heilte. Ich habe diese ungewöhnliche, einschläfernde Methode ausprobiert, viele meiner Freunde und Bekannten auch. Ich kenne nichts, was ihr vergleichbar wäre.

Bereite alles für die Nacht vor: Schließ oder öffne das Fenster, knipse bis auf die Nachttischlampe alle Lampen aus, leg ein paar zusätzliche Decken aufs Bett. Nimm ein angenehmes Bad oder dusche. Dann legst du dir ein Handtuch um oder ziehst ein Nachthemd oder einen Pyjama an, ohne dich vorher abzutrocknen, und kriechst schnell so, naß wie du bist, ins Bett. Mach unterwegs auch die Nachttischlampe aus, denn wenn du erst einmal im Bett bist, ist es sehr wichtig, daß du dich fest zudeckst. Zieh die Bettdecke bis zum Hals, wickel dich wie in einen Kokon ein, dicht und fest, damit zwischen deiner Haut und der Bettdecke keine Luft mehr ist.

Wird es im Bett denn nicht feucht und unbequem? fragst du vielleicht. Werde ich mich nicht erkälten?

Durchaus nicht. Du und das Bettzeug, ihr werdet in kürzester Zeit trocken sein, obgleich du es wahrscheinlich selbst gar nicht mehr merkst, weil du schon eingeschlafen bist. Dieses Einschlafen ist außerordentlich beruhigend, weich und tief.

Physiologisch gesehen ist diese Methode durchaus nicht geheimnisvoll. Wir schlafen, wenn wir warm haben, die Blutzirkulation dringt rasch bis in die Haut vor, wärmt und trocknet sie, auch wenn man naß ist.

Diese Methode kann auch folgendermaßen abgewandelt werden: Mache ein kleines Handtuch in lauwarmem Wasser naß und wringe es vollkommen aus. Dann lege dich ins Bett und das Handtuch über dein Sonnengeflecht und deinen Unterleib; wickel dann ein dickeres Handtuch oder einen Wollschal darum herum. Das wird deinen Kopf von jeglichem Druck befreien, und ein besänftigendes Gefühl des Friedens wird um dich sein.

Noch eine andere Art ist die: Bade oder dusche in einem sehr dünnen Nachthemd oder Pyjama. Wenn du fertig bist, wringe die gröbste Nässe aus der Kleidung, dann zieh einen dicken, warmen Morgenrock an, schlüpfe ins Bett und wickel dich fest in deine vielen warmen Decken ein. Du wirst einschlafen, lange bevor dein Nachthemd oder Pyjama trocken ist...

Laß das Band rückwärts laufen

Eine der wirksamsten Vorbereitungen für einen erholsamen Schlaf ist zugleich eine großartige Übung für den Geist.

Laß die Ereignisse des Tages noch einmal an dir vorüberziehen, aber in umgekehrter Reihenfolge!

Fang mit dem letzten Ereignis kurz vor dem Schlafengehen an; geh dann, sorgfältig auf jedes Detail achtend, allmählich durch alle Geschehnisse zurück, durch alles, was du gesehen und gehört, gesagt und getan hast, bis du beim Erwachen am Morgen angelangt bist. Wahrscheinlich bist du vorher allerdings längst eingeschlafen. Dieses Rückwärtsspulen der Tagesereignisse kann sehr nützlich sein und ausgleichend wirken. Manchmal hat es etwas Amüsantes wie alte Filmkomödien, die jeder schon einmal gesehen hat: Ein kleiner Mann wird von einer Dampfwalze überfahren und plattgewalzt; dann rollt die Dampfwalze wieder zurück, der kleine Mann steht auf und pafft aufgeregt an einem Zigarrenstummel.

Stell dir beispielsweise vor, dir wäre heute folgendes widerfahren: Du hast auf die Uhr geblickt und festgestellt, daß du zu einer wichtigen Verabredung zu spät kommen wirst. Dein ganzes Tempo hat sich verändert; du mußt dich beeilen, fertig werden. Und alles hatte sich – wie immer in solchen Fällen – gegen dich verschworen: Fehlende Knöpfe am Anzug, entnervende Autofahrer. Du bist atemlos und mit einer Entschuldigung auf den Lippen am Ort deiner Verabredung angekommen – um festzustellen, daß du viel zu früh gekommen bist, daß deine Uhr vorgegangen ist. Wenn du diesen Vorfall noch einmal rückwärts erlebst und das Ende der Geschichte schon kennst, kannst du über deine Frustration herzhaft lachen.

Diese Geistesübung prägt nicht nur deinen Sinn für Objektivität, sondern trainiert auch dein Gedächtnis. Sie ist selbst dann noch gut, wenn sie dich für ein paar Minuten wach hält; meist wird das allerdings nicht der Fall sein. Man ist oft schon längst eingeschlafen, bevor man in der Rückblende beim Erwachen angekommen ist.

Tu es einmal! Du wirst überrascht sein.

Der Innerste See

Wenn du es nicht unbequem findest, leg dich auf den Rücken und streck Arme und Beine weit von dir.

Dann stell dir folgendes vor:

Dein Geist ist ein großer, spiegelglatter See hoch oben in den Bergen. Das ist der «Innerste See». Wirf ein paar bunte Steine in den Innersten See. Jeder Stein hat einen Namen. Dieser blaue heißt «lieblich». Halte ihn einen Moment in der Hand, spüre seine Oberfläche, sein Gewicht, betrachte seine Farbe und sein Muster. Dann wirf deinen «lieblichen» Stein in den Innersten See. Lausche in der Stille dem Geräusch, das er beim Aufprall auf der Wasserfläche verursacht. Sieh dir die Kreise im Wasser an, die größer und größer und größer werden. Dann, schläfrig und langsam, schon übermannt dich der Schlaf, nimmst du den nächsten bunten Stein in die Hand. Spüre ihn. Sieh ihn an. Wie möchtest du ihn nennen? «Stark»? «Glücklich»? «Gut»? «Gesund»? «Ruhig»? «Schlaf»? Gib deinen kostbaren Steinen Namen, die eine schöne Bedeutung für dich haben. Wirf einen nach dem anderen langsam und ohne Hast in deinen Innersten See. Schau dir die allmählich größer werdenden Kreise an, die jeder einzelne auf der Wasseroberfläche verursacht, während *du* in einen wunderschönen Schlaf gleitest.

Zwei – eins, zwei – eins

Dies ist eine Yoga-Methode zur Erlangung der inneren Ruhe.

Zähle deine Atemzüge folgendermaßen: Eins – beim ausatmen, zwei – beim einatmen. Eins – ausatmen. Zwei – einatmen. Weiter nichts. Die Kunst besteht darin, es voll und ganz zu tun und dabei an nichts anderes zu denken, nichts anderes zu fühlen, lediglich tief und vollständig zu atmen – aus (eins) und ein (zwei).

Ich benutze diese sanfte Methode häufig, um einzuschlafen. Doch statt die Atemzüge zu zählen und mein Atmen bewußt zu lenken, beobachte ich es lediglich und lasse mich mit ihm gehen. Geh einfach mit deinem Atem mit, laß ihn *sein*. Folge ihm einfach. Fange mit drei oder vier sehr tiefen Atemzügen an. Preß alle Luft aus den Lungen, auch das letzte bißchen. Dann nimm einen vollen, langsamen Atemzug durch die Nase. Fülle deine Lungen vollständig. Halte den Atem so lange wie möglich an. Und dann atme sehr, sehr langsam aus; laß alle Luft aus dir herausströmen. Wenn du meinst, alle Luft sei draußen, könnte immer noch ein bißchen in deinen Lungen sein; preß auch diesen Rest heraus, bis du wirklich ganz leer bist. Wiederhole das drei- oder viermal, und atme anschließend normal weiter. Richte deine ganze Aufmerksamkeit auf diesen außergewöhnlichen Vorgang. Einfaches Atmen kann einem manchmal wie ein erstaunliches Wunder vorkommen.

Das Zahlenspiel

Zählen ist eine kindliche, doch wirksame Methode zum Einschlafen. Während du in Gedanken 1, 2, 3, 4 ... zählst, stellst du dir die einzelnen Zahlen groß und weiß auf einer schwarzen Leinwand vor. Das ist ein monotones Spiel, und je mehr du dich langweilst, desto langsamer erscheinen die Zahlen auf der Leinwand, sie bleibt immer länger schwarz ... das Schwarz wird immer samtiger ... immer weicher ... wird unwiderstehlich einladend ...

Ein fernes Land

Mach deinen Körper so steif wie möglich, nicht nur einen Körperteil, sondern den ganzen Körper – steif, steif, steif. Bleib so liegen, so lange wie möglich. Wenn dein Körper so steif wie ein Brett ist und du das Gefühl hast, diesen Zustand nicht länger ertragen zu können, dann bleib noch einen Moment länger steif und dann laß völlig los.

Wiederhole dies zehnmal hintereinander. Wenn du zum letztenmal losläßt, stelle dir so lebhaft wie möglich etwas vor: Es können deine Lieblingsblumen sein oder junge Tiere, Hunde oder Kätzchen, die sich mit träger Anmut räkeln und sich zusammenrollen und einschlafen. Es kann irgendeine friedliche Landschaft sein, überhaupt alles, was erfreulich anzusehen ist. Es soll nur nichts mit Problemen, vergangenen oder gegenwärtigen, zu tun haben. So trägt es dich langsam und sanft in das ferne Land des Schlafes hinüber.

Noch ein Wort zu diesem Thema: Wenn du im Bett liegst und einfach nicht einschlafen kannst, dann *bemühe dich nicht* krampfhaft um den Schlaf. Der Versuch allein verkrampft dich schon. So kann es auch mißlingen. Selbst wenn du einschlafen solltest, wäre es wahrscheinlich kein erholsamer, sondern ein *erschöpfender* Schlaf.

Frage dich: *Wie kann ich das nutzen?* Selbst aus einer langen und schlaflosen Nacht kann man etwas Nützliches und Schönes machen. Es ist eindeutig nachgewiesen, daß es nichts schadet, wenn man einmal eine ganze Nacht hindurch wach bleibt.

In einer langen Nacht der Selbstforschung kannst du wichtige Entdeckungen machen oder eine Antwort finden, nach der du schon lange gesucht hast.

Wenn du eine schlaflose Nacht hast, dann geh mit ihr mit. *Geh den ganzen Weg mit ihr mit.* Am andern Ende warten vielleicht Zärtlichkeit und Befreiung auf dich!

Wenn wir Widerstand gegen einen Teil unseres Wesens leisten, können wir so im Widerstand aufgehen, daß wir dann wahllos allem Widerstand leisten.

Wenn du den Anleitungen folgst, dann leiste keinen Widerstand, wenn sich etwas aus einem inneren Selbst zu Wort meldet.

29
SEI OFFEN FÜR FREUDE

Als Rengetsu auf einer Pilgerfahrt bei Sonnenuntergang in ein Dorf kam und um ein Nachtlager bat, verwehrten ihr die Dorfbewohner den Einlaß in ihre Hütten. Sie war gezwungen, sich draußen auf den Feldern unter einem Kirschbaum zur Ruhe zu legen. Um Mitternacht erwachte sie und sah, denn es war eine Frühlingsnacht, die voll geöffneten Kirschblüten, sie lächelten dem von einem Dunstschleier umgebenen Mond zu. Von der Schönheit dieses Anblicks überwältigt, erhob Rengetsu sich und verneigte sich dankbar gegen das Dorf:

«Da ihr so freundlich wart, mir ein Nachtlager zu verweigern, finde ich mich jetzt unter diesen Blüten in der Nacht des umflorten Mondes.»[1]

Nur wenige Menschen haben es in der Kunst des Lebens so weit gebracht wie Rengetsu; selbst nach einer derartigen Zurückweisung war sie noch offen für Freude und Dankbarkeit. Unter ähnlichen Umständen hätten die meisten von uns sich verbittert und einsam gefühlt, hätten sich bemitleidet und Groll gegen die ganze Menschheit empfunden.

Nicht so Rengetsu. Sieh sie dir an, eingehüllt vom Mondlicht und voller Dankbarkeit, gebadet in Schönheit und Freude, wie sie sich gegen das Dorf verneigt und seinen Bewohnern für die Freundlichkeit dankt, daß sie ihr das Nachtlager verweigert haben!

Wäre Rengetsu von Groll und Selbstmitleid erfüllt gewesen, hätten die bitteren Tränen ihr die Schöneit der Blüten und des Mondes verschleiert. Hätte sie die Schönheit nur durch den Schleier ihres Grolls gesehen, dann hätte sie vielleicht rachsüchtig reagiert: «Ihr egoistischen Dorfbewohner, verdammt seid ihr! Gott liebt *mich* und schenkt *mir* die Blüten und den Mond, nicht euch, ihr erbärmlichen Kreaturen, die ihr in eure finsteren Hütten eingesperrt seid!»

Wahre Freude ist untrennbar mit dem Gefühl von Dankbarkeit, Großzügigkeit und Wohlwollen verbunden, und zwar so, daß man nur schwer sagen könnte, was zuerst kommt, Freude oder die guten Gefühle.

Natürlich stimmt es auch, daß Freude häufig als Ausdruck von Rache und Feindseligkeit mißbraucht wird. Dabei handelt es sich aber um sadistische oder masochistische Vergnügen, komplizierte neurotische Verwirrungen, die psychiatrische Behandlung erfordern.

Diese Anleitung ist keine Behandlung für den neurotischen Mißbrauch der Freude. Sie soll uns wach, offen und bereit machen, Freude zu geben und zu nehmen, und zwar hier und jetzt.

Versetzen wir uns einmal in Rengetsus Lage. In derselben Lage befinden wir uns ja auch häufig; man muß nicht unbedingt ein orientalischer Mystiker sein, um zu erleben, wie einem Türen vor der Nase zugeschlagen werden. Wie oft ist uns schon die Tür zugeschlagen worden, wenn wir direkt oder insgeheim um Verständnis gebeten haben. Wie oft schon haben *wir selbst* andern die Tür zugeschlagen? Und wie oft haben wir nicht dadurch den Teufelskreis von Selbstmitleid und Schuld – Schuld und Selbstmitleid in Gang gesetzt! Manchmal versuchen wir begierig, uns Freude zu kaufen, nur um diesem Teufelskreis Einhalt zu gebieten.

Aus diesem Grund geht es der Vergnügungsindustrie auch so gut. Man bedenke nur einmal den krampfhaften Zustand, in den wir alle um die Weihnachtszeit verfallen: Wir rennen übertrieben aufgeregt herum, reden uns aber die ganze Zeit ein, daß es uns wunderbar geht. «Solch eine freudige Zeit!» rufen wir aus – und bedenken dabei nicht, daß Ärzte und Psychiater niemals so viel zu tun haben wie zur Weihnachtszeit, wenn die halbe Welt unter Verdauungsschwierigkeiten, Depressionen oder einer jahreszeitlich bedingten Neurose leidet. Vielleicht ist die Zahl der Verkehrsunfälle um diese Zeit deshalb so besonders hoch. Hat das noch etwas mit Freude zu tun?

Zwischen der gierigen Hetze nach Freude und der offenen Bereitschaft zur Freude besteht eine tiefe Kluft. Keine kommerzielle Vergnügungsindustrie kann einem «die Blüten in der Nacht des umflorten Mondes», ersetzen. Das kann nur eine innere Bereitschaft, in der man für die Freude offen ist.

Es ist nicht leicht, Freude zu definieren; sie ist für einen jeden etwas anderes. Ich habe unzählige Menschen mit den unterschiedlichsten Temperamenten gebeten, mir einmal zu sagen, wie sie den *Zustand der Freude*, die Erfahrung der Freude beschreiben würden, nicht etwa, was sie als besondere Freude erlebt haben.

Die Antworten klangen überraschend ähnlich:

«Wenn ich eins mit mir bin, wenn nicht ein Teil von mir hierhin will und ein anderer dorthin und ein dritter über alle Möglichkeiten nachdenkt, wenn ich über die Freude nicht diskutiere und nicht darüber nachdenke: Wenn die Freude und ich eins sind.»

«Wenn ich nicht einmal bemerke, daß ich mich in einem Zustand der Freude befinde.»

«Wenn ich mehr das Gefühl der Freude empfinde als mich selbst.»

«Wenn ich geistig und physisch ganz auf der Höhe bin.»

«Wenn ich nicht auf mich konzentriert bin.»

«Wenn Freude einen besseren Menschen aus mir macht.»

Freude kommt bei jedem von uns auf unterschiedliche Art und Weise zustande. Durch sinnliche Freude, den Wunsch nach Liebe, erfüllte Liebe oder das Gefühl, etwas geleistet zu haben. Manche schöpfen die reinste und intensivste Freude aus dem engen Kontakt mit der Natur; andere erfahren sie im Augenblick einer Entdeckung oder Einsicht. Man sagt auch, wenn man versucht, dieses Gefühl innerer Harmonie zu benennen: «Ich bin mich selbst; ich stehe mir nicht im Wege.»

Häufig bereitet es einem Freude, wenn man andere glücklich macht oder etwas Schönes schafft. Wenn man sich sehr wohl fühlt und sich dessen auch bewußt ist, dann empfindet man die Freude einfach zu sein, eine Hand zu bewegen, zu atmen, die Augen zu öffnen und zu schließen, das Leben durch sich hindurchströmen zu fühlen, die Freude, in der Nacht wach zu liegen und in die Stille zu lauschen.

Wenn man an eine vergangene Freude denkt, fällt einem spontan meistens noch eine weitere dazu ein. Bitte einmal einen Freund, dir von einem Augenblick großer Freude zu erzählen, und achte darauf, wie sich seine Laune verbessert. Man kann eine tiefe, therapeutische Entspannung dadurch bewirken, daß man eine vergangene Freude noch einmal erlebt. Freude, die niemandem schadet, ist gut für Körper und Geist.

Manchmal geschieht es jedoch, daß man plötzlich von einer durchdringenden Traurigkeit überfallen wird, wenn man an vergangene Freuden denkt. Diese Freuden sind vergangen, für immer vergangen, und man möchte weinen. Dann weine, es ist besser, die Tränen aus sich herauszulassen als in sich einzuschließen. Ob es Tränen der Sehnsucht sind oder Tränen der Bitterkeit, wenn man sie zurückhält, sind gerade sie es vielleicht, die es einem erschweren, Freude *jetzt* zu empfinden.

Ist man körperlich und geistig bereit, Freude zu empfangen, dann begegnet sie einem auf unerwartete Weise. Das ist mir vor nicht langer Zeit passiert. Mein Mann und ich mußten auf einem kleinen Flugplatz in New Mexico den Anschlußflug abwarten. Wir saßen in der Imbißstube. Am Nebentisch wartete eine Familie aufs Essen: Vater, Mutter, drei Jungen und ein kleines Mädchen. Ich spürte die Harmonie in dieser Gruppe, die zwanglose Solidarität und Ernsthaftigkeit, die Zuneigung, die jeder so spürbar für den anderen empfand, daß sie keinen äußeren Ausdruck brauchte. Von dem kleinen Mädchen war ich am meisten beeindruckt. Es war wahrscheinlich noch nicht ganz drei Jahre alt, hatte ein ernstes, gesundes Gesicht, rosige Wangen und rote Lippen. Seine Augen waren dunkel und weit offen. Diese Augen blickten mich an. Ich erwiderte den Blick. Wir sahen einander vollständig an, daß die Stimme meines Mannes weit weg zu sein schien.

«Das Kind ist von dir fasziniert», sagte er.

«Und ich bin ganz hingerissen von ihm», erwiderte ich.

Unsere stumme Entrückung wurde unterbrochen, als das Essen aufgetragen wurde. Alle aßen schweigend. Dann wurde es Zeit für die Familie zu gehen. Der Vater und die drei Jungen gingen hinaus, die Mutter folgte ihnen. Nur das kleine Mädchen wandte sich um und kam an unseren Tisch. Und wieder sah es mich in seiner intensiven und vollkommen offenen Art an.

Ich sehe es jetzt wieder vor mir. Es kommt dicht an mich heran, und wir schauen einander fasziniert an. Das Mädchen steht vor mir – klein, stark, ganz vollkommen. Ohne meine Lippen zu bewegen, in dem Wunsch, meine Gedanken und Gefühle in einem Wort zum Ausdruck zu bringen, murmle ich: «Du bist gut und schön.»

Niemand hätte mich hören können. Doch das kleine, offene Wesen hatte meine Empfindungen aufgenommen.

«Du auch», sagte es in demselben unhörbaren Ton wie ich.

Dann folgte ein wunderbares Schweigen. Ich weiß nicht, wie lange es andauerte. Ich spürte die Mutter, die neben das Mädchen getreten war und schweigend wartete. Was für eine großartige Mutter! Sie unterbrach diesen schönen Augenblick nicht; sie redete nichts Unbedeutendes; sie sah ihrem Kind zu und machte mich – ohne den Augenblick der friedlichen Intensität zu unterbrechen – darauf aufmerksam, daß es nun an der Zeit wäre, das Kind gehen zu lassen. Ich nahm die Hand des kleinen Mädchens und sagte mit veränderter Stimme: «Auf Wiedersehen. Du wirst jetzt eine wunderschöne Reise machen.» «Ja!» erwiderte das Mädchen heiter, wandte sich um und ging mit seiner Mutter davon.

Diese kurze und glückliche Begegnung war für mich ein Moment der Freude gewesen. Unerwartet, ungeplant, einzigartig – so war mir das Geschenk zuteil geworden. Wenn ich dafür allerdings nicht offen gewesen wäre, hätte ich die Freude nicht erleben können.

Wie häufig geht eine Freude an uns vorüber, weil wir nicht für sie bereit sind! Wenn wir verkrampft sind oder Schmerzen haben, dann ist es schwierig, die Blumen der Freude auf unserem Weg zu sehen, geschweige denn zu pflücken. Vielleicht laufen wir blind über sie hinweg.

In Mexiko kam einmal ein Mann zu mir, um ein Problem zu besprechen, das ihn nachts nicht schlafen ließ. Ich schlug vor, einen Spaziergang zu machen. Als wir aus dem Haus traten, wies ich ihn auf die Schönheit der Bäume und Blumen im Licht der Morgensonne hin. Er stimmte mir rasch zu, ohne einen Blick daran zu verschwenden, und fing sofort an, über seine schmerzliche Lage zu sprechen. Alles an Gefühlen quoll aus ihm heraus, alle die Empfindungen, die er in seinem täglichen Leben unterdrücken und verbergen mußte. Immerhin fühlte er sich frei genug, den angestauten Ballast mit starken Worten und unter Tränen über Bord zu werfen.

Wir liefen eine gute Stunde. Plötzlich blieb der Mann stehen und blickte sich um. Von dem Anblick überwältigt, rief er aus: «Sehen Sie, sehen Sie doch nur – die Bäume und die Berge – wie schön sie sind! Noch nie habe ich so etwas Schönes gesehen!» Er forderte mich wiederholt auf, hinzusehen, und achtete darauf, daß ich auch wirklich hinsah, daß mir auch ja kein Detail der Szenerie entging. Und schließlich, da er nicht in der Lage war, seine Freude in Worte zu kleiden, fing er an zu singen.

Wir standen an genau derselben Stelle, wo ich ihn zu Beginn unseres Spaziergangs auf die Aussicht aufmerksam gemacht hatte.

Der Zustand der Freude kann durch wirkliche Hindernisse blockiert werden, wie nagenden Schmerz, lästige Aufgaben, die wir – ob wir wollen oder nicht – erledigen müssen, aber auch durch äußere Umstände wie Temperatur, Lärm, Geruch und so weiter.

Es gibt jedoch noch andere scheinbare Hindernisse, bei denen es aber entschieden in unserer Macht steht, sie zu beseitigen. Ich spreche von jenen Geistern der Vergangenheit, die unsichtbar, doch mächtig über uns schweben. Meist sind es irgendwelche Mächte aus der Vergangenheit, aus unserer Kindheit, unserer Erziehung, Erinnerungen an liebe Menschen, die wir verloren haben.

Diese Anleitung zielt auf dreierlei ab: sicherzustellen, daß keine «Geister der Vergangenheit» uns belästigen, und, sollten sich doch einige zeigen, ihnen die Energiezufuhr zu entziehen, und sie aufzulösen, und schließlich, in uns selbst jenen Zustand herzustellen, in welchem wir offen für die Freude sind, Freude annehmen und geben.

Zuerst wollen wir uns darauf einigen, was Freude ist, beziehungsweise nicht ist. Hier folgt eine Aufstellung, die Du möglicherweise ergänzen möchtest:

Freude ist alles, was
niemandem weh tut;
mir das Gefühl gibt, eins und ungeteilt zu sein;
mir Kraft und Freundlichkeit verleiht;
ein Gefühl des Neuen, Einzigartigkeit in mir aufkommen läßt;
mir ein Gefühl der Freiheit und Leichtigkeit vermittelt.

Nicht-Freude ist alles, was
mir weh tut;
anderen Menschen weh tut;
mich in einen Zwiespalt drängt;
von depressiven Gefühlen begleitet wird;
die Wiederholung eines Verhaltensmusters ist, das zur Abhängigkeit zu führen droht;
mir ein Gefühl der Schuld und Undurchlässigkeit gibt.

Ich schließe hier zwei Gruppen von Fragen an. Beantworte sie, ohne viel nachzudenken, mit Ja oder Nein. *Halte dich nicht* an die Anweisungen von «Fragen und wie man sie stellt». Beantworte die Fragen mit der ersten Antwort, die dir in den Sinn kommt:

Erste Fragengruppe	*Antwort*
Muß Strafe auf Vergnügen folgen?	
Muß meine Freude jemandem Schmerz zufügen?	
Verringere ich Freude und Lust durch die Angst, sie zu verlieren?	
Oder durch Eifersucht?	
Durch Besitzgier?	
Durch Habgier?	
Mische ich mich in die Freuden anderer Menschen ein?	
Betrachte ich Lust als eine verbotene Frucht?	
Beeinträchtigt Freude meine Prinzipien?	
Fühle ich mich schuldig, wenn ich Freude und Lust empfinde?	
Bin ich der Meinung, daß Freude etwas mit Sünde zu tun hat?	

Zweite Fragengruppe	*Antwort*
Ist mein Körper-Bewußtsein offen für Lust?	
Habe ich das Gefühl, Freude verdient zu haben?	
Bin ich zu anderen Menschen freundlicher, nachdem ich eine Freude erlebt habe?	
Macht es mir Spaß, Freude zu machen und zu empfangen?	
Habe ich das Gefühl, Freude sei gut für mich?	
Und für andere?	

Hast du die Fragen beantwortet? Wenn du sie einfach nur durchgelesen haben solltest, dann lies jetzt bitte nicht weiter; blättere wieder zurück und beantworte erst die Fragen: Schreib schnell die Antworten – ja oder nein – dahinter.

Wenn du alle Fragen der ersten Gruppe mit *Nein* und alle der zweiten Gruppe mit *Ja* beantwortet hast, dann ist es gut. Du kannst dich freuen. Du brauchst diese Anleitung kaum, probier sie einfach zum Spaß trotzdem einmal aus!

Wenn du irgendeine Frage aus der ersten Gruppe mit *Ja* oder eine aus der zweiten mit *Nein* beantwortet hast, dann gibt es wahrscheinlich ein paar Hindernisse, die dich am Annehmen von Freude, wie wir sie definiert haben, verhindern.

Freude ist eines der wichtigsten Elemente zu einem erfüllten Leben. Die Anleitungen bezwecken, Hindernisse aus dem Weg zu räumen, die ein erfülltes Leben verhindern. Alles, was deine Fähigkeit, Freude zu empfinden, einschränkt, steht zwischen dir und deiner Erfüllung.

Um deine besonderen Hindernisse auszuräumen, lies nochmals die Anleitungen zu:

Zum Teufel mit der Vorsicht
Blubbere dich frei
Als wär's das erste Mal
Liebe dich selbst wie deinen Nächsten
Deine Phantasie gehört dir
Weg mit den Wörtern
Tanze nackt mit Musik

Unter diesen Anleitungen gibt es verschiedene, die besonders auf Fragen zutreffen, die du im ersten Fragenkomplex mit *Ja* und im zweiten mit *Nein* beantwortet hast. Wenn du sie praktizierst, wirst du feststellen, durch welche du am besten mit den Hindernissen fertig werden kannst, die dir den Weg zur Freude verbauen.

Wenn deine inneren Hindernisse beseitigt sind, brauchst du Freude bestimmt nicht mehr bewußt zu kultivieren, denn du wirst sie in deiner Umgebung und in dir selbst finden. Du wirst plötzlich die Dinge sehen, die schon immer da waren – Wolken zum Beispiel, das Licht, das nachts aus dem Fenster fällt, oder die einfachen Dinge in deinem

Alltag, und Freude daran haben. Du wirst plötzlich entdecken, wie einfaches Brot schmecken kann. Du wirst zu deiner Überraschung voller Freude entdecken, daß du einen Körper hast.

Helen Keller, deren Möglichkeiten zur Lebensfreude von Geburt an geringer waren als die unseren, schrieb folgendes: «Damit ein Kind die bestmögliche Erziehung bekommt, muß es ständig ermuntert werden, Freude und ein schöpferisches Interesse am Sehen, Hören, Berühren, Riechen und Schmecken zu haben... Wenn eine Mutter so viel sanfte Geschicklichkeit auf die sorgfältige Förderung all seiner physischen Kräfte aufwendet wie auf die Erhaltung seiner Gesundheit... wird es nicht nur eine wohlgeordnete Beherrschung seiner Sinne erlangen, sondern auch auf dem besten Wege zu geistiger Reife sein... Jeder Mensch, jede Gruppe, die solcherart auf ausgezeichnete Weise für das Leben ausgerüstet ist, ist der größte Beitrag an die Menschheit.»

«Auf dem besten Wege zu geistiger Reife», «eine wohlgeordnete Beherrschung seiner Sinne». Das ist ein tiefgründiger und mitfühlender Rat für uns alle, ob Kinder oder Erwachsene.

Und so kannst du diesen Rat in die Tat umsetzen:

Halte mehrmals täglich einen Augenblick inne und sieh, höre, berühre, rieche, schmecke und fühle etwas mit vollem Bewußtsein. Wo du auch bist, finde etwas in dir oder außerhalb von dir – und mag es für andere Menschen noch so bedeutungslos sein –, das dir Freude macht.

Und jetzt, wo du am Ende dieser Anleitung angelangt bist, lies den ersten Abschnitt noch einmal durch. Entscheide dich, ob du gemäß meinen Anweisungen vorgehen willst oder in einer plötzlichen Sinnesänderung wie Rengetsu. Ihre Geschichte ist ein Symbol der Anmut, zu der ein Mensch fähig ist. Unabhängig davon, wie viele Türen das Leben auch vor uns zuschlägt, die Tür zur Freude läßt sich offenhalten, man braucht sie nur zu durchschreiten, und schon setzt man eine Kettenreaktion von Schönheit, Wohlwollen und Großzügigkeit in Gang.

[1] Trevor Leggett, *A First Zen Reader*. Tuttle.

Lege jede Vorstellung von besser oder schlechter, von höher oder tiefer beiseite, während du dich mit den Anleitungen beschäftigst. Lege Vergleiche, Lob, Rechtfertigung beiseite. Höre auf zu beurteilen. Tue einfach und fühle nur. Laß die Dinge sein. SEIN. Betrachte nicht richtig und falsch – nur Ursache und Wirkung. Nicht was sein sollte – nur was ist.

30
PRAJÑA JETZT

Prajña – den meisten ist das Wort wahrscheinlich völlig fremd. Deshalb habe ich es gewählt.

Es gibt Umstände, unter denen man ein fremdes Wort ohne bekannte Assoziation jedem anderen vorziehen sollte.

Prajña ist ein Begriff aus dem Sanskrit und bedeutet soviel wie «ein stets gegenwärtiger Zustand der Gnade». Diesen Zustand der Gnade kann man nicht durch Anstrengungen erreichen, sondern nur empfangen und begreifen.

Unsere Persönlichkeit, unser Ego, das Bild, das wir uns von uns machen, das alles schließt uns vom Zustand der Gnade aus. Wir stehen uns – anders ausgedrückt – selbst im eigenen Licht. Und wie entfernen wir uns aus unserem eigenen Licht?

Zweifellos gibt es dafür so viele Möglichkeiten, wie es Menschen gibt. Die meisten haben jedoch eines gemeinsam: Selbsterkenntnis. Manchmal – etwa in «Es geht gar nicht um dich!» – gelangt man über die physische Seite der Körper-Geist-Verbindung zur Selbsterkenntnis und dazu, über sich selbst herauszuwachsen. Manchmal aber – und das ist in der vorliegenden Anleitung der Fall – gelangen wir über die geistige Komponente dazu. Beide Wege sind wirksam; es ist gut, «Prajña JETZT» mit «Es geht gar nicht um dich!» abzuwechseln, und «Es geht gar nicht um dich!» mit «Prajña JETZT».

Wenn es einem seelisch oder körperlich schlecht geht, dann fällt es einem schwer, sich daran zu erinnern, daß dies nur ein vorübergehender

Zustand ist. Es ist nicht leicht, sich dann dessen bewußt zu werden, daß es – parallel zu unserem augenblicklichen elenden Zustand – einen genau entgegengesetzten Zustand gibt.

Es steht allen offen, das zu glauben oder nicht. Manche werden Schwierigkeiten damit haben. Auf jeden Fall wird es niemandem schaden, das einmal so anzunehmen, vor allem dann nicht, wenn man gerade leidet.

Wir leiden – und je mehr wir uns mit den Leiden identifizieren, desto mehr leiden wir. Weil wir es nicht anders gewöhnt sind, sagen wir: «*Ich* bin krank», «*ich* habe Schmerzen», «das macht *mich* traurig», «*ich* habe wieder einmal *meine* Kopfschmerzen».

Für den Leidenden sind die Schmerzen eine überwältigende Tatsache. Niemand kann guten Gewissens diese Wirklichkeit leugnen. Doch niemand zwingt einen dazu, sich mit dem Leiden zu identifizieren. Man kann ebensogut sagen: «Ich bin mit dieser Erkältung nicht identisch, «diese Kopfschmerzen sind nicht ich», «diese Wut ist nicht ich», «diese tiefe Verzweiflung ist nicht ich».

Wenn man es so sieht, spürt man bereits eine gewisse Erleichterung. Doch wie kommt man dahin, es so sehen zu können? Indem man sich im Augenblick der Krankheit, des Ärgers, des Abscheus, des Schmerzes daran erinnert, daß man eben *nicht* die Krankheit oder einer dieser negativen Zustände ist. Diese Erkenntnis hat nicht nur eine großartige Erleichterung zur Folge; sie öffnet unseren Geist auch für die Idee, daß *Prajña sogar hier und jetzt* existiert.

Der nächste Schritt dieser Anleitung ist der, daß wir unsere Gedanken mittels eines semantischen Kunstgriffs, durch den bewußten und intelligenten Einsatz von Wörtern, in die richtige Bahn lenken.

Falsch benutzte Wörter können unendlichen Schaden anrichten (daher die Anleitungen «Lied ohne Worte», «Re-Hör-Ha», «Weg mit den Wörtern», «Wirf nicht mit Wörtern um dich»). Doch wenn Wörter gut eingesetzt werden, können sie außerordentlich hilfreich sein. Anstatt zu sagen: «Ich habe Schmerzen», «ich bin verwirrt» oder «ich bin gereizt», sage: «Jetzt gerade sind Schmerzen da», «da ist Verwirrung» oder «da ist Gereiztheit».

Dieser einfache Trick wirkt oft Wunder, und zwar deshalb, weil er unsere Identifikation mit dem Leiden aufhebt. Plötzlich stellen wir fest, daß es ein Selbst gibt, das unabhängig vom Schmerz existiert; wir distanzieren uns vom Schmerz – und schon leiden wir weniger. So kann man mit dem Leiden umgehen, weil es *jetzt* ein Selbst gibt, das unabhängig und vom Leiden getrennt ist.

Im letzten Schritt dieser Anleitung werden Wörter verwendet, um der Wortlosigkeit den Weg zu bereiten für etwas, über das man nicht sprechen kann, das man nur erleben und direkt erfahren kann:

«Prajña JETZT.»

Laß diesen Begriff zu einem Signal für dich werden, endlich die endlosen Selbstgespräche einzustellen, mit aller inneren Argumentation aufzuhören, dich jeder Diskussion zu enthalten.

«Prajña JETZT.»

«Prajña JETZT» – doch ist Prajña Realität? Wissen wir, was diese Worte bedeuten?

Hör auf, Fragen zu stellen. Sei offen. Sei aufnahmebereit. «Prajña JETZT.»

Laß diese beiden Wörter alle wortlose Seligkeit und höchste Wonne beinhalten, an die du dich erinnern, die du dir vorstellen und fühlen kannst und die es dir ermöglicht, zu erleben.

«Prajña JETZT.» Jetzt, in diesem Augenblick.

»Prajña JETZT.»

Die Anleitung besteht aus drei Schritten.

Wir beginnen damit, daß wir den unerwünschten Zustand anerkennen.

Darauf sprengen wir die Fesseln der Gewohnheit, die diesen unerwünschten Zustand mit uns selbst verbindet.

Und schließlich öffnen wir uns, um Befreiung zu erfahren.

Also:

«Ich habe Schmerzen» (oder bin gereizt, müde, krank)

«Da ist ein Schmerz» (oder Gereiztheit, Müdigkeit, Krankheit)

«Prajña JETZT.*»*

Für diese Anleitung brauchst du wahrscheinlich am Anfang etwas Zeit und Überlegung, wenn du dich aber erst damit vertraut gemacht hast, kannst du sie sekundenschnell umsetzen.

Mit ein wenig Übung werden die drei Schritte immer schneller aufeinander folgen, bis sie beinahe gleichzeitig stattfinden, in einem geistigen Ablauf, der mit Blitzesschnelle vor sich geht.

Vielleicht kannst du nicht so recht glauben, daß ein so einfacher geistiger Ablauf deinen Zustand verändern kann. Davon wird dich alles Erzählen nicht überzeugen, du mußt es erleben. Es ist auch eine sehr interessante und von der Umwelt unabhängige Übung. Denn du kannst sie ausführen, wenn du allein bist oder auch mitten in einer Menschenmenge. Eins – zwei – drei: Dadurch, daß du deine Aufmerksamkeit steuerst, änderst du deine Einstellung; dein Zustand ändert sich; du selbst änderst dich.

Präge dir den Titel dieser Anleitung ein, schreib ihn auf und trage ihn immer bei dir. Er wird dich daran erinnern, daß du, auch wenn du gerade mitten in Schwierigkeiten steckst oder Schmerzen hast – selbst wenn du deren «Zielscheibe» bist –, eben selbst *nicht* der Ärger oder der Schmerz bist.

Stell dir vor, du sitzt beim Zahnarzt auf dem Behandlungsstuhl und der Bohrer bohrt sich in einen deiner Backenzähne. Wahrscheinlich wirst du dich mit dem Schmerz identifizieren und ihn dadurch verstärken, ihm noch mehr Macht über dich einräumen. Doch in Wirklichkeit bist du *nicht* dieser Schmerz, auch wenn er sich nicht aus der Welt diskutieren läßt. «Da sind Schmerzen.» Ja, doch mach sie nicht noch schmerzhafter, indem du dazu noch alle deine Energien hineinpumpst.

«Da sind Schmerzen.» Aber auch Prajña ist da!

«Prajña JETZT.»

Oder ein anderes Beispiel: Du sitzt mitten in einer anstrengenden geschäftlichen Konferenz. Plötzlich verlierst du die Konzentration, dein Denken verliert an Klarheit.

Halte für drei oder vier Sekunden inne. Mach dir klar, was vorgeht. Vielleicht denkst du: «Ich bin verwirrt.»

Identifiziere dich nicht. Erkenne einfach nur die Tatsache.

Die Tatsache ist: «Da ist Verwirrung.»

Doch bist nicht du die Verwirrung, und die Verwirrung ist nicht du. Und denk daran, daß neben der Verwirrung auch Prajña vorhanden ist. «Prajña JETZT.» Prajña immer und überall, sobald du nur bereit bist, die Tür zu öffnen und dir zu erlauben, Prajña wahrzunehmen. «Prajña JETZT.»

Anschließend atme einmal tief durch und nimm wieder an der Diskussion teil. Niemand wird bemerkt haben, daß du soeben etwas Ungewöhnliches getan hast. Man wird nur feststellen, daß dein Denken klarer geworden ist.

«Prajña JETZT.»

Wenn du mit diesen Anleitungen lebst, wirst du immer mehr dich selbst sein können, immer vollkommener, und dann dich beiseite stellen und «in die Haut des andern schlüpfen». Diese Fähigkeit bringt Freiheit und Mitgefühl mit sich. Fördere sie, indem du sie benutzt.

31
ERFINDE DEINE EIGENE ANLEITUNG

Zu Beginn dieses Buches war die Rede von drei grundlegenden Entdeckungen.

Erstens, jeder von uns hat mehr oder weniger die Macht, andere Menschen aufzuheitern oder aber zu deprimieren.

Zweitens, andere aufzuheitern, ist weitaus lohnender, als sie zu deprimieren.

Drittens, wenn man *andere* dazu bringt, sich besser zu fühlen, geht es *einem selbst* auch besser.

Das gilt für uns alle, auch wenn man sich für unbedeutend hält. Nach aufmerksamer, ehrlicher Prüfung wird man feststellen, daß man jeden Tag – häufig mehrmals am Tage – die Wahl hat, entweder Schmerz oder Freude zu bereiten. Trotz aller individuellen Unterschiede haben wir alle diese angeborene Fähigkeit und wenn du die Anleitungen praktizierst, wirst du dir dessen mehr und mehr bewußt werden. Du wirst auf einmal feststellen, wie wesentlich du zum Leid und Glück der Welt beitragen kannst.

Noch etwas wurde in diesem Buch immer wieder hervorgehoben: nämlich, daß wir alle über einen Schatz an kreativem Potential verfügen – und entweder nutzen wir dieses schöpferisch, oder aber es kehrt sich wie ein Bumerang zerstörerisch gegen uns selbst oder andere. Wenn wir uns diese beiden Punkte vor Augen halten, wie sollte dann diese letzte Anleitung lauten?

Zunächst schlage ich vor, daß du ein Programm für dich aufstellst, nach dem du die Anleitungen übst, damit du sie anwenden kannst, wann immer es nötig wird. Unser Lebensrhythmus ist von Mensch zu Mensch verschieden. Grundsätzlich denke ich jedoch, daß es möglich ist, sich in einem Monat zwei, möglicherweise drei Anleitungen so anzueignen, daß man sie völlig beherrscht. Das Ziel ist, ein möglichst umfangreiches Repertoire an Anleitungen zur Hand zu haben, die einem in vielerlei Lebenslagen dienen können. Diese Anleitungen sollen deine Hilfsmittel werden, die dir jederzeit zur Verfügung stehen. Nur durch Übung, und indem du dich richtig mit ihnen vertraut machst, wird dies möglich sein.

Meinen zweiten Vorschlag innerhalb dieser Anleitung dürften alle willkommen heißen. Er lautet:

Erfinde deine eigene Anleitung.

Du magst eine Anleitung erfinden, die vollkommen auf deine Situation paßt, sozusagen eine maßgeschneiderte. Oder aber es kann sein, daß die Anleitung, die du erfindest, nicht nur für dich wirksam ist, sondern auch für andere. In jedem Fall wirst du dein kreatives Potential schöpferisch umsetzen. Du wirst dein eigenes Wohl und das anderer steigern.

Verfügten wir über eine Sammlung von Anleitungen von Menschen verschiedener Temperamente, Konstitutionen, Nationalitäten, Bekenntnissen, Rassen, dann hätten wir eine ENZYKLOPÄDIE VON ANLEITUNGEN ZUM LEBEN UND LIEBEN AUS ALLER WELT zur Hand.

Auf diese Weise würdest du ein aktives, strahlendes Glied in einer Kettenreaktion, derer wir alle dringend bedürfen.

Nie zuvor in der Menschheitsgeschichte befand sich das Gleichgewicht zwischen den zerstörerischen und schöpferischen Kräften so gefährlich auf der Kippe. Wir können es uns nicht leisten, uns auch nur die kleinste Gelegenheit entgehen zu lassen, um unseren Beitrag in die Waagschale zu legen: zugunsten von Intelligenz, Schönheit und Liebe.

ANHANG

ANLEITUNGEN FÜR EINE REIHE ZWISCHENMENSCHLICHER BEZIEHUNGEN MIT …

Menschen, mit denen ich auskommen muß, die mich aber nervös machen:
Es geht gar nicht um dich!
Prajña JETZT
Wie kann ich das nutzen?
Der Punchingball
Sei ein Tier
Schlüpfe in die Haut des andern
Blubbere dich frei
Luft, Wasser, Nahrung

Menschen, von denen ich mich beherrscht fühle:
Geh an dein Begräbnis
Fragen und wie man sie stellt
Re-Hö-Ha
Notfall
Zum Teufel mit der Vorsicht
Schlüpfe in die Haut des anderen
Banne die Geister
Tanze nackt mit Musik

Menschen, die ich meine zu mögen, die mich jedoch aus der Fassung bringen:
Blubbere dich frei
Eiswürfel im Fluß
Zum Teufel mit der Vorsicht
Re-Hö-Ha
Luft, Wasser, Nahrung
Fragen und wie man sie stellt
Sei offen für Freude
Prajña JETZT

Menschen, auf die ich einen Einfluß ausüben möchte oder ausübe:
Geh an dein Begräbnis
Geh mit!
Schlüpfe in die Haut des anderen
Wirf nicht mit Wörtern um dich

Menschen, die ich nicht kenne, aber gerne kennenlernen möchte:
Zum Teufel mit der Vorsicht
Hilf mir, denn ich beneide dich
Wie kann ich das nutzen?
Schlüpfe in die Haut des anderen

Menschen, von denen ich mich ungeliebt fühle, und die auf mir herumzuhacken scheinen:
Es geht gar nicht um dich!
Schlüpfe in die Haut des andern
Der Punchingball
Eiswürfel im Fluß
Weg mit den Wörtern
Fragen und wie man sie stellt
Liebe dich selbst wie deinen Nächsten
Züchtest du heute deine Neurose von morgen?
Sei offen für Freude

Menschen, von denen ich mir wünsche, daß sie mich mögen:
Tanze nackt mit Musik
Gib etwas umsonst
Schlüpfe in die Haut des anderen
Re-Hö-Ha

Sei offen für Freude

Menschen, vor denen ich Angst habe:
Fragen und wie man sie stellt
Eiswürfel im Fluß
Der Punchingball
Banne die Geister
Hilf mir, denn ich beneide dich
Die Kunst, Energie umzuwandeln
Blubbere dich frei
Weg mit den Wörtern
Liebe dich selbst wie deinen Nächsten.

Menschen, denen ich absichtlich oder unabsichtlich auf die Nerven gehe:
Zum Teufel mit der Vorsicht
Deine Phantasie gehört dir
Schlüpfe in die Haut des anderen
Blubbere dich frei
Tanze nackt mit Musik
Re-Hö-Ha
Luft, Wasser, Nahrung

Menschen, die mich langweilen:
Es geht gar nicht um dich!
Wie kann ich das nutzen?
Erfinde deine eigene Anleitung
Geh mit!
Sei offen für Freude
Blubbere dich frei
Die Kunst, Energie umzuwandeln

Menschen, die ich vollkommen zu lieben glaube:
Vergleiche deine Liebe mit dem, was der Apostel Paulus über die Liebe zu sagen hat. Hier ist eine Aufstellung dessen, was Liebe in seinen Augen ist – oder nicht ist:

Die Liebe ist langmütig und freundlich.
Die Liebe ist ohne Neid und prahlt nicht.
Die Liebe bläht sich nicht auf und benimmt sich nicht anmaßend.
Die Liebe sucht nicht den eigenen Vorteil.
Die Liebe läßt sich nicht aufreizen, sie trägt das Böse nicht nach.
Die Liebe freut sich nicht über das Unrecht, sie freut sich mit an der Wahrheit.
Die Liebe
erträgt alles,
glaubt alles
hofft alles
duldet alles.

INDEX

WELCHE ANLEITUNG IN WELCHEM FALL?

ANFANGEN
mit welcher Anleitung
Es geht gar nicht um dich!
Der Punchingball
Schlüpfe in die Haut des anderen
Banne die Geister
Wie kann ich das nutzen?
Tanze nackt mit Musik

ANGST
Deine Phantasie gehört dir
Tanze nackt mit Musik
Zum Teufel mit der Vorsicht
Eiswürfel im Fluß
Re-Hö-Ha
Blubbere dich frei

AUFLEHNUNG
Lied ohne Worte
Weg mit den Wörtern
Es geht gar nicht um dich!
Eiswürfel im Fluß
Sei ein Tier
Tanze nackt mit Musik
Erfinde deine eigene Anleitung

BESITZGIER
Geh mit!
Schlüpfe in die Haut des anderen
Wirf nicht mit Wörtern um dich
Geh an dein Begräbnis

BEWUSSTHEIT
Als wärs das erste Mal
Schlüpfe in die Haut des anderen
Banne die Geister
Fragen und wie man sie stellt
Die Kunst, Energie umzuwandeln

DEPRESSION
Wie kann ich das nutzen?
Luft, Wasser, Nahrung
Fragen und wie man sie stellt
Es geht gar nicht um dich!
Eiswürfel im Fluß
Tanze nackt mit Musik
Züchtest du heute deine Neurose von morgen?
Deine Phantasie gehört dir
Die Kunst, Energie umzuwandeln

EGOISMUS
Schlüpfe in die Haut des anderen
Es geht gar nicht um dich!
Gib etwas umsonst

EHEFRAU
Es geht gar nicht um dich!
Der Punchingball
Geh mit!
Fragen und wie man sie stellt
Schlüpfe in die Haut des anderen
Sei offen für Freude

EHEMANN
Es geht gar nicht um dich!
Der Punchingball
Schlüpfe in die Haut des anderen
Fragen und wie man sie stellt
Luft, Wasser, Nahrung
Sei offen für Freude

EINSAMKEIT
Gib etwas umsonst
Liebe dich selbst wie deinen Nächsten
Eiswürfel im Fluß
Als wärs das erste Mal
Sei offen für Freude

ENERGIE
Luft, Wasser, Nahrung
Sei ein Tier
Banne die Geister
Die Kunst, Energie umzuwandeln
Blubbere dich frei

LIEBE LESER

Zwei Anleitungen zum Leben und Lieben sind nicht in diesem Buch enthalten. Sie wären auf Papier wenig wirksam, denn sie brauchen Stimme und Rhythmus. Deshalb habe ich sie auf Kassette aufgenommen. Eine der Anleitungen heißt: *Deine Lieblingsblume*. Mit dieser Aufnahme machen wir Ferien von unserem Alltags-Ich. Auf diesem psychologischen Urlaub entdecken viele tief in ihrem Innern eine unerwartete Pracht, die sie entweder vergessen haben oder um die sie noch nie wußten.

In der Anleitung *Regenbogenspaziergang* unternehmen wir zusammen eine Wanderung. Wir unternehmen sie, wenn wir uns schlafen legen. «Du, die oder der heute mit mir geht, fühle einfach und sei – sei, was *du* bist.» Wir sehen einen Regenbogen in der Ferne. Wenn wir ihn erreichen, übermannt uns der Schlaf.

Diese beiden aufgenommenen Anleitungen und die in diesem Buch festgehaltenen sind unabhängig voneinander. Du brauchst die Aufnahmen nicht, um vollen Nutzen aus den vorliegenden Anleitungen zu ziehen und umgekehrt. Sie können einander jedoch ergänzen und verstärken. Sie tun einander gut – und auch *Dir*. In dieser Überzeugung und mit den besten Wünschen grüßt herzlich,

Laura Archera Huxley